뉴노멀, 초연결, 플랫폼시대의

평생교육실습

평생교육실습

FOR
NEW NORMAL,
PLATFORM

LIFELONG EDUCATION PRACTICE

한국평생교육박사연구회

| 강마리아·강진희·김선자·백주현·임경미 |

dm 동문사

추천의 글

앞으로 평생학습의 중요성이 그 어느 때보다도 중요해지고 있는 상황에서 평생교육의 이론과 실제를 총망라하고 있는 평생교육서의 발간은 매우 시의적절하다 생각합니다. 이번 평생교육서의 구성은 평생교육의 핵심적인 분야를 모두 다루고 있으며, 평생교육학 전공으로 박사학위를 취득한 전문가에 의해 집필되었다는 점에서 특별한 의미와 장점을 지니고 있습니다. 특히 예비 평생교육 전문가와 현장에서 일하고 있는 평생교육 실무자들뿐만 아니라 평생교육에 관심을 가지고 있는 일반인들에게도 훌륭하고 유익한 지침서가 될 것입니다.

숭실대학교 평생교육학과 교수 유기웅

희망과 두려움을 동시에 안고 우리 곁에 다가온 4차 산업혁명시대가 벌써 몇 해 지났습니다. 이제는 하루를 배우지 않으면 그 다음 날을 살아가기 버거울 정도로 평생교육은 그렇게 일상처럼 우리의 삶에 깊이 파고들어와 있습니다. 그러나 온갖 기술의 발전이 우리의 삶을 대신 살아줄지라도 배움의 길은 그 누구도 대신 걸어줄 수 없습니다.

숭실대학교 평생교육학과가 창설된지 어언 사반세기를 목전에 두고 이곳에서 수학한 뛰어난 동문 학자들이 정성스럽게 옥고를 다듬어 평생교육사 필수 5과목의 교재를 여러분 앞에 내놓습니다. 평생교육과 산업교육현장 그리고 학계에서 전문성과 명성을 쌓은 25인의 평생교육 전문가가 심혈을 기울여 집필한 본 교재는 평생교육의 이론과 실제에 관한 지식과 정보를 그 어느 교재보다 체계적으로 전달해 줄 것입니다.

숭실대학교 평생교육학과 교수 이기성

우리 인류의 삶에서 그 어느 한때도 끊임없이 배우지 않으면 안 되는 시기는 없었지만, 오늘날과 같이 그토록 치열했던 시기는 없었습니다. 이러한 시대적 배경 아래에 평생교육의 실천 담론을 확장하는 옥저의 출간을 진심으로 축하합니다. 특히 이 저서는 오랜 기간 평생교육 현장에서 몸으로 체화된 저자들의 지혜가 담겨있다는 점에서 이 저서가 평생학습 사회의 확장에 일익을 담당할 수 있기를 기대합니다.

숭실대학교 평생교육학과 교수 전주성

인간은 ‘되어가는 존재’로서, 끊임없이 ‘나를 나로’ 만들어나가기 위해 학습합니다. 평생학습은 나를 나로 만드는 중대한 기제입니다. 시의적절하게 평생교육의 이론과 실천의 확장을 도모하는 저서가 출간된 것을 축하합니다. 아무쪼록 이 저서가 우리 사회의 집단적 평생학습역량을 향상시키는 데 도움이 되길 기대합니다.

숭실대학교 평생교육학과 교수 이경화

평생교육 전문가로서 뜨거운 열정과 평생학습자들을 위해 정성으로 빚어낸 5권의 멋진 작품에 힘찬 박수와 큰 감사를 드립니다. 평생교육사 자격의 수준을 업그레이드시키는 절묘하고 확실한 제안으로 5권의 역작을 출판하게 된 것을 열렬히 지지하고 또 환영합니다. 숭실대학교 교육학박사(평생교육전공)들을 대표해서 바쁜 일정과 어려운 시국 상황을 잘 견뎌내며 훌륭한 저작활동을 해내신 25분의 박사님들 한 분 한 분에게 다시 한 번 큰 포옹과 박수를 보냅니다. 이 책들이 우리 사회가 좀 더 행복한 평생학습 사회로 발전하기 위한 선진개척자로서 큰 역할을 수행할 것이라 굳게 믿습니다.

숭실대학교 평생교육학과 교수 최성우

지금의 교육은 받을 수 있는 기본 권리에서 평생에 걸쳐 학습할 권리인 평생학습권을 강조하고 있습니다. 평생학습은 누구도 소외됨 없이 양질의 학습 권리를 보장받아야 하는 보편적 정당성을 갖는 기본적 인권으로 강조되고 있습니다. 평생교육은 기본적으로 사회의 변화와 함께 하며 우리의 삶과 밀착되어 변화에 적응하고 성장할 수 있도록 지원합니다. 본 교재는 평생교육을 통해 삶의 역동적 변화와 성장을 체험한 실천현장 전문가들이 각각의 전문분야를 중심으로 기술한 교재입니다. 이론과 실제 그리고 현장에서 직접 활용할 수 있는 내용으로 예비 평생교육인들의 성장과 역량 향상에 도움을 줄 것입니다.

숭실대학교 교육대학원 평생교육, HRD전공 교수 김남숙

머리말

지금까지 경험하지 못한 코로나19의 재난환경 속에서 전 인류는 새로운 공존의 길을 모색해야 하는 공통과제에 직면하였다. 100세 인생시대를 살아가는 현대인에게 코로나19 재앙은 인류에게 앞으로 다가올 미래사회에 대한 두려움과 함께 이러한 역경을 헤쳐나갈 새로운 역량과 지혜를 요구하고 있다.

세계 경제의 글로벌화, AI의 일상화, 로봇상용화와 같은 새로운 변화는 지금까지 인류가 쌓아온 경험과 일하는 방식이 전혀 다른 시대를 보여주고 있다. 이것은 지금까지 지식 위주의 주입식 교육수명이 다해가는 시점에서 이제 우리는 고정 관념에서 벗어나 새로운 가치를 중심으로 새로운 시대를 주도적으로 이끌어 갈 힘을 길러야 하는 것이다. 이러한 사회적 요구와 함께 코로나19 사태는 뉴노멀시대로의 재편을 가속화시켰다. 처음 코로나19가 도래했을 때는 모든 학습과정이 중단되었다. 그러나 코로나로 인해 연기되거나 중단되었던 평생학습프로그램은 해결방법으로 온라인(on-line) 개강이라는 돌파구를 마련하였으며, 많은 현장에서 전환하고 있다. 이러한 상황의 변화로 인하여 평생교육 담당자들은 비대면 실시간 양방향 소통으로의 사고전환이 필요한 시대에 맞는 역량강화가 요구된다. 또한 현장실습생들도 실습을 대하는 사고의 전환이 필요한 시점이다.

이 책을 통하여 평생교육 이론과 평생교육실습 현장에서의 경험으로 무장한 평생교육학박사 5명이 저술에 참여하여, 코로나19로 변화된 일상을 확인하고, 포스트코로나시대의 교육에 대한 평생교육이 나아갈 방향과 평생교육실습의 안내 및 전망을 깊이 있게 다루어보고자 하였다.

제1부 뉴노멀시대의 평생교육에서 1장 뉴노멀시대의 평생교육과 법규에서는 평생교육법의 기본 가치와 평생교육법의 법령과 행정체계를 이해할 수 있도록 평생교육의 법적 근거를 기술하고, 뉴노멀의 등장배경과 개념을 소개하였다. 코로나19 팬데믹이 교육에 미친 영향을 살펴보고 포스트코로나시대를 대비할 수 있는 교육의 미래 방향에 대한 시사점을 기술하였다. 2장은 평생교육이 등장하게 된 사회적 배경과 평생교육의 기본적인 개념과 목적을 이해할 수 있도록 이론적 토대를 기술하였다. 그리고 우리나라 평생교육의 발전 현황을 통해 평생교육의 개선과제를 제시하였다. 또한 우리나라 평생교육의 발전과정도 이해할 수 있도록 「사회교육법」 시대와 「평생교육법」 시대로 구분하여 기술하였다.

제2부 뉴노멀시대의 평생교육사에서 3장은 평생교육사의 정의와 평생교육사 제도의 변천 배경을 알아보고, 평생교육사 제도 운영 현황과 평생교육사의 역할 및 직무를 제시하였다. 그와 더불어 평생교육사 배치 현황에 따른 다양한 측면에서의 과제와 평생교육사 양성체제 개선방안에 대하여 기술하였다. 4장은 평생교육 실습기관의 자격요건, 평생교육 실습기관의 유형과 현황에 대해 기술하였다.

제3부 뉴노멀시대의 평생교육 현장실습에서 5장은 평생교육 현장실습 전 단계로서 양성기관의 지도교수, 행정기관, 실습기관의 실습지도자와 실습생의 전반적인 사전 준비내용, 준수사항 및 실습절차를 다루었다. 6장은 평생교육 현장실습 진행단계에서 양성기관의 지도교수, 행정기관, 실습기관과 실습생의 구비서류 및 본격적인 실습과정에서의 실행절차를 참고할 수 있도록 하였다. 7장 평생교육 실습기관 실행단계는 가장 핵심단계로 이 책을 필요로 하는 영역(양성기관, 실습기관, 실습생)별로 분류하여, 양성기관의 역할은 지도교수와 행정기관의 역할로 제시하였다. 실습기관의 역할은 기관운영자와 실습지도자의 역할을 분리하여 기술하였다. 실습생은 실습생의 자세와 업무로 분류하여 실습하며 거쳐야 할 필수사항과 서류작성 예시 등의 실습서 사례를 제시하였다.

제4부 뉴노멀시대의 평생교육 현장실습평가 및 미래전망에서 8장 평생교육 현장실습평가에서는 평생교육 현장실습기관과 평생교육사 양성기관의 평가방법 및 기준 그리고 양식을 제시하였다. 9장 양성기관의 평생교육 현장실습 최종세미나는 실습생들의 실습평가 발표자료 내용을 분석하여 향후 평생교육 현장실습운영 개선방향을 도출하였다. 10장은 뉴노멀시대의 평생교육의 전망 및 대응을 통해 평생교육의 지원확대의 필요성과 평생교육기관의 개선과제, 평생교육사 양성을 위한 정책방향과 전략을 제시하고, 평생교육실습이 지향해야 할 목표와 접근방법을 기술하였다.

앞으로 평생교육사는 학습매개자로서 연대학습의 새로운 표준을 만들어가는 주체가 되어 교육현장과 지역인재를 연계하는 교육플랫폼의 역할을 할 수 있어야 한다. 평생교육사로서 교육역량이 뛰어난 인재로 거듭나기를 바라며 저자들의 진실한 마음을 모아 응원합니다. 그리고 출판을 허락하신 동문사 이중수 대표님과 관계자 분께 머리 숙여 감사를 드립니다.

2021년 7월

저자 일동

차 례

PART 04 뉴노멀시대의 평생교육 현장실습평가 및 미래전망

PART 01

뉴노멀시대의 평생교육

Chapter 01 뉴노멀시대의 평생교육과 법규

Chapter 02 평생교육의 이해 및 접근

CHAPTER 01

뉴노멀시대의 평생교육과 법규

제1절 우리나라의 평생교육 관련 법

제2절 최근 평생교육 관련 입법 및 제안

제3절 뉴노멀시대의 평생교육

제1절 우리나라의 평생교육 관련 법

1. 평생교육법의 기본 가치와 평생교육

인간이 사는 모든 사회에는 질서유지를 위한 법이 존재한다. 「헌법」의 기본 가치는 인간의 존엄성과 자유와 평등의 정신이다. 우리나라는 평생교육 진흥을 국가의 의무로 「헌법」에 명문화하고 있다. 「평생교육법」은 대한민국 「헌법」 제31조 제5항 "국가는 평생교육을 진흥하여야 한다"는 조문에 근거하여 마련되었다. 이러한 명시적 내용은 세계적으로도 드문 사례로 그만큼 국가가 국민들의 평생교육을 발전시키기 위해 법적·제도적 지원을 하겠다는 것으로 해석할 수 있다(이해주·윤여각·이규선, 2017).

현대사회에서 평생교육은 교육의 새로운 패러다임으로 각광받은 이래 지속적으로 개인과 공동체의 지속가능한 성장과 발전의 도구로서 부각되어 왔다. 특히 평생교육은 개인의 인적자본으로서의 효용성과 자아실현이라는 양적, 질적 성장에 천착하여 발전해 왔다. 그러나 이제는 그동안 평생교육이 지향했던 삶의 질 향상이라는 개인적 차원의 변화를 넘어 공동체 회복, 사회적 혁신, 전지구적 시민의식으로 나아가야 한다. 과거에는 중시되지 않았던 생태교육, 경제교육, 인문교육, 세계시민교육 등의 영역에서 수직적, 수평적 전 세대를 아우르는 통합적 접근이 필요하다.

더욱이 코로나19로 인해 더 가속화된 4차 산업혁명 시대의 급속한 딥 체인지에 위기를 기회로 어떻게 전환하여 시민에게 학습 플랫폼을 제공할지에 대한 평생교육의 역할이 중요해졌다. 이에 따라 평생교육 실현의 연결 고리로서 평생교육을 촉진해야 하는 평생교육사의 책임도 더욱 중요한 이슈가 되고 있다.

우리가 경험하고 있는 코로나 팬데믹 현상은 이 시대를 BC 코로나와 AC 코로나시대로 구분하는 인식의 변화를 일으켰으며, 보편화되어 가고 있는 팬데믹 사회는 뉴노멀, 언택트사회, 온택트사회, 디지털트랜스포메이션, 코로나 블루, 위드 코로나, 포스트 코로나 등의 신조어를 만들어 내고 있다. 이와같은 팬데믹사회 흐름은 우리에게 분명한 변화의 물결을 체감시키고 있으며 현재의 평생교육의 위치를 파악하고 평생교육이 지향해야 할 방향을 주문하고 있다.

이러한 시대적 시점에서 「평생교육법」 관련 법을 살펴보고 현재의 실정에 어떠한 효력과 의미를 가지는가에 대해 숙고할 필요성이 있다. 또한 포스트 코로나시대에 평생교육 현장에서 새로운 디지털기술을 익혀야 하는 디지털 리터러시(literacy: 문해력)가 어느 때보다 중요해졌다. 디지털기기의 사용으로부터 누구도 소외되는 일이 없도록 평생학습의 정책적인 지원이 필요하다.

현재의 평생교육은 관주도 위주의 지역사회 평생교육의 토대를 이룩하려는 움직임과 시민주도 평생교육의 일상화를 위한 새로운 기조가 나타나고 있다. 이것은 평생교육이 살맛나는 세상의 시민이 되고 싶은 우리의 일상에 더욱 깊숙이 침투해 있음을 보여 준다. 평생교육의 자발적 참여가 부족한 지역사회에는 자생력이 생길 때까지의 관주도의 전략적 처방으로 평생교육의 활성화를 위해 힘쓰고, 평생교육의 뿌리가 단단한 곳에는 관이 시민주도의 평생교육발전계획을 위한 보조적 역할을 수행해 줄 필요성이 있다. 물론 시민의 자발적이고, 자기주도적인 평생학습 참여는 필수적이다.

평생학습의 특성 중 하나는 점진적인 변화를 추구한다는 것이다. 코로나 여파가 장기화하면서 비대면사회가 보편화되고 있다. 나아가 포스트 코로나시대는 언택트시대를 넘어 온택트시대로 온라인을 통해 외부활동을 이어가는 방식으로 각종 활동이 이루어지는 새로운 흐름을 만들어 내고 있다(김유미, 2020). 각 지역사회에서 시민의 자발적인 힘으로 변화와 위기의 시대를 극복해야 하고 국가는 아낌없는 지원을 해야 한다. 결국 평생교육의 뿌리가 튼튼하고 줄기와 잎이 무성할 때 개발도상국 및 저개발국가의 교육과 문화의 모범국이 될 수 있으며 지속적인 국제적 공헌도 가능해질 것이다.

2. 평생교육법의 법령과 행정체계

1) 평생교육법의 법적 근거

1972년에 우리나라에 처음 소개된 이후 평생교육은 1965년 12월에 유네스코에서 개최된 세계성인교육발전회의(International Committee for the Advancement of Adult Education)에서 탄생된 평생교육(lifelong education)으로부터 비롯되었으며 국민의 학습권을 강화시켰다.

다수의 평생학습자들이 자신의 평생학습 욕구를 충족시킬 수 있도록 하기 위해 소수의 교육제공자를 규제한 조문들로 구성된 「평생교육법」은 세계 최초로 국가의 「헌법」에 근거를 두고 만들어진 성문법이라고 할 수 있다(한국민족문화대백과사전, 1996). 학교의 정규교육과정을 제외한 다른 모든 형태의 조직적인 교육활동에 관한 사항을 규정한 법이다.

학교교육은 1949년 12월 31일에 제정 공포된 교육법에서 자세히 규정하고 있으나 평생교육에 관하여는 1980년 10월 27일의 개정 「헌법」에 처음으로 그 준거가 마련되었다. 이것은 평생교육의 방향을 설정하는 데 있어서 푯대가 되었고, 이를 근거로 1982년 12월 31일 법률 제3648호로 「사회교육법」이 제정되어 평생교육의 법적 근거가 마련되었다. 이후 「사회교육법」은 1999년 8월 31일 전부개정(법률 제6003호)을 시작으로 12월 3일 일부개정에 이르기까지 15차에 걸쳐 개정이 이루어졌다. 「평생교육법」 처음 제정 당시에는 5장 32조와 부칙으로 이루어졌으나 제3차 전부개정을 통하여 현행의 8장 46조와 부칙으로 구성되었다. 따라서 「평생교육법」은 1982년 제정된 사회교육법을 대체하여 새로 입법한 법률로서 기존의 「사회교육법」의 문제점을 수정하고 교육개혁의 이념을 명시하였다.

2) 평생교육법의 총칙

「평생교육법」의 총칙의 주요 내용은 평생교육 관련 용어에 관한 정의, 평생교육의 이념 등에 관한 조항이다. 「평생교육법」 제2조에서는 평생교육·평생교육단체·평생교육시설에 관해 정의하고 있다. 평생교육은 학교교육 이외의 모든 조직적인 교육활동을 목적으로 하고, 평생교육단체는 평생교육을 주로 실시하는 시설이다.

「평생교육법」은 제4조에서 평생교육 이념으로서 교육기회 균등, 학습자의 자율적인 참여와 자발적 학습, 정치적 중립성, 이수자에 대한 사회적 대우를 제시하여 기존의 「사회교육법」에서 규정한 교육기회균등 및 자율성의 보장(제4조)과 사회교육의 중립성(제5조)에 평생교육과정 이수자에 대한 대우를 추가 보완하였다. 「평생교육법」 제5조의 교육과정에 대해서는 평생교육의 과정·방법·시간 등에 관하여 특별한 규정이 있는 경우를 제외하고는 이를 실시하는 자가 정하되, 학습자의 필요와 실용성을 존중해야 한다고 명시하였다. 제8조에는 평생교육시설 설치자는 다양한 평생교육 프로그램을 개발하여 지역사회 주민을 위한 평생교육에 기여해야 한다고 명시하고 있다.

3) 평생교육의 행정체제

「평생교육법」 제5조는 우리나라 모든 국민에게 평생교육기회가 부여될 수 있도록 평생교육진흥정책을 수립하고 추진하는 책임을 국가 및 지방자치단체가 가진다고 규정하고 있다. 이에 교육부장관은 평생교육의 책임자로서 5년마다 평생교육진흥기본계획을 제시하여야 한다. 평생교육진흥기본계획에서 주요 평생교육진흥을 위한 정책목표, 기반구축, 활성화, 정책운영의 방향성 제시 등을 다룬다.

평생교육 행정체제는 중앙정부 수준, 광역자치단체 수준, 기초자치단체 수준으로 구분되며 평생교육진흥기본계획의 거시적 지향성과 기초자치단체 수준의 미시적 활동을 한다. 또한 평생교육진흥과 관련한 의사결정 주체, 심의 기구, 그리고 시행 주체의 설치를 명시함으로써 평생교육정책의 결정과 실현이 체계적으로 연계될 수 있도록 하고 있다(김한별, 2017).

표 1-1 평생교육 행정체계

행정체계	관련 기관
정책결정 주체	교육부장관, 광역자치단체장, 기초자치단체장(시·군·구)
심의 주체	평생교육진흥위원회, 시·도 평생교육협의회, 시·군·자치구 평생교육협의회
시행 주체	국가평생교육진흥원, 시·도 평생교육진흥원, 평생학습관

제2절 최근 평생교육 관련 입법 및 제안

1. 평생교육법 관련 국회 입법 예고

2020년 9월 9일 강득구 의원(대표발의) 외 10인이 발의한 지방자치법 일부 개정법률안을 입법예고 하였다(국회입법예고, 2020). 현행법은 지방자치단체의 사무범위를 규정하고 지방자치단체가 관할 구역의 자치사무와 법령에 따라 지방자치단체에 속하는 사무를 처리하도록 하고 있다. 그러나 「평생교육법」은 평생교육을 지방자치단체장의 책무로 정하고 있음에도 지방자치법은 지방자치단체의 사무범위에 평생교육 관련 사무를 포함하고 있지 않아, 평생교육 사무와 관련한 행정체제와 시·도 및 시·군·구의 장의 사무범위에 대한 해석에 대해 혼란을 야기시킴으로써 지방자치단체의 적극적인 평생교육 행정을 어렵게 하고, 평생교육에 관한 지역 간의 격차를 발생시켰다.

2020년 9월 강득구 의원 외 10인이 발의하여 국회입법이 예고된 지방자치법 일부 개정법률 안에는 지방자치단체의 사무 범위에 평생교육 진흥 책무를 명시함으로써 평생교육 사무에 대한 혼란을 예방하고 평생교육 진흥에 관한 지역 간 격차를 완화하며, 국민의 수학권(修學權)을 보다 안정적으로 보장하는 내용이 담겨져 있다(안 제9조 제2항 제7호 신설). 이 법안은 향후 평생교육 전문인력인 평생교육사의 위상에도 크게 도움이 될 것이다.

법률안 처리절차는 「법률(안)발의–국회본회의 보고–소관위원회 회부–입법예고–위원회 심사–법사위체계지구심사–심사보고서 제출–본회의 심의–정부이송–공포」이다. 따라서 이러한 법률 개정안이 통과되기 위한 평생교육인들의 관심과 지지가 필요하다.

2. 장애인 평생교육법 제정 요구

장애인 평생교육 중장기계획 수립(2019년 기준)을 위한 기초연구에서 평생학습 참여율은 전체 국민의 36%를 상회하지만, 전체 등록 장애인은 0.2%의 평생학습 참여율에 불과하다. 장애인단체의 오랜 투쟁 결과 2017년부터 장애인 평생교육은 「평생교육법」의 적용을 받고 있으나, 낮은 참여율과 부족한 지원으로 인해 이제는 법 개정 아닌 장애인 「평생교육법」 제정의 필요성이 요구되고 있다.

법령에 근거하지 않은 장애인 평생교육은 민간차원의 장애인야학, 장애인복지시설 등의 비제도권 영역이었으나 2007년 장애인 등에 대한 특수교육법에 장애인 평생교육 지원근거가 최초로 마련되었다. 이후 통합적 장애인 평생교육 지원환경을 구현하기 위해 2017년 개정된 「평생교육법」으로 장애인 평생교육 관련 법률은 「평생교육법」으로 이관되어 일원화되었다.

그러나 장애인 평생교육은 현재 저조한 참여율을 보이고 있다. 그 이유는 프로그램 종류의 개발뿐 아니라, 장애인들이 아예 교육기관에 접근조차 할 수 없는 구조적, 법률적 문제와 함께 현장에서는 기본적 환경도 마련되어 있지 않기 때문이다. 장애인평생교육이 인권의 관점으로 실효성 있게 현장에서 이루어질 수 있도록 하는 법 제정이 필요하며 국민들의 관심이 무엇보다 중요하다(이가연, 2020).

3. 온 국민평생장학금제도

최근 혁신적 포용국가 실현과 한국형 뉴딜정책 성공의 핵심적 국가과제로 평생교육의 체계적 추진이 강화되고 있다. 특히 4차 산업혁명과 급변하는 글로벌 환경에 대비하기 위해서는 평생교육체제 구축과 한국형 기본소득의 한 형태로 온 국민평생장학금제도가 제시되고 있다(김서중, 2020). 온 국민평생장학금제도의 의미는 첫째, 현재 취약계층 일부에게만 실시 중인 교육부의 평생교육 바우처 사업 대상을 원칙적으로 전 국민으로 확장하고 기금마련 또는 예산의 대폭 증액을 통해 재원을 연차적으로 확대해야 한다는 것이다. 둘째, 비학위목적의 성인교육을 온라인으로 수강하는 것을 허용하고 노하우를 갖춘 모든 이들에게 인증을 거쳐 평생교육의 제공자 자격을 주는 근본적인 규제혁신이 필요하다는 것이다. 향후 평생교육의 체계적 추진을 위해 다양한 제도와 정책적 제안이 더 많이 이루어지고 실현될 것이다.

제3절 뉴노멀(New Normal)시대의 평생교육

1. 뉴노멀의 배경 및 개념

1) 뉴노멀의 배경

정보통신이 가속화시킨 디지털 경제는 플랫폼 경제(platform economy)로 진화되면서 산업 간 융합으로 새로운 부가가치가 창조됨에 따라 대기업 중심의 경제 성장 모델이 그 유효성을 상실하고 있다. 고객들 스스로가 구축하고 있는 네트워크 사회는 소비자 중심의 온라인 시장을 대중화시켰으며, 4차 산업혁명은 기업의 제조, 물류, 마케팅의 투명성을 획기적으로 변화시켰다. 이제는 디지털 경제 환경에 성공적으로 적응한 기업만이 지속 성장할 수 있는 시대가 되었다.

2019년 12월 중국 우한에서 시작된 코로나바이러스로 전 세계는 블랙홀에 빠졌다. 세계보건기구(WHO)는 중국발 코로나바이러스를 COVID-19(Coronavirus Disease-19)라는 급성호흡기 질환이라는 명칭으로 불렀다. 우리나라 보건 당국은 코로나19라는 용어로 명명했다(본 책에서는 코로나로 명칭 통일). 4차 산업혁명으로 초 연결시대를 연 글로벌 지구촌은 한 번도 경험하지 못한 코로나바이러스로 인해 새로운 표준에 적응해야 하는 과제에 직면해 있다. 코로나로 인해 우리의 라이프스타일은 급속도로 변화하고 있다. 미래 학자들은 코로나가 가정·의료·교육·정치·경제 등 거의 모든 분야에서 우리의 생각을 바꿀 것이며, 코로나 이전의 세상은 다시 오지 않을 것으로 예측한다. 더욱이 코로나로 인해 비정상적이고, 비상식적이라고 여겨지던 것이 이제는 새로운 노멀로 인식되면서 우리의 사고방식을 완전히 바꾸어 놓고 있다. 지금까지의 관습적 사고방식이 아닌 새로운 삶의 방식에 적응하고 공존해야 하는 시대를 맞이한 것이다.

코로나가 가져다 준 뉴노멀로 우리의 일상은 전혀 예상하지 못한 새로운 표준을 만들어 내고 있다. 코로나가 단 3~4개월 만에 우리의 일상뿐 아니라 전 세계의 일상을 바꾸었다. 우리의 예상과 달리 코로나가 조기에 종식될 수 없는 팬데믹으로 확산되면서 마스크 착용이 일상화되고 안 쓰면 오히려 이상할 정도이다. 마스크는 일상생활의 필수품이 되고 있으며, 기업의 재택근무와 화상회의, 병원의 원격진료 등이 보편적 일상이 되고 있다.

교육에 있어서의 온라인수업은 지금까지는 교양과목, 법정 필수교육 등의 제한적 수준에서 활용되어 왔으나, 학생들이 학교에 갈 수 없는 상황이 초래되면서 온라인 중심의 비대면 수업방식이 대면 수업을 대체하고 있고, 이로 인해 교사와 학생의 역할에 대한 재정립이 요구되고 있다.

'언택트(비대면)'문화의 확산으로 온라인 개학, 화상회의, 원격진료 등이 새로운 표준으로 떠오르며 변화의 바람은 거세다. 이번 사태가 끝나도 일상이 코로나시대 이전으로 돌아갈 수 없을 것이다.

2) 뉴노멀의 개념

뉴노멀을 이해하는 사람만이 앞서나갈 수 있다. 디지털시대에서는 직업과 직장에서 쌓은 노하우를 적용해 넓은 시야로 사물을 보는 융합적 접근으로 새로운 가치를 만들 수 있는 사람들이 인재가 되는 시대였다.

2008년 세계금융 위기 이후 2012년까지 이어진 경제 침체 기간 동안 나타난 새로운 표준은 저성장, 저금리, 저물가를 주요 특징으로 한다. 제2차 세계대전 이후 3% 이상의 고성장을 구가하던 구노멀(Old Normal)의 시대가 지나고, 정보통신의 급격한 확산과 고령화에 따른 급격한 사회 환경변화로 경제는 침체되고, 소비가 위축되는 뉴노멀의 시대가 지속될 것으로 전망된다. 뉴노멀이란 용어는 미국의 벤처 투자가인 맥나미(R. McNamee)가 저성장, 저소득, 저수익률, 고위험을 특징으로 하는 새로운 경제적 기준으로 처음 사용하였다(Roger McNamee & David Diamond, 2005, 원동철 외 역저 2020). 이후 뉴노멀이란 용어는 2008년 채권운용사 핌코(Pimco)의 최고경영자 에리언(Mohamed A, El-Erian)이 그의 저서 <새로운 부의 탄생>에서 저성장, 저금리, 저물가, 고실업률 등을 세계금융위기 이후의 새로운 표준으로 사용하면서부터 알려졌다(Mohamed A, El-Erian, 손민중 역저 2009). 중국은 뉴노멀이란 용어 대신 신창타이(新常態)라는 용어를 사용하는데, 이는 새로운 정상상태라는 뜻으로 영어 단어의 뉴노멀과 유사한 의미이다.

경제분야에서 주로 사용된 뉴노멀은 점차 사회의 다른 분야에까지 확대되어 사용되고 있으며, 기존의 비정상적인 것으로 여겨졌던 현상이 새로운 보편적 표준이 되어간다는 것을 의미한다. 새로운 표준이 등장하였기 때문에 게임의 규칙이 바뀌고 있는 것이다. 최근 코로나로 인해 새로운 사회·경제시스템이 기존의 사회·경제시스템을 대체하면서 코로나에 적응해야 하는 과제를 안고 있다. 대면 접촉으로 인한 감염 우려를 줄이고자 비대면(Untact)의 문화가 전방위적으로 사회에 영향을 미치면서 소비에서부터 예술, 스포츠, 교육 등 산업계 전반의 패러다임을 변화시키고 있다.

미국 글로벌 컨설팅사인 알릭스파트너스(AlixPartners)는 디스럽션 인사이트(Disruption insight) 보고서에서 포스트 코로나시대에 주목해야 할 5대 트렌드로 탈세계화의 가속화, 효율성보다는 회복탄력성, 디지털 전환 촉진, 소득수준 및 건강관심도에 따른 소비형태 변화, 높아진 신뢰의 중요성을 제시했다. 코로나 임팩트로 미래사회는 전통적인 대면 서비스를 점차 쇠퇴시켜 디지털 경제로의 전환을 가속화시킬 것이며, 비대면 인프라 구축을 위한 정보통신(IT) 산업과 개인화 서비스가 그 자리를 대신할 것으로 예상된다.

표 1-2 코로나 사태가 불러온 뉴노멀시대의 5대 트렌트

트렌드1. 탈세계화의 가속화 : 코로나 펜데믹 이전부터 수년간 지속되어 온 미·중 무역전쟁 등으로 보호주의 및 지역주의의 기조로 공급망의 지역화 및 관세인상 추세 등 탈세계화의 가속화가 예상됨
트렌드2. 효율성보다는 회복탄력성 : 코로나로 인한 예측 불가능한 공급망 차질을 대비해 원가절감 및 효율성 외에 공급지역 다변화를 통한 기업들의 회복탄력성 확보가 매우 중요해짐
트렌드3. 디지털 전환 가속 : 코로나로 집에 머무르는 시간이 증대하면서 디지털 커머스, 엔터테인먼트 스트링 서비스, 온라인 게임 등 다양한 기술이 경험이 일상화로 디지털 기반을 한 서비스나 플랫폼에 대한 의존도가 증가함
트렌드4. 소득수준 및 건강 관심도에 따른 소비형태 변화 : 코로나로 인한 장기불황 지속으로 소비자들의 구매행동은 가계소득에 의해 불필요한 지출을 최소화할 전망이며, 마스크, 비타민 및 건강 보조제 등의 수요 증가가 예상됨
트렌드5. 높아진 신뢰의 중요성 : 검증되지 않은 수많은 정보들이 양산되는 코로나시대에는 고객·기업·직원 간의 신뢰가 그 어느 때보다 중요해질 전망으로 기업들의 신뢰 유지를 위해서는 고객 및 직원들 간에 더욱 활발하고 투명한 소통이 필요함

출처: 이용성(2020) 재구성.

Untact Service	Digital Economy	New Normal 2.20
• 비대면 경제 • 플랫폼 경제 • 언택트 가속화	• 코로나 경제 • 라이프 스타일 파괴 • 디지털 전환 가속화	• 새로운 표준 • 경제와 생존의 문제 • 더 빠른 변화 대응 필요

그림 1-1 코로나 임팩트

출처: 홍경민(2021) 재구성.

2. 코로나 팬데믹이 교육에 미친 영향

코로나 영향으로 지구촌이 대변화를 겪기 시작했다. 코로나가 지배한 삶의 전후가 바뀔 것이라고 짐작되어 BC(Before Corona: 코로나 전)와 AC(After Corona: 코로나 후)로 표현될 정도이다. 많은 전문가들은 "전례 없는 변화의 시기, 뉴노멀의 시대가 오고 있다"며 "핵심대응은 스피드와 적응력"이라고 입을 모은다. 코로나 이후 어떤 변화가 생길지 조망해봤다.

세계보건기구(WHO)는 코로나에 대한 효과적인 백신을 확보하지 못한 극한 상황에 처하자 글로벌 공공보건 비상사태를 선언했다(Patel & Jenigan, 2020). 또한 2대륙 이상의 국가에서 감염병이 대유행하는 양상을 보이자 감염병 분류기준에 따라 감염병 단계를 팬데믹(pandemic, 감염병 대유행)으로 상향 조정했다(Mischeke, 2020).

미래학자 토머스 프레이(Thomas Fray)는 코로나 팬데믹을 인류 역사상 가장 값비싼 위기로 진단하면서 기존의 패러다임은 완전히 바뀔 것이고, 코로나 팬데믹 이전의 모습으로 재건하는 데는 막대한 비용이 필요하다고 전망했다(김문관, 2020).

미네소타대학 시드랩(CIDRAP) 연구소는 과거 경험했던 인플루엔자 팬데믹 사례를 통해 코로나 팬데믹 상황에 따른 3가지 시나리오를 전망했다.

첫 번째는 2020년 상반기와 유사한 확산세가 1~2년 동안 반복되다가 2021년 어느 시점에 점차 소멸한다는 시나리오다.

두 번째는 스페인 독감과 신종플루 때처럼 2020년 가을과 겨울에 확산세가 커지고, 2021년에는 한 번 이상의 소규모 확산이 일어난다는 시나리오다.

세 번째 시나리오는 대규모 확산 없이 산발적으로 코로나가 발생한다는 시나리오다. 이 3가지 시나리오들의 공통점은 단기간 내에 코로나 팬데믹의 해소와 퇴치는 불가능하다는 것이다(Moore et al, 2020).

코로나 이후 세계질서는 바뀔 것이다. 이 과정에서 우리는 어떤 대책을 만들어 새로운 질서를 정립할 것인가에 대한 대책을 수립해야 한다. 전문가들은 뉴노멀 시대에서 살아남을 새로운 표준을 정립하고 선점해야 한다고 조언한다. 특히 우리나라의 경우 IT에 강해 코로나 이후 미래산업 등에서 많은 두각을 나타낼 것이라는 분석이다. 코트라(KOTRA)에서는 유망한 분야의 키워드로 H.O.M.E를 제시했다. 건강·방역에 대한 인식 제고로 부각된 H.O.M.E는 헬스케어(Healthcare)

와 빅데이터, 인공지능(AI), 5세대 이동통신(5G)기술을 바탕으로 한 디지털 핵심인 온라인(Online), 방역과정에서 효율성과 안전성이 검증 된 무인화(Manless), 재택근무로 집에 있는 시간이 증가하면서 형성된 홈코노미(Econo my at Home)를 말한다(연합뉴스, 2020.5.5). 위기를 절호의 기회라고 생각하고 코로나 뉴노멀에 맞는 방향으로 교육적 연구개발 투자에서 선택과 집중이 필요하다.

코로나 팬데믹으로 인해 비정상적인 일상이 표준화되면서 미래사회는 생산, 소비, 문화, 여가, 스포츠, 예술 등 사회와 경제활동 전반에 걸쳐 많은 변화가 예상된다. 코로나 팬데믹 이후 새로운 뉴노멀이 세계 질서를 변화시킬 것이다. 무엇보다 코로나 팬데믹으로 비대면(Untact) 인프라 구축을 위한 정보통신기술의 가속화, 각자도생의 자국 우선주의로 인한 탈세계화, 플랫폼 경제를 기반으로 하는 새로운 비지니스의 확대가 뉴노멀의 주요 특징이 될 전망이다. 이러한 변화 속에서 다양한 분야에서의 새로운 표준에 대한 예측과 준비가 필요하다. 특히 코로나 팬데믹이 교육 분야에 미친 영향은 매우 크다.

첫째, 학교환경에서는 오프라인 학습이 중단되고 전면적인 온라인 재택 수업이 진행되었다. 온라인학습이 전면 시행되면서 온라인 재택 수업의 어려움, 콘텐츠 한계와 부족, 다양한 기능 요구 등의 문제점이 나타났다(류태호, 2020).

둘째, 학원 등 학교 밖의 모습은 급속히 위축된 상태로 가계 소비지출의 감소와 사회적 거리두기로 인한 학원운영 중지 등의 정부 조치가 시행되었다.

셋째, 코로나 팬데믹 영향으로 온라인교육이 주목을 받게 될 것이다. 정보제공형, 동아리형, 학습유도형 등의 다양한 온라인 형태의 학습방식이 등장하였다.

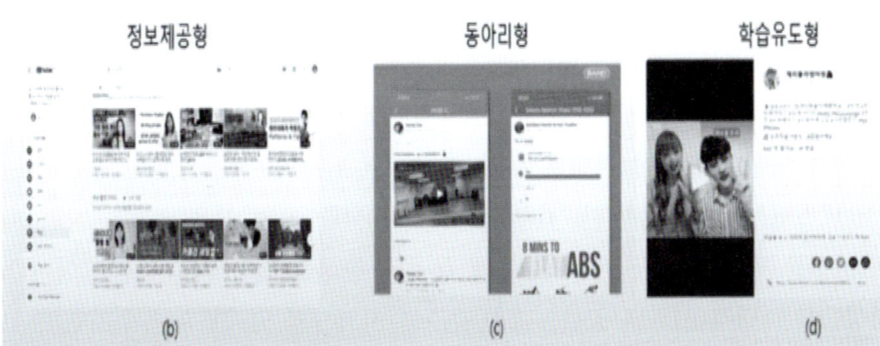

그림 1-2 온라인 형태의 학습방식

출처: 고영상(2020).

히브리대학교 교수인 유발 하라리(Yuval Harari)도 최근 한 인터뷰에서 코로나로 인한 가장 큰 변화로 온라인 강의의 일상화를 꼽았다. 유발 하라리의 히브리대학은 모든 강의를 온라인 강의로 전환했으며, 유발 하라리 자신도 강의를 모두 온라인화 하였다고 밝히면서 이렇게 덧붙였다. "위기가 지난 후에 대학이 다시 원래대로 돌아간다고 생각할 수 없다"고 밝혔다(김민성, 2020). 이제 온라인 학습, 원격수업은 포스트 코로나시대의 '뉴노멀(New Normal, 새로운 표준)'이 되어 가고 있다. 글로벌 테크놀로지 기업인 애플, 구글, 마이크로소프트 등의 무한한 가능성과 기술이 학습 성과를 극대화할 수 있다고 보고 학교를 새로운 시장으로 몇 년 전부터 개척해왔다.

존 카우치(John Couch), 제이슨 타운(Jason Towne)(2020)도 <교실이 없는 시대가 온다>의 저서에서 원격교육시대에서 교육의 본질적인 방향을 제시하면서 온라인교육이나 원격 강의가 코로나 팬데믹시대의 새로운 표준이 되고 있다고 하였다.

유네스코(UNESCO)의 발표자료에 따르면 2020년 4월 5일 기준 전 세계 193개국 약 16억 명의 학생들이 코로나로 인해 학교를 가지 못한 것으로 나타났다. 학생 중 91%가 넘는 학생이 코로나로 인하여 몇 달 동안 학교 수업을 정상적으로 못 받은 것이다. 그리고 온라인 강의에 대한 학습 수요가 급증한 것으로 나타났다. 심층적으로 유네스코는 근본적인 차원에서 교육이 새 시대의 초석이 될 수 있도록 정의로운 변화를 만들어야 한다고 강조한다.

스테파니아 지아니니(Stefania Giannini) 유네스코 교육 사무총장보는 "교육계는 코로나로 인해 발생한 교육의 불평등을 해소하고 원격 교육의 한계를 극복하는 한편 디지털 격차와 학생들의 건강문제까지 해결해야 하지만, 이들만큼이나 중요한 것은 위기가 지나간 뒤 교육체계 전반을 새 시대의 도전에 대응할 수 있도록 재구성하는 것"이라고 강조했다. 교육 분야 또한 바뀐 시대적 변화에 수동적으로 적응하는 방법이 아닌 새로운 시대의 준거를 새로 만들어 가는데 모두 힘과 마음을 모아야 한다는 뜻이다.

유네스코는 지속가능발전교육(ESD)과 같은 유네스코의 교육 의제가 "정의로운 사회를 만들기 위한 환경 및 경제 분야의 지식을 전달하는 것뿐만 아니라, 학생들이 비판적 시각과 공감능력을 갖추고 지역사회 및 전 지구적 차원의 위기를 해결하기 위해 협업할 수 있는 능력을 길러주는 데도 유효하다"고 주장하고 교육계는 위기를 기회로 놓치지 말아야 할 것을 강조하고 있다.

우리나라 역시 2020년 3월 개교 일정을 여러 차례 걸쳐 뒤로 연기하는 등 다양한 온라인 플랫폼을 활용한 온라인수업을 전면적으로 시행하였다. 우리나라 온라인학습 플랫폼의 특징과 현황은 표 1-3과 같다.

표 1-3 온라인학습 플랫폼 특징 및 현황

구분	플랫폼	주요 특징	운영사	개설
일방향 수업	EBS온라인 클래스	다양한 콘텐츠 활용, 피드백 어려움	한국교육방송공사	2020
	e학습터	회원가입 필수, 콘텐츠 무료 이용	한국교육학술정보원	2018
	구글 클래스룸	구글 계정 필요, 구글 드라이브 연계	구글	2015
	네이버밴드	폐쇄형 소셜 네트워크 서비스	네이버	2012
	위두랑	교사가 학급을 개설하여 운영	한국교육학술정보원	2013
	리로스쿨	수행평가 제출 관리	㈜리로소프트	2015
	클래스팅	오픈클래스, 교육용 SNS	㈜클래스팅	2012
쌍방향 수업	줌(Zoom)	실시간 그룹회의, 채팅, 화면 공유	줌 비디오 커뮤니케이션	2011
	행아웃 (hangouts)	실시간 화상회의, 채팅, 화면 공유	구글	2013
	팀즈(Teams)	온라인 과제 및 공지	마이크로소프트	2017

출처: 각 기관 홈페이지; 경기연구원(2020) 재인용.

코로나로 인한 학교의 역할은 축소시킨 반면, 그에 따른 가정의 역할은 증대시켰다. 코로나 발생으로 초등학교부터 대학교까지 수업이 전면 중단되면서 일부 제한적으로 진행해온 비대면 온라인수업이 대면교육을 대체하였다. 그러나 비대면 온라인학습은 자발적이지 않은 학생들을 온라인 강의에 참여시키면서 근본적인 한계를 드러냈다. 사전에 충분히 준비되지 못한 채 시행된 온라인수업은 동영상 강의 수준에 그치거나, 교사가 요구하는 과제를 작성하여 제출하는 과정 중심으로 진행되어서 학습효과에 대한 많은 우려를 자아냈다.

코로나로 인해 비대면 수업을 진행할 수밖에 없었던 학교는 초기 온라인 강의 접속 장애, 학생들의 온라인 기자재 부족, 교사 중심의 일방적인 수업방식으로 인하여 학습효율성이 저하되는 등 예상하지 못한 문제점이 드러나면서 학사 운영에 많은 어려움을 겪었다.

미국은 물론 우리나라의 대학생들도 대면 수업이 온라인 강의로 대체되면서 대학 내에서 이루어지는 본질적인 대학생활을 영위할 수 없다는 이유를 들어 등록금과 기숙사비 등의 반환 소송은 사회적 이슈로 부각되었다. 우리나라 대학에서 적용하고 있는 비대면 온라인수업 유형은 다음 표 1-4와 같다.

표 1-4 대학 비대면 온라인수업 유형

유형	주요 특징
실시간 화상강의	교수와 학생이 정해진 시간에 만나 실시간으로 상호작용
강의 동영상 사전 녹화	강의실이나 스튜디오에서 캠코더 장비를 활용해 영상자료를 제작한 후 게시
강의 녹음 + 교안	교안에 교수자 음성을 첨부하여 파일을 생성한 후 게시
기존 매체 활용	수업관련 내용을 포함한 기존 동영상을 선별하여 제공

출처: zooms; 한국교육신문(2020); 경기연구원(2020) 재인용.

수업 전 과정이 온라인으로 대체되면서 기존의 수업 손실은 최소화되고 있으나, 온라인 강의에 익숙하지 않은 교사들이 지식전달 위주의 기존 강의 형태를 온라인 강의에 그대로 적용하고 있어 본질적인 목적의 온라인수업이 진행되었다고 할 수 없다. 우리나라 교사들의 디지털기기 활용지수는 −0.567로 OECD 7개 국가 중에서 가장 낮은 수준이다(연합뉴스, 2020). 그동안 학교 교실수업 중심의 대면학습이 중심이 되면서 온라인 시스템에 대한 제대로 된 교육이나 학습도구 마련에 대한 준비가 미흡한 것이 사실이다. 4차 산업혁명을 통한 사회경제적 발전에도 불구하고 교육 분야에 있어서는 4차 산업혁명의 정보기술을 활용한 혁신적이고 창의적인 학습방식이 제대로 도입되지 못하고 있었다.

지금부터 우리는 코로나 팬데믹 이후에 전개될 상황을 준비해야만 한다. 특히 교육 분야는 교육의 본질을 정립하기 위한 기회로 삼고 교육혁신을 단행해야 하는 중요한 시점이다. 코로나의 파장으로 초중고부터 대학까지 사상 처음으로 모든 교육과정을 온라인수업으로 대체하면서 교사 중심 지식전달 위주의 현행 교육시스템의 문제점들이 여실히 드러났다.

코로나에 대한 전 세계적인 대응책은 물리적 거리두기(physical distancing)를 실행하고 있으며, 이 말은 공식·비공식적으로 사회적 거리두기(social distancing)라는 말로 두서없이 쓰이고 있다. 물리적 거리두기란 사회적 단절을 전제로 하지 않는다. 신체적 거리두기(physical distancing)나 멀리서 교류하기(distant socializing)의 의미로 물리적으로 거리를 둘지언정 심리적인 거리까지 둬서는 안 된다는 것으로 사회적 거리두기와는 완전히 다르다.

사회적 단절이 없는 물리적 거리두기 시행을 위해서는 머무는 장소와 인터넷 연결, 집에서 일상의 모든 요구를 해결해 줄 기본적인 인프라가 모두에게 갖춰져야 하겠지만 실제 현실은 그렇지 못하다. 사회적인 불평등과 경제적 소외로 인하여 기본적 인프라를 갖추지 못한 수많은 사람들은 코로나시대에 곤궁한 상태로 내몰리고 있기 때문에 온라인시스템 장착은 제대로 된 교육이나 학습도구 마련을 위해서 필수적이다.

연구문제

1. 「헌법」의 기본 가치에 대해 논의해 봅시다.

2. 1999년 8월 31일 「사회교육법」의 전부 개정으로 마련된 평생교육법의 의의에 대해 논의해 봅시다.

3. 뉴노멀의 개념과 등장 배경을 기술해 봅시다.

4. 알릭스파트너스(AlixPartners)가 디스럽션 인사이트 보고서에서 소개한 코로나시대가 가져온 뉴노멀시대의 5대 트렌드를 기술해 봅시다.

5. 코로나 팬데믹이 교육에 미친 영향을 기술해 봅시다.

CHAPTER 02

평생교육의 이해 및 접근

제1절 평생교육의 배경 및 이해

1. 평생교육의 사회적 배경

1) 지식기반사회의 도래

오늘날 평생교육이 교육의 한 분야로 등장하게 된 사회적 배경은 지식기반사회(knowledge-based society)의 도래에서 비롯되었다. 지식기반사회에서는 단순히 저장된 메시지와 같은 정보나 텍스트도 개인의 가공과 구조화된 노력에 의해서 인간의 내면화된 지식으로 전환된다. 따라서 지식기반사회는 경제 발전을 위해 사회 공동의 목표를 합의하는 사회이며, 개인의 사회적 지위 확보를 가능하게 는 지식이 중요한 사회적 중심 요소가 되는 사회를 의미한다. 지식기반 사회는 암묵적 지식 형성을 가능하게 하고, 우리 사회내 공유와 확산 문화를 구조화함으로써 지식의 생산성과 혁신의 근원으로 궁극적으로 사회구조를 변화시키게 만든다.

생산성을 높이고 혁신을 가능하게 만드는 지식을 생성하는 사회적 과정이 학습이다. 사회전반을 대상으로 요구되는 학습은 평생교육이 필요한 중요한 이유이다. 학습과 교육적 시각에서 보면 현대사회는 지식근로자를 필요로 하는 지식기반사회이다. 지식기반사회는 지식과 창의력이 가치창출의 원천이 되고, 국가 경쟁력 발전의 원동력이 되는 사회이며, 새로운 지식을 학습하고 공유하고 전파하는 평생학습이 보편화되는 사회이다. 지식기반사회에서는 지식을 어떻게 생산하고 활용하느냐가 중요한 과제이며, 지식의 상품화가 최고의 관심사이다. 따라서 지식기반사회에서의 학습은 정보와 지식 창출이 핵심적인 요소이다.

현대인이 지식기반사회에서 철학, 역사, 교양, 문화, 예술, 과학 분야 등의 분야에서 경쟁력을 갖추기 위해서는 평생학습사회를 구축하여 평생교육을 생활화해야 한다. 지식기반사회에서의 평생교육은 환경의 변화를 읽고 대비할 수 있는 통찰력을 갖게 한다. 피터 드러커(Peter Ferdinand Drucker)는 지식경영을 강조하면서 지식경영의 핵심요인이 학습이라고 강조했다(Peter Ferdinand Drucker, 2006).

경제협력개발기구(OECD)나 유럽연합(EU) 같은 국제기구들 역시 평생학습을 국가경쟁력의 원천으로 선포했다. 이러한 인식은 학습이 기업경영의 위기 뿐 아니라 국가경제의 위기를 구할 수 있는 새로운 경쟁력의 원천이 될 수 있음을 인정한 결과이다. 또한 평생학습은 무한경쟁시대에서 고용시장의 불안정과 미래의 불확실성에서 개인의 위기를 극복할 수 있게 해주는 탈출구의 역할을 가능하게 한다. 21세기 지식기반사회의 키워드로 변화의 속도를 설정한 미국의 마이크로소프트 회장 빌 게이츠 역시 인생을 통해 배우고 새로운 아이디어를 받아들이는 자세를 강조하면서 평생교육의 중요성을 역설하였다.

지식기반사회의 도래, 포스트모던 인식론의 출현, 학교 패러다임의 한계, 사회의 민주화라는 시대적 배경으로 인하여 오늘날 평생교육이 융성하게 되었다.

2) UNESCO(유엔교육과학문화기구)의 평생교육론

평생교육의 시작은 20세기 초 영국 재건 움직임에서부터 시작되었다. 19세기 말부터 불평등한 사회의 구조적 개혁에 대한 요구가 있었다. 제1차 세계대전 이후 황폐와 혼란 속에 재건을 이루는 과정에서 UNESCO(United Nations Educational, Scientific, and Cultural Organization)의 성인교육위원회가 조직되었고, 국민생활 재건 방안이 모색되기 시작하였다. 이후 UNESCO는 1949년 덴마크 엘시노어에서 1차 성인교육회의(World Conference on Adult Education)를 개최하여 성인교육의 부흥을 도모하였으며, 1960년에는 캐나다 몬트리올에서 2차 성인교육회의를 개최하여 성인교육에 대한 관심을 불러 일으켰다.

평생교육이라는 용어는 1965년 12월 프랑스 파리에서 UNESCO가 개최하였던 세계 성인교육발전회의(International Committee for Advancement of Adult Education)에서 랭그랑(P. Lengrand)이 제출한 회의 자료에 평생교육이 처음 등장하였다. 랭그랑(P. Lengrand)은 자신의 연구결과를 토대로 인간의 출생에서부터 죽음에 이르기까지의 전 생애를 통해서 학습하는 교육과정을 만들어 활동하게 하는 원리로서 평생교육을 승인해야 한다는 건의를 유네스코에 전달한 것에서부터 시작되었다.

이후 1970년 UN이 선포한 세계교육의 해를 계기로 평생교육의 개념정의와 보급이 본격화되기 시작하였다. 평생교육은 1972년 유네스코의 성인교육 발전에 관한 국제위원회(International Commission on the Development of Education)의 보고서(통칭 Faure Report) 'Learning To Be'가 발간되면서부터이다. 에드가 포르

(Edgar Faure)는 모든 선진국과 개발도상국가에서 이 평생교육을 실시해야 한다고 제언하였다. 포르(Faure)의 보고서로부터 계속 교육에 국한되어 온 평생교육의 개념이 가정, 학교, 지역사회교육을 모두 아우르는 확장된 개념으로 확대되기 시작하였다.

우리나라는 유네스코 한국위원회에서 1973년에 '평생교육 발전을 위한 세미나'를 개최하였고, 1977년 한국사회교육협회 주최의 '평생교육과 사회교육법'에 관한 전국 세미나, 1978년에는 문교부 정책연구과제로 평생교육관계 보고서가 제출되는 등 활발한 연구가 진행되어 왔다.

표 2-1 유네스코의 성인교육회의 주요 연혁(1946~2009)

구분	주요 내용
유네스코 세계 성인교육회의 1차	- 1949.6.19.~6.25. / 덴마크 엘시노어 - 민주사회 건설을 위한 시민성 강조, 직업교육을 제외한 자유교육 강조
유네스코 세계 성인교육회의 2차	- 1960.8.21.~8.31. / 캐나다 몬트리올 - 개발도상국가의 성인문해교육 필요성, 선진국에서의 직업기술교육의 필요성 강조
유네스코 세계 성인교육회의 3차	- 1972. / 일본 도쿄 - 교육의 민주화, 경제사회적 진보와 문화 발전의 한 요소로서 성인교육의 역할 강조
유네스코 세계 성인교육회의 4차	- 1985.3.19.~3.29. / 프랑스 파리 - 성인교육의 방향과 발전을 위한 방법과 수단 모색
유네스코 세계 성인교육회의 5차	- 1997.7.14.~7.18. / 독일 함부르크 - 인간중심 학습 및 발전 강조
유네스코 세계 성인교육회의 6차	- 2009.12.1.~12.4. / 브라질 벨렘 - 미래 실현가능한 삶과 학습에 대한 강조

출처: 조미경(2012) 재구성.

3) OECD(경제협력개발기구)의 평생교육론

OECD(Organization for Economic Cooperation and Development)는 마셜 플랜 지원 지원을 받아 전쟁으로 황폐해진 유럽 재건을 위해 1961년 발족되었다. OECD는 회원국들의 경제성장, 세계경제 안정유지, 세계 무역자유화, 개발도상국 경제원조 등의 국제 정책을 목표로 고용 및 생활수준 향상, 고용과 인력개발, 세계의 경제, 사회, 문화, 복지 등의 분야를 포괄하는 종합적인 국제 자문기구로서의 다양한 활동을 수행해 왔다.

OECD 역시 평생교육의 중요성을 강조하였다. 평생교육에 대한 OECD의 관심은 1990년대 중반부터 본격화되기 시작했다. 스웨덴 경제학자 레헨(Rehen)이 탄력적인 교육제도로 순환교육의 개념을 처음 제시하였으며, OECD는 1973년 평생학습을 위한 순환교육(Recurrent Education)을 강조하면서 평생교육이 모든 사람들에게 필수적인 것으로 간주되기 시작했다. 또한 모든 사회구성원이 평생학습에 접근할 수 있어야 한다고 주장하면서 2001년 「모든 이를 위한 교육(Education for All)」을 선언했다(최은수, 2019). OECD가 주창한 모든 이를 위한 평생학습은 개인의 발달, 사회적 결속, 경제 성장을 목적으로 하고 있다. 이를 성취하기 위해서는 평생학습의 기초강화, 학습과 일간의 유기적인 연계 증진, 평생학습과 관련한 모든 파트너의 책임과 역할 제고, 평생학습에 대한 투자 증대, 교육훈련을 제공하는 사람들에 대한 인센티브 등이 전략적으로 강조되었다(차갑부, 2004).

이러한 맥락에서 2001년 4월 파리에서 모든 이를 위한 역량개발을 위한 투자(Investing Competencies for All)를 핵심주제로 OECD 교육부장관 각료회담이 열렸다. 이 회의의 핵심의제는 지식사회에서 필요한 역량개발을 통해 지식사회 조성의 핵심도구인 평생학습전략을 강조하는 것이며, 논의 내용을 살펴보면 다음과 같다. 일터와 학습간의 경계가 희미해지고 있는 오늘의 상황에서 지속적 경제발전과 사회적 성장을 위해서는 인적자본과 사회적자본의 중요성이 강화되어야 한다는 것이었다. 또한 전 생애에 걸친 교수·학습의 개선으로 직업 능력개발을 통해 사회공동체의 질을 높이기 위한 전략으로서 학교에서 일터로의 모델, 일터에서 학교로의 모델 그리고 일터에서 일터로의 모델을 하나로 연계하는 평생교육 전략모델을 제시하였다.

OECD의 평생교육전략은 개인은 평생학습을 통해 삶의 질을 높이고, 일자리를 구하는 데 도움을 얻을 수 있으며, 국가는 평생학습을 통해 경제성장과 사회응집력을 향상시키는 공동의 가치창출을 강조하는 데 초점을 두고 있다.

4) UNESCO와 OECD의 평생교육론 비교

UNESCO는 인간주의에 기초한 개인과 집단의 삶의 질을 향상하게 하는 전인적 자아실현을 위한 학습, 생애능력개발, 투자확대정책을 주장하는 모든 이의 삶의 권리로서의 학습, 누구나 언제, 어디서든지 평생학습에 접근하기 위한 학습, 인간 기본권으로서 함께 살아가기 위한 학습이라는 네 가지 기둥을 전제로 학습사회론을 주장하였다.

이에 비해 OECD는 모든 이를 위한 평생학습에의 투자확대를 기초로 평생교육의 재정확대에 주력하고 있다. 전 생애에 걸친 능력개발과 일과 학습의 연계를 통한 학습경제론을 강조하였다.

UNESCO와 OECD는 평생교육이 기본적으로 개인과 사회공동체의 발전에 필수적이라는 데는 이견이 없다. 또한 기존의 학교중심 교육체제시스템으로부터 평생교육이 벗어나야 한다는 것에 공감하고 있으며, 이러한 교육체제 확대를 통해서 유연성을 확보해야 하는데 동의하고 있다(이진경, 2020). 그럼에도 불구하고, UNESCO는 개인적인 학습 능력 증진을 통한 자아실현에 중점을 두고 있는 반면, OECD는 평생에 걸친 지속적 직업능력 신장을 강조하고 있다.

우리나라의 평생교육전략은 UNESCO와 OECD의 여러 정책들이 혼합된 형태로 나타났다. 과거에는 UNESCO의 평생교육정책과 방향에 많은 영향을 받아 왔으나 최근의 동향으로는 OECD의 평생교육정책에 많은 영향을 받고 있음을 볼 수 있다. UNESCO의 전인적 학습 능력개발을 위한 학습사회론이나 OECD의 직업 능력개발을 위한 학습경제론 가운데 어느 하나만을 우리 평생교육의 지향점으로 받아들이는 것은 바람직하지 않다. 오히려 UNESCO와 OECD 각각의 장점을 최대한 수용하면서 우리나라 실정에 맞는 나름대로의 평생학습공동체 형성을 위한 대안을 마련하는 것이 필요하다.

UNESCO와 OECD의 평생교육전략을 비교해보면 다음의 표 2-2와 같다.

표 2-2 UNESCO와 OECD 평생교육전략 비교

구분	UNESCO	OECD
이념적 지향점	- 주요이념: 이상주의 학습사회론, 인간중심 평생교육론 - 핵심모토: 모든 이를 위한 교육 (Education for All) - 핵심주체: 존재를 위한 학습 (Learning to Be) - 주요 회의: 세계성인교육회의	- 주요이념: 경제주의 학습경제론, 전략적 인간자원개발론 - 핵심모토: 모든 이를 위한 평생학습 (Lifelong Learning for All) - 핵심주체: 평생학습전략, 순환교육
이론적 배경	- Langrand: 새 평생교육 패러다임 - Faure: Learning to Be - Delors: Learning the treasure within	- 인간자본론(Human Capital Theory) - 사회자본론(Social Capital Theory)
관심 영역	- 교육기회의 확장 → 계속교육 교육내용과 주도권의 확장: 교수자 공급 중심 → 학습자 선택 중심 - 교수학습 메커니즘의 확장: 형식교육 → 비(무)형식교육	- 평생에 걸친 직업 능력개발 - 인적자본과 사회적 자본개발 - 일과 학습의 연계 모델 - 투자로서의 평생학습 정책
정책 방향 및 추진 활동	- 초기 기초교육 및 문해교육: 문맹퇴치활동/무상의무교육 실시 - 직업교육으로의 확대: 농업기술교육/지역사회교육/여성교육 & 기술훈련과정 개설 - 고등교육기관의 평생교육 세분화: 고등교육기관 중심의 첨단기술 협력증진: 대학 간 네트워크/자원공유/기술 및 경험교류/교육-학생교류 등 - 모든 이를 위한 평생교육: 아동초등청소년성인 문해교육/직업능력배양훈련 : 평생교육체제로의 개편 : 회원국 역량강화 프로그램 : 일반교육과 직업교육 다양화 : 고등교육기관 역할변화 프로그램	- 교육성장 정책: 인력수급을 위한 학교교육팽창 : 교육재정 확대 및 교육투자 확보 - 교육발전 정책: 사회변화수단 & 지역·사회 서비스 제공기관으로의 학교혁신 - 순환교육 모형: 평등한 기회제공/교육의 질제고/성인계속교육 : 교육과 직업, 여가 간 이동가능 & 선택 폭 확대 - 모든 이를 위한 생애 능력개발 투자 확대 : 개인개발/사회결속/경제성장 : 평생학습 기초 강화 : 학습-일 사이의 유기적 연계 증진 : 평생학습 관련 파트너의 역할 제고 : 평생학습 투자 증대 : 교육훈련제공에 대한 인센티브

출처: 김성길(2004).

우리나라 평생교육이 나아가야 될 방향과 전략은 모든 이를 위한 평생학습 능력개발과 모든 이를 위한 평생직업 능력개발 그리고 여기에 더하여 모든 이를 위한 여가문화 능력개발로 모아질 필요가 있다(한준상, 2003).

2. 평생교육의 개념 및 목적

일반적으로 개념은 기술적·조작적·규범적 기준에 따라 정의된다. 일반적인 개념정의 방식에 따른 평생교육의 개념은 표 2-3과 같다. 평생교육은 학자마다 개념정의가 다른데, 좁은 의미로는 사회교육과 동의어로 사용되기도 하지만, 넓게는 태어나서 죽을 때까지(수직적 통합), 가정, 학교 등 모든 생활공간을 통해 이루어지는 것으로 표 2-4와 같이 형식적·비형식적·무형식적 교육활동을 의미한다.

표 2-3 개념정의 방식에 따른 평생교육의 개념

차원	개념정의	평생교육 차원에서의 정의
기술적 정의	모든 사람이 받아들일 수 있는 상식적이고, 일반적인 정의	출생하여 죽을 때까지 전 생애에 걸쳐 이루어지는 통합적인 관점에서의 모든 교육
조작적 정의	사회적으로 약속한 법적 관점에서의 정의	학교교육을 제외한 삶속에서 이루어지는 모든 교육
규범적 정의	기존 사회적 가치의 문제점에 대한 해결방안으로서 이념화되고, 규범화되는 정의	삶의 변화를 위한 프락시스로의 교육, 사회 소외계층에 대한 교육, 안드라고지로서의 교육 등

표 2-4 교육유형에 따른 평생교육의 개념

교육 유형	평생교육 개념
형식교육	국가가 학력이나 학위를 공식적으로 인증하는 교육으로 초등, 중등 및 고등교육을 의미하는 학교교육을 의미
비형식교육	교실, 교사, 교과서 등의 제반 조건을 충족하고 있으나, 국가로부터 인증을 받지 못한 교육으로 사설기관의 학력보충교육, 연수원 등의 기업교육, 시민단체의 시민교육 등을 의미
무형식교육	비의도적인 교육형태로 활동의 주목적이 교육은 아니나 그 안에서 이루어지는 가르침과 배움이 일어나는 과정을 의미

데이브(Dave, R.H. 1976)는 평생교육의 개념을 개인과 사회의 삶의 질을 향상시키기 위해 평생에 걸쳐 전문성을 개발해 가는 과정으로 정의한다. 그러면서 평생교육을 삶, 평생 그리고 교육 3가지 기본개념으로 설명한다. 특히 교육은 제도권 내에서의 마침으로 끝나는 것이 아니고 일평생 동안 지속되는 학습이며, 교육은 일생의 전체를 의미한다. 평생교육은 성인교육에 국한되지 않는 학령 전, 초등, 중등, 고등교육의 모든 단계를 의미하고 통합한다. 또한 평생교육은 정규교육, 비정규교육, 무형식교육 모두를 포함한다.

현행 「평생교육법」 제2조 제1호에서는 평생교육이란 학교의 정규교육과정을 제외한 학력보완교육, 성인 문자해득교육, 직업능력 향상교육, 인문교양교육, 문화예술교육, 시민참여교육 등을 포함하는 모든 형태의 조직적인 교육활동으로 규정하고 있다. 평생교육에 대해 학자들이 정의한 평생교육의 개념은 다음 표 2-5와 같다.

평생교육의 궁극적인 목적은 다양한 삶의 질 가운데 인간의 풍요로운 정신세계로서의 삶의 질(QoL)을 향상시키는 데 있으며, 이러한 평생교육이 추구하는 이상사회가 평생학습사회이다. 평생교육의 관점에서 볼 때 평생학습사회(lifelong learning society)는 인간의 학습과 교육이 학교라고 하는 독립된 시스템 안에서 고립적으로 이루어지는 사회가 아니라 일종의 삶의 양식으로서 사회 곳곳에 편재해 있는 사회를 말한다. 평생학습사회는 사회 각 부문에서 학습이 적극적으로 일어날 수 있도록 촉진하는 사회형태이다.

표 2-5 평생교육의 개념

학자	평생교육 개념
황종건 (1980)	유네스코에서 제시한 새로운 교육이념이다. 인간은 평생을 통해 교육적 과정의 수직적 통합과 개인과 사회생활 모든 국면의 수평적 통합을 강조하는 것이다. 그동안 폐쇄적 학교교육과 조직화되지 않고 비효율적인 상태로 방치된 사회교육을 통합·재편성하여 궁극적으로 교육의 사회화와 사회의 교육화를 이룩하자는 것
김종서 (1982)	태교부터 시작하여 유아교육, 아동교육, 청년교육, 성인기초교육, 성인후기교육, 노인교육을 수직적으로 통합한 교육과 가정에서 이루어지는 교육, 학교에서 이루어지는 교육, 사회에서 이루어지는 교육을 수평적으로 통합한 교육을 총칭하여 말하며, 개인의 잠재 능력의 최대한의 신장과 사회발전에 참여하는 능력의 개발을 목적으로 함
최은실 (1990)	평생교육은 교육 개념의 광역성과 통합성, 교육 시기의 계속성과 항상성, 교육대상의 평등성과 전체성, 교육 접근방식의 다양성과 상대성 그리고 교육체제의 개방성과 탈정형성을 개념적 특성으로 하는 기존 교육이념과 체제에 대한 새로운 교육패러다임. 평생교육은 교육 형태상으로는 형식, 비형식, 무형식교육 그리고 교육영역 상으로는 가정교육, 사회교육, 학교교육을 포괄하는 총체적 이념이며, 궁극적으로는 학습자의 자율적 학습 수행과 교육적 선택의 자유를 통한 학습권이 보장되는 학습사회를 지향하는 교육이념
Langrand (1970)	평생 모든 국민이 각자 자신이 가진 다방면에 걸친 소질을 계속적으로 발전시키고 사회의 발전에 충분히 참여할 수 있게 하는 교육
Gelpi (1972)	학교교육과 학교졸업 후 교육훈련을 통합하고 형식적인 교육과 준 형식적인 교육의 관계를 발전시켜 개인(어린이, 청년, 성인)과 지역사회가 그의 생활을 통해서 최대한 문화적, 교육적 달성을 실현할 수 있도록 하기 위한 교육정책의 중심적인 요소를 구성하는 것
Faure (1972)	개인적이나 사회적인 관점에서의 모든 교육적 과정을 총괄하는 개념
Dave (1976)	개인과 집단 모두의 생활의 질을 향상시키기 위해서는 개인의 평생을 통한 개인적, 사회적, 직업적 발달을 성취시키는 과정
Cropley (1977)	모든 개인이 일생 주기 동안 어느 때든지 수업과 공부, 학습을 수행하여야 하며 또한 이를 위한 조직적인 기회가 제공되어야 하는 것
Jarvis (1986)	개인의 생애에 있어서 어느 때라도 학습에 참여하고, 이해하고자 하는 휴머니즘에 입각한 계획적인 일련의 사상
Knapper & Cropley (2000)	다양한 교육을 실천해 나가는 데 제시될 수 있는 일종의 조직적이고 과정적인 안내지침. 평생교육의 목적은 평생학습, 즉 삶을 총체적으로 가로지르는 학습을 가능하게 하는 것

출처: 김정현(2010) 재구성.

평생교육을 세 가지 대전제로 나누어보면 다음과 같다.

첫째, 평생학습을 실현하는 데 있다. 평생학습은 개인의 생애 전반에 걸쳐 개인적 경험을 구조화해 나가는 자기 주도적 학습과정이다.

둘째, 평생교육은 개인이 평생학습 과정을 통해 학습자 스스로 성장할 수 있도록 우선적으로 지원하고 돕는 비교적 장기간의 일반교육과정이다.

셋째, 평생교육은 교육이라는 사회적 행위가 제공, 조직되고 이루어지는 전반적인 흐름에 대한 방향을 제시하는 나침반과 같은 역할이라고 할 수 있다. 결국 평생교육의 최종 목표는 모든 시민들이 자기주도의 성장을 도모할 수 있는 학습이 가능하도록 전사회적이고 전 생애적으로 최적화할 수 있는 새로운 교육체계를 설계하는 것이다(한숭희, 2004).

제2절 우리나라 평생교육 발전 현황 및 개선과제

1. 우리나라 평생교육의 개요

1) 우리나라 평생학습 참여율

한국교육개발원(KEDI)은 2007년부터 매년 1회 전문 조사기관을 선정하여 우리나라의 성인에 대한 평생학습 참여율을 조사하여 발표해 왔다. 전국 25세에서 79세의 성인 남녀를 대상으로 지난 1년여 기간 동안의 평생학습에 대한 개인 실태를 조사하고 그 결과를 매년 공표하고 있다. 우리나라는 2017년부터 79세의 고령자까지를 평생학습 실태조사 대상으로 포함하고 있는 반면 외국의 경우는 대체로 64세까지의 성인을 대상으로 평생학습 참여율을 제시하고 있다.

표 2-6에서 보는 바와 같이 2010년부터 2019년까지 평생학습 개인 실태 조사결과에 따르면 만 25세에서 64세 성인 대상의 평생학습 참여율은 2010년 30.5%에서 2019년 43.4%로 무려 12.9%나 증가하였다. 평생학습 유형별 참여율에서 형식학습은 2010년 3.9%에서 2019년 1.7%로 2.2%로 감소한 반면, 비형식 학습은 2010년 28.2%에서 2019년 42.5%로 14.3%나 증가한 것으로 나타나 평생학습 참여형태가 형식학습보다는 비형식 학습형태로 전환되고 있음

을 알 수 있다.

표 2-6 만 25~64세 성인 년도 별 평생학습 참여율 추이(2010-2019년) (단위: %)

구분	2010	2011	2012	2013	2014	2015	2016	2017	2018	2019
전체	30.5	32.4	35.6	30.2	36.8	40.6	35.7	35.8	42.8	43.4
형식	3.9	4.2	3.5	3.8	3.1	3.5	2.8	2.2	2.7	1.7
비형식	28.2	30.1	33.1	28.0	35.2	39.1	34.2	34.6	41.8	42.5

출처: 교육부·한국교육개발원(2019); 2019 한국 성인의 평생학습실태.

주) 전체 평생학습 참여율 = 형식교육 참여율 + 비형식교육 참여율 - 평생학습 동시 참여자 비율

만 25세에서 79세까지의 고령자를 포함한 2019년 평생학습 참여율은 41.7%로 조사되었다. 성별로는 여성(42.6%)이 남성(40.8%) 대비 평생학습 참여율이 높은 것으로 나타났다. 연령은 34세 이하에서, 학력은 대졸이상, 월 가구소득은 500만 원 이상의 고소득층, 고용형태는 비임금근로자보다는 임금근로자층, 거주지역은 지방보다는 서울 및 광역시와 중소도시에서 평생학습 참여율이 상대적으로 더 높은 것으로 표 2-7에서 나타났다.

표 2-7 2019년 특성별 평생학습 참여율

구 분	평생학습 참여율
성 별	남성(40.8%), 여성(42.6%)
연령별	25~34세(50.6%), 35~79세(32.5%)
학력별	중졸 이하(29.1%), 대졸 이상(51.4%)
월 가구소득별	150만 원 미만(30.5%), 500만 원 이상(46.6%)
고용형태별	비 임금근로자(34.9%), 임금근로자(49.5%)
거주지역별	서울 및 광역시(42.7%), 중소도시(41.9%), 농어촌(37.9%)

출처: 교육부·한국교육개발원(2019).

코로나 팬데믹으로 2020년 만 25-79세 성인의 평생학습 참여율은 전년 대비 1.7% 감소한 40.0%로 조사되어 우리나라의 성인 10명 중 4명 정도가 평생학습에 참여하고 있는 것으로 나타났다. 성별기준으로는 여성(40.3%)의 평생학습

참여율이 남성(39.7%)보다 높은 것으로 나타났으나, 점차 성별 격차는 감소하는 추세인 것으로 보인다(교육부·한국교육개발원, 2020).

2) 우리나라의 평생교육법

우리나라의 평생교육은 「헌법」을 토대로 교육기본법을 비롯한 교육과 관련한 법령에 기초하여 규정되어 있으며, 교육 및 평생교육에 관한 행정도 모두 법령에서 규정한 원칙과 방법에 따르도록 되어 있다. 「헌법」에서 규정된 평생교육에 관한 내용도 국가는 평생교육을 진흥해야 한다고 「헌법」 제2장 제31조 제5항에 명시되어 있다. 교육기본법은 초·중등교육법, 고등교육법과 더불어 「평생교육법」의 하위 개념을 포함하고 있다(교육과학기술부, 2008). 이는 제도권 학교의 평생교육 의무를 규정하고 있으며, 더 나아가 인간의 전 생애에 걸친 평생교육을 중요한 의미로 규정하고 있다는 것을 의미한다. 「평생교육법」은 평생교육 시행령, 시행규칙으로 구성되어 있으며 그 내용은 표 2-8과 같다.

「평생교육법」은 글로벌화되고 정보화가 가속화되는 우리 사회에서 모든 사람들이 언제, 어디서나 원하는 교육을 가능하게 하는 평생학습이 가능한 사회를 구축함으로써 국민의 삶의 질을 향상시키고 사회 발전에 기여하는 교육복지국가 건설을 목표로 하고 있다. 이와 같은 목표를 구체화하기 위해 국가는 국민 개개인에 대한 학습권과 선택권을 보장할 수 있는 평생학습 문화를 조성하고, 평생교육과정을 이수한 사람에 대한 사회적으로 인정받을 수 있는 평생학습 사회를 만들고자 하였다. 「평생교육법」은 국민 모두에게 균등한 평생교육 기회를 보장하고 학습자에 대한 자발적인 학습 참여와 이에 상응하는 사회적 인정을 평생교육이념의 토대로 삼고 있다.

한국 평생교육의 전반적인 발전과정의 역사를 살펴볼 때 우리나라 평생교육은 해방 이후 시점부터 현재에 이르는 동안 양적인 측면에서 급속한 성장을 이루어왔다. 또한 우리나라 「평생교육법」은 평생교육제도의 정착과 다양한 국민들의 교육, 문화적 욕구를 충족시키고 발전시키는데 기여해 온 것으로 평가할 수 있다. 이외에 평생교육제도를 정착시키고 국민들이 원하는 다양한 학습욕구를 충족시키는 평생교육과정이 운영되는 점을 고려할 때 질적인 성장이 이루어졌다고 평가할 수 있다. 그러나 이렇게 발전해 온 우리나라 평생교육도 실제로는 긍정적인 측면만 있는 것이 아니다. 고등학교를 중퇴한 사람이 고등학교과

표 2-8 평생교육법, 시행령, 시행규칙의 구성 및 주요 내용

구분	평생교육법	평생교육법 시행령	평생교육법 시행규칙
구성	8장 46조, 부칙	6장 78조, 부칙	25조, 부칙
	총칙 평생교육진흥기본계획 평생교육진흥원 평생교육사 평생교육시설 문해교육 평생교육결과의 관리·인정	총칙 평생교육진흥기본계획 평생교육진흥원 평생교육사 평생교육시설 문해교육	평생교육 실무조정위원회 평생교육 자격증교부 평생교육사등록(변경) 문해교육이수자 학력인증
주요 내용	평생교육전담·지원기구 운영 - 국가평생교육진흥원 - 시도평생교육진흥원 - 시군구평생학습관 - 읍면동평생교육센터	- 출연금 요구, 지급, 관리 - 결산서 제출 등 - 전담기구 및 평생학습지원제도의 운영 방법 등	- 평생교육실무 조정위원회
	학력·학위취득 기회확대 - 초중고 학력인정시설 - 전문대학 학력인정시설 - 사내대학 및 원격대학형태	- 시설의 지정 또는 인가기준 및 절차 - 폐쇄인가 또는 신고 절차	- 문해교육 이수자 학력인정절차
	다양한 평생교육기관운영 - 학교(학교부설)의 평생교육 - 원격형태 평생교육시설 - 사업장부설 평생교육시설 - 시민단체부설 평생교육시설 - 언론기관부설 평생교육시설 - 지식·인력개발 평생교육시설	- 시설의 설치 신고·등록 - 시설의 변경신고	- 평생교육시설의 등록 변경 신고절차
	다양한 평생학습지원제도 - 유급 또는 무급학습휴가제 - 전문인력 정보 은행제 - 평생학습 계좌제 - 평생교육사 - 문해교육 프로그램 지원	- 평생교육사 자격요건, 등급, 배치기준 등 - 학습계좌제 운영, 평가인정 - 문해교육 프로그램 설치 운영, 지정 및 지원기준	- 전문인력 정보은행 운영 - 학습계좌제 운영 - 평생교육사 자격증 교부 - 문해교육 이수자의 학력인정 또는 학습과정 인정절차

출처: 교육부·국가평생교육진흥원(2019).

정을 다시 참여하거나, 대학을 졸업하고 직장에 다니는 사람이 대학원에 입학하지 않고도 자신이 듣고 싶은 과목을 선택하여 청강할 수 있는 열린 교육이 이루어지지 못하고 있는 것이 현실이다. 국가에서 인정하는 교육과정에 참여할 수 있는 선택권과 참여 기회를 만드는 것도 궁극적으로 평생교육 확산에 도움이 될 것이다.

2. 우리나라 평생교육의 발전과정

1) 광복 이후 사회교육법 시대(1945~1999)

사회교육은 가정교육, 학교교육을 제외한 국민의 평생교육과 관련된 모든 형태의 교육활동을 의미한다. 우리나라의 사회교육법은 1982년에 제정되었다. 사회교육법이 제정된 이 시기는 산업화이후 높은 경제성장을 목표로 살기 좋은 복지국가를 만들어야 한다는 국민적 열망과 학습에 대한 사회적 욕구가 분출하던 시기였다. 우리나라 사회교육에 대한 역사적 배경은 삼국 및 고려시대의 사회교육에서 시작되어 광복 후에는 사회교육이 획기적으로 발전하는 변천을 거쳤다(남희은 외, 2018). 본 교재에서는 광복 이후의 우리나라 사회교육법의 변천과정을 중심으로 다루고자 한다(최종진·신근영·박균달, 2018).

광복 이후의 기초사회 교육기(1945~1950년대)는 1945년 해방 이후 한국사회에서 당면했던 주요 문제들은 남북의 분단과 이로 인한 정치적, 사상적 갈등의 시기였다. 이 시기는 남북 간의 6.25 전쟁의 폐허로부터 국가 재건을 목표로 한 개발의 시대였다. 1948년 이승만 정부수립 이후 미국의 교육제도를 토대로 하는 교육법이 1949년 제정·공포되었으며, 이에 따라 민주국가 실현을 위한 교육 기회와 의무교육이 강조되었다(권두승, 1992). 이 시기의 사회교육의 주요 특성을 보면 1950년대 사회교육은 국가발전, 사회통합, 공민적 자질향상에 중점을 두었으며, 특히 일제강점기의 우민정책에서 비롯된 문맹퇴치를 위한 문해교육을 최우선 교육과제로 정하였다. 이를 위해 전국 각 도시에 성인학교를 개설하여 성인교육을 시작하였다. 성인학교의 주요 교육 프로그램은 직업과목을 중심으로 운영되었으며, 교양과목, 취미과목 등도 개설되어 운영되었다. 이 시기의 성인학교의 기초교육 중 공민학교, 고등공민학교는 1950년대 중반까지 학생 수가 지속적으로 증가하다가, 초등학교교육, 중학교교육 순으로 보편화되다가 감소하였다. 또한 기술학교, 고등기술학교는 1950년대 말까지도 학생 수가 감소하여 발전하지 못하게 되었다.

사회개발 지향적 사회교육기(1960년대)는 5.16 군사정권 이후 등장한 재건국민운동과 관련한 향토학교교육, 재건 학교교육 등과 같은 사회교육이 사회개발의 수단으로 활용되었다. 1961년 재건국민운동에 관한 법률이 공포되면서 문해교육, 문고 보급운동, 국민정신교육, 교육요원 양성, 생활개량 등의 사회교육이 실시되었다. 또한 기술학교, 고등기술학교가 지속적으로 증가하였으며, 적십자사, 대한여자기독교청년회연합회(YWCA), 대한기독교청년회연맹(YMCA), 성인교육회 등 각종 사회단체들의 사회교육이 전문적으로 실시되었다. 또한 1967년 제정된 직업훈련법이 정착되면서 공공 직업훈련, 사업 내 직업훈련, 인정훈련 등 공공단체와 기업체의 연수교육이 활성화되었다.

산업화시대의 사회교육기(1970~1980년대)에는 1970년대의 산업화에 따른 직업기술교육이나 산업화로 인한 여가생활 확대로 새로운 교육에 대한 욕구가 높아지기 시작하였다. 우리나라에서 평생교육이 공식 논의된 것은 유네스코 한국위원회가 1973년 8월에 열린 '평생교육 발전 세미나'에서 평생교육이 지향해야 할 방향과 전략을 논의한 것에서 비롯되었다. 학교교육에서 벗어나 태어나면서 죽을 때까지 전 생애에 걸쳐 배워야 하는 평생교육이 사회 어느 곳에서나 가능하게 만드는 전략적이고, 통합적인 개념으로서의 평생교육을 교육의 최상위 개념으로 인식하게 되었다. 1970년대 새마을운동은 안보, 국민의식, 소득증대, 생활개선을 내용으로 하는 사회교육의 개념에서 실시되었다. 또한 일반학교에 입학하기 어려운 사람들을 대상으로 하는 방송통신고등학교, 한국방송통신대학, 개방대학 등의 설립이 이루어졌다. 1980년대에는 학교교육이 중등교육의 보편화, 고등교육의 대중화 단계로 발전했으며, 이 시기의 평생교육도 고등교육의 대중화에 발맞추어 발전하게 되었다(변종임 외, 2001) 이 시기에 설립된 방송통신대학의 4년제 승격(1981년), 개방대학(1982년), 독학사제(1990년) 등이 그 사례이다.

평생학습시대의 사회교육기(1990년 이후)는 정보통신의 급속한 발전으로 성인기 학습활동이 매우 빠르게 확산된 시기였다. 또한 지식기반의 사회가 도래하면서 평생교육시대를 촉진시켜 1999년 8월 「평생교육법」이 제정되었다. 「평생교육법」은 「사회교육법」을 대체하여 입법한 법으로 다양한 교육기관의 교육활동을 국가가 평생교육으로 인정하고, 재정적 지원을 할 수 있는 법적 근거를 만들었다. 결국 평생학습시대의 사회교육기는 국가가 사회교육의 학력인정을 가능하게 만든 시기였으며, 평생교육의 확산을 가속화시킨 시기였다.

2) 평생교육법 시대(2000~)

우리나라는 「초·중등교육법」, 「고등교육법」, 「평생교육법」 등을 포괄하고, 열린 사회구현을 기본방침으로 하는 「교육기본법」을 1997년 2월에 제정함으로써 교육에 관한 법률 체계를 갖추게 되었으며, 사회교육 및 평생교육이 양적으로 성장하는 계기가 되었다. 1999년에는 「사회교육법」이 폐지되고, 1999년 8월 평생교육 진흥을 국가의 의무로 규정한 「평생교육법」이 제정되면서 다른 법률에 제한받지 않는 평생교육 분야를 포함하게 되었다. 「평생교육법」은 2000년 3월에 법적 효력이 발생되었다. 「평생교육법」은 21세기 지식기반사회 도래를 맞아 평생학습의 중요성이 대두되면서 교육 공급자 중심의 사회교육체계를 학습자중심의 열린 학습체제로의 개편을 교육개혁의 혁신과제로 설정하였다. 「평생교육법」은 국가나 지방자치단체는 평생교육시설을 설치하고, 평생교육사를 양성해야 하며, 평생교육 프로그램을 개발하는 방법 등을 통해 모든 국민에게 평생교육의 기회를 제공할 수 있어야 한다고 규정하고 있다. 또한 교육부장관은 평생교육 연구, 평생교육사에 대한 교육연수, 평생교육과 관련한 각종 정보제공 등의 평생교육센터로서의 기능을 수행해야 한다고 명시하고 있다. 「평생교육법」 제정을 통해 평생학습의 결과를 인정하는 독학학위제와 학점은행제 등이 운영되기 시작하였으며, 평생교육백서가 출간되기 시작하였다.

이와 같이 「평생교육법」 시대를 맞아 평생교육정책사업이 다방면에 걸쳐 다양하게 추진되면서 평생학습도시, 평생학습축제, 소외계층 지원, 대학 평생교육 활성화, 평생교육진흥원 설립, 「평생교육법」 개정 등 평생교육체제가 안정되었다.

「평생교육법」은 2007년도에 개정됨으로써 보다 포괄적이고 적극적인 평생교육 진흥의 기초를 놓게 되었다. 평생교육 추진기구 설치, 원격대학과 사내대학 설립, 평생교육진흥원 등을 설립해 온 것이 그 실례이다. 이 외에도 학점은행제, 독학에 의한 학위취득제, 문해교육, 평생학습 축제, 평생학습계좌제, 평생교육사 양성, 평생학습 도시사업 실시 등의 다양한 평생교육 정책을 지속적으로 펼쳐 왔다.

연구문제

1. 평생교육이 등장하게 된 사회적 배경을 기술해 봅시다.

2. UNESCO와 OECD의 평생교육전략 간 이념적 지향점을 비교해 봅시다.

3. 교육 유형에 따른 평생교육의 개념을 설명해 봅시다.

4. 평생교육의 목적을 기술해 봅시다.

5. 우리나라 평생교육 발전과정을 주요 시기별로 구분하고 주요 특징을 기술해 봅시다.

PART 02 뉴노멀시대의 평생교육사

CHAPTER 03

평생교육사

제1절 평생교육사의 정의 및 배경

제2절 평생교육사 제도 운영 현황

제3절 평생교육사의 역할 및 직무

제4절 평생교육사의 배치 및 과제

제5절 평생교육실습의 윤리기준

제1절 평생교육사의 정의 및 배경

1. 평생교육사의 정의

평생교육사 자격제도는 평생교육 이념 실현을 위하여 실무능력 및 전문성을 가진 평생교육 담당자를 양성, 배치하고 양질의 평생교육을 실시하기 위한 제도이다. 평생교육 전문인력으로서의 평생교육사에 대한 자격부여는 2000년 공표된 「평생교육법」에 구체적으로 명시되어 있으며, 「평생교육법」 시행령과 시행규칙에는 그 역할과 실천 영역이 구체적으로 명시되어 있다.

평생교육사란 대학(원)에서 법이 정한 평생교육 관련 과목을 일정학점(80점 이상)을 이수한 자 또는 법이 정한 양성기관에서 과정을 이수한 후 자격증을 부여받은 사람, 교육현장에서 활동해 오던 사회교육자, 사회교육지도자, 사회교육담당자의 역할을 담당하는 사람 중에서 법적인 자격요건을 갖추고 있는 전문가를 말한다.

평생교육사는 「평생교육법」 제24조 제2항에서 평생교육의 진흥을 위하여 평생학습자의 생애주기별 특성 및 사회적 상황에 맞추도록 평생교육현장에서 평생교육 프로그램의 기획·진행·분석·평가 및 교수업무 등 평생교육 관련 업무의 전반적인 영역을 담당하는 평생교육 현장전문가이다. 평생교육사라는 명칭과 자격은 한국의 사회적 요구와 법적 지지를 기반으로 하고 있으며 그 역할과 자격 요건 등에 대한 접근을 통해 포괄적으로 이해할 수 있다.

1999년 「평생교육법」이 전면 개정되면서 '사회교육전문요원' 등으로 불리던 자격의 명칭이 평생교육사로 통일되었고, 기존 1·2 등급 자격체계가 1·2·3급 자격체계로 개편되었다.

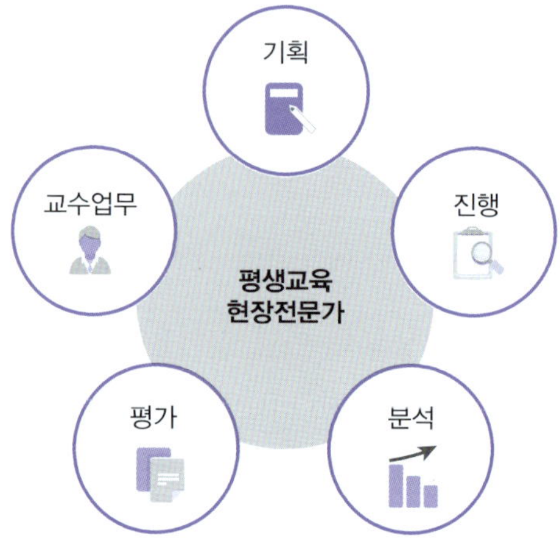

그림 3-1 평생교육사의 정의 그림

출처: 국가평생교육진흥원(2019).

우선 평생교육사란 용어가 갖는 몇 가지 특성을 살펴보자.

첫째, 평생교육 전문 인력이라는 특성을 갖춘 평생교육사는 전문가적 기능과 역할을 수행할 특성과 자질 등을 내포하고 있다. 평생교육사와 초·중등 교사들의 공통점은 우선 가르쳐야 할 대상이 있으며, 다음은 학습자들의 특성과 요구에 맞춰 준비된 교육과정을 교육하는 전문인이라고 할 수 있다. 이와 같이 평생교육사도 전 국민들을 평생학습자로 인식하고, 그들의 특성과 개인적, 사회적으로 요구되는 교육과정과 내용 등을 수용하고 그것들에 따라서 적합한 방법과 적절한 지도력을 통해 교육의 주체로서 실천하는 전문 인력이며, 전문인으로서의 특성을 내포하고 있는 것이다.

둘째, 평생교육사란 명칭에서 평생교육사에 대한 역할과 기능적 측면에서 그들이 갖추어야 할 질적 향상의 필요성이 제기되었다. 평생교육사에게 법적 조항에서 제시한 일정한 능력을 갖추게 함으로써, 평생교육현장 실천의 교육주체가 되게 하며 평생교육사가 습득한 지식과 기술을 활용하여 평생교육 자체의 질적 향상을 도모할 수 있다.

셋째, 평생교육사는 평생교육의 발전과 진흥을 위해 필요한 존재이다. 평생교육사가 전 국민에게 평생교육의 필요성과 교육의 효과를 경험하도록 함으로써, 평생교육 참여를 촉진시키고 평생교육발전과 진흥을 도모하는 효과를 기대할 수 있다. 이러한 측면에서 평생교육사는 평생교육의 가치, 평생교육의 효과성 증대, 평생학습 기회의 평등을 이루어 평생교육 확산을 고양시키는 역할을 한다고 볼 수 있다.

2. 평생교육사제도 변천 배경

평생교육 현장의 효율성과 전문성을 강화하기 위하여 평생교육의 기획 · 운영· 평가 등을 담당하는 전문 인력양성 및 배치, 연수를 제도화한 국가자격으로의 평생교육사는 1982년 「사회교육법」이 제정되면서 사회교육 전문자격요원으로 양성되기 시작하였다. 사회교육법이 제정되기 이전에는 사회교육현장에서 활동하는 교육자를 '사회교육자', '사회교육 담당자', '사회교육 지도자', '성인교육자', 프로그래머 등 다양한 호칭으로 지칭하였다(전도근, 2006). 그 후 1999년 8월 「사회교육법」이 「평생교육법」으로 개정되면서 「평생교육법」에서는 '평생교육사'로 명칭이 변경되었다.

「평생교육법」 제24조에는 '평생교육사란 대학 및 이와 동등 이상의 학력으로 인정되는 기관(학점은행기관, 평생교육사 양성기관)에서 교육부령으로 정하는 평생교육 관련 교과목을 일정학점 이상 이수하고 학위를 취득한 자'라고 자격을 규정하고 있다. 「평생교육법시행령」 제17조에서 평생교육사는 평생교육의 기획· 진행 · 분석· 평가 및 교수 업무를 수행하는 것으로 명시하고 있다.

「평생교육법시행령」 제18조에서 교육부장관은 평생교육사의 양성과 연수에 대하여 평생교육단체 또는 평생교육시설에서 평생교육사를 양성하도록 지정할 수 있다고 명시하였다. 이에 따라 「평생교육법시행령」 제6조에서 평생교육사 양성기관으로는 ① 평생교육센터의 기능을 대행하는 법인 및 단체, ② 대학부설 평생교육시설, ③ 공무원 교육 훈련기관, ④ 공무원 연수기관, ⑤ 정부출연기관의 설립된 연수 및 교육훈련기관 등이 이에 해당한다.

또한 평생교육사 양성기관으로 지정을 받고자 하는 자는 ① 명칭, ② 목적, ③ 위치, ④ 대표자의 성명 · 주소, ⑤ 개설예정일을 기재한 「평생교육사 양성기관 지정 예정서」에 관련 서류를 첨부하여 교육부장관에게 제출하여야 한다. 교육부장관은 지정신청을 받을 때에는 지정대상기관의 시설, 인력, 교육과정 및 위치 등을 고려하여 지정여부를 결정하고, 평생교육 양성기관으로 지정하는 경우에는 교육부령이 정하는 지정서를 신청인에게 교부하여야 한다.

효율적인 평생교육 실시를 위하여 ① 종사자(단순 노무에 종사하는 자를 제외한다)가 10명 이상이고, 300명 이상의 학습자를 교습할 수 있는 시설·설비를 갖춘 평생교육단체 및 평생교육시설, ② 연간 교육인원이 3천 명 이상인 평생교육단체 및 평생교육시설에는 평생교육사를 배치하여야 한다(평생교육법시행령 제7조).

2007년 12월 14일 법률 제8676호로 개정되어 2008년 2월 15일에 시행된 「평생교육법」은 법 제정 이후 최초의 전부개정이었다. 이러한 제3차 전부개정 후에는 기존의 평생교육사 자격부여 규정에 덧붙여 원격대학형태의 평생교육시설에서 학위과정으로 평생교육과 관련된 과목을 일정한 학점 이상 이수한 자, 사내대학 형태의 평생교육시설에서 평생교육과 관련된 교과목을 일정 이상 이수한 자, 평생교육진흥원에서 평생교육사 양성과정을 이수한 자, 학습과정에서 평가인정을 받은 평생교육과 관련된 과목을 일정학점 이상 이수한 자를 포함하였다.

아울러 평생교육사 배치시설을 확대하고 구체화하였다. 개정 전에는 "평생교육단체 및 평생교육시설에는 효율적인 평생교육의 실시를 위하여 평생교육사를 배치하여야 한다"고 원칙적인 사항만을 규정하였다. 그러나 개정법에서는 평생교육사 배치시설을 유치원 및 학교, 신설되는 시·도평생교육진흥원 및 시·군·구 평생학습관, 학점인정기관 등 평생교육사 배치 대상 기관을 구체화하였다(평생교육법 제26조).

제2절 평생교육사 제도 운영 현황

1. 평생교육사의 자격 제도

1999년 「사회교육법」이 「평생교육법」으로 전부 개정되어 사회교육전문요원은 자격 명칭이 평생교육사로 바뀌다 보니 2020년 12월 기준 과거 사회교육전문요원을 포함한 평생교육사는 1급 894명, 2급 135,270명, 3급 7644명에 이른다.

국가 및 시·도 평생교육진흥원, 시·군·구 평생학습관, 학력인정 평생교육시설 이외에도 「평생교육법」에 의한 평생교육시설, 장애인 평생교육시설 및 학점은행기관, 그 밖의 타 법령에 따라 평생교육을 주된 목적으로 하는 시설·법인 또는 단체 등의 평생교육기관은 평생교육사를 반드시 배치하여야 한다. 평생교육기관 유형별 평생교육사 배치 현황은 2020년 현재 총 4,169개 기관에 평생교육사 배치기관은 3,328개로 약 80%이다. 기관당 평생교육사는 시·도 평생교육진흥원 유형이 9.5명으로 가장 많고, 3,328개 기관에 배치된 평생교육사는 5,397명으로 평균 1.3명이 배치되어 있다(박인섭, 2020).

그리고 평생교육사에게는 특수 분야와 이에 요구되는 전문역량이 필요한 시점이다. 따라서 지속적인 보수교육 등을 통해 빠르게 변화하는 시대에 지식, 기술 등 부합하는 역량을 업데이트하는 제도적인 보완의 필요성이 제기되어 진다. 그러나 평생교육사에게 요구되는 역량강화 및 보완, 전문성 부문에서는 미비하다. 평생교육사 자격은 여전히 과정이수형 제도에 기반한 교육부문 중심이기 때문이다. 자격취득 이후의 다양한 역량개발 문제를 해결해야 한다. 평생교육은 사회 전 분야와 전 생애로 확산되고 있고 코로나19 이후 언택트시대가 뉴노멀로 자리잡으며 평생교육사 양성과정에서는 더욱 다양한 전문역량을 확보해야 한다.

1) 평생교육사 자격 취득방법

평생교육사 자격은 과정이수형 제도이다. 해당 등급에 필요한 교과목을 이수하고 학점 취득을 해야 가능하다. 그리고 상위 등급으로 자격을 올리기 위해서는 승급과정을 이수하여야 한다. 1급 자격은 국가평생교육진흥원에서 운영하는 승급과정을 통과해야 한다. 평생교육사 2급 및 3급은 대학 또는 전문대학에서 평생교육사 양성과정에 해당하는 필수과목을 이수한 후 현장실습을 거쳐 자격을 취득할 수 있다.

그리고 대학에 재학 중이지 않은 일반인은 학점은행기관을 통해 평생교육사 양성과정에서 해당하는 과목을 이수하고 이수학점을 학점은행제에 등록한 후 인정을 받아 자격증을 발급받을 수 있다. 우리나라 평생교육사 자격의 특징은 평생교육사의 의무배치를 「평생교육법」에 명시하고 있으며 고용과 연계시키고 있다.

평생교육사는 평생교육진흥을 위해 평생교육 현장에서 평생교육 프로그램의 교수업무 및 기획·진행·분석·평가 등 평생교육 관련 업무의 전체 영역을 담당하는 평생교육 현장전문가이다. 평생교육사 자격증은 이러한 평생교육 관련 업무의 전문적인 수행하기 위해 일정한 자격을 갖춘 사람에게 부여하는 국가자격증으로서 1·2·3급으로 나누어진다.

양성과정은 전문대학, 대학, 대학원, 학점은행기관 등 평생교육사 양성기관에서 관련 과목을 일정학점 이상 이수하면 2급 또는 3급 자격증을 취득하는 과정이다. 대학, 대학원과 양성기관에서 평생교육사 관련 교과목을 이수하고, 현장실습을 마치면 평생교육사 자격증을 발급받는다. 교육부장관은 소정의 자격증을 갖춘 자에게 평생교육사 자격증을 교부하며, 교육부장관은 그 권한을 대학기관에 위임하였다(평생교육법 시행규칙 제5조).

평생교육사 자격증 신청자는 평생교육사 자격증 발급 신청서에 ① 최종학력증명서, ② 성적증명서, ③ 평생교육 현장실습평가서(면제자 제외), ④ 경력증명서, ⑤ 호적초본, ⑥ 기타 평생교육사 자격 증명에 필요한 서류를 첨부하여 교육부장관에게 제출하여야 한다. 교육부장관은 평생교육사 자격증 발급 신청을 받은 후에 이를 검토하여 평생교육사 자격 요건에 맞는 경우에는 평생교육사 자격증을 교부하고, 이를 평생교육사 자격증 발급대장에 기재하여야 한다.

평생교육사는 대학(원) 혹은 전문대학의 평생교육사 양성과목 교육이수와 실습 및 현장 경력중심으로 구분한다.

첫째, 공무원, 고등학교 과정 졸업자, 전문대학 졸업자에게는 평생교육사 3급 자격이 주어진다. 이들은 교육과정을 통하여 배당된 이수학점과 시간이 규정되며 이러한 요구를 충족시키면 평생교육사의 자격증이 주어진다. 학교교원, 평생교육 실무자, 대학졸업자들에게는 평생교육 2급 자격증이 주어진다. 그리고 교장 및 교감자격증 소지자, 평생교육 관련 분야 박사학위 취득자가 일정 요구의 교육이수와 실습을 통해 평생교육사 2급의 자격이 주어진다.

둘째, 평생교육사 자격의 특징은 현장경력을 중요시한다. 따라서 교장, 교감자격증 소지자와 교사의 경우 평생교육 프로그램이 초중학교 등에서 다수 시행되었고, 그들이 경험한 평생교육의 실천성이 평생교육사의 역할과 기능에 부합된다는 판단에서 현장경험을 인정하여 추가적으로 일정시간의 교육을 받으면 평생교육사 자격증을 받을 수 있는 기회가 주어졌다.

셋째, 3급 과정의 공무원들이 평생교육 업무 2년의 경력을 갖고 추가적으로 14학점 현장경험을 갖게 되면 평생교육사 2급의 자격을 부여받는다. 평생교육시설의 설치자와 경영자들, 5급 이상 공무원의 경우도 평생교육사가 될 수 있는 기회를 주었다. 이러한 규정은 현장에서의 실천적 경험을 평생교육사의 역할과 실천적 지식으로 인정하여 추가로 일정시간의 교육을 받으면 평생교육사 자격증을 받을 수 있다. 그들에게도 평생교육의 전문인이 될 기회를 주는 것이다. 이는 평생교육 이론의 중요성을 인정하는 반면, 현장에서의 실천을 강조하여 실천가가 갖는 교육현장경험을 높이 평가한 것이다.

이러한 규정에 찬·반 논의가 있지만, 평생교육사의 기회가 현장 실천가들에게 주어졌다는 것에 가치를 두고 있다.

2) 평생교육사 양성 관련 이수과목

평생교육사는 대학, 대학원과 원격대학형태의 평생교육시설 또는 사내대학에서 평생교육사 2급 관련 과목을 30학점 이상 이수하면 평생교육사 2급 자격을 신청할 수 있다. 필수과목 다섯 과목과 선택과목 두 과목 이상을 이수해야 하며, 필수과목과 선택과목의 과목명이 동일하지 않더라도 교과내용이 동일하다고 국가평생교육진흥원장에게서 승인을 받은 경우 동일 과목으로 인정된다.

표 3-1 평생교육사 영상과정 이수과목

<table>
<tr><th>구 분</th><th colspan="2">평생교육사 이수과목</th><th>학 점</th><th>비 고</th></tr>
<tr><td>필수</td><td colspan="2">평생교육개론, 평생교육방법론, 평생교육경영학,
평생교육 프로그램개발, 평생교육실습</td><td>3</td><td>필수 5과목</td></tr>
<tr><td rowspan="2">선택(21)</td><td>실천
영역(8)</td><td>① 아동교육론 ② 청소년교육론
③ 여성교육론 ④ 노인교육론
⑤ 시민교육론 ⑥ 문자해독교육론
⑦ 특수교육론 ⑧ 성인학습 및 상담</td><td>각 3</td><td>최소 1과목
이상</td></tr>
<tr><td>방법
영역</td><td>① 교육사회학 ② 교육공학
③ 교육복지론 ④ 문화예술교육론
⑤ 기업교육론 ⑥ 인적자원개발론
⑦ 환경교육론 ⑧ 직업진로설계
⑨ 교수설계 ⑩ 교육조사방법론
⑪ 상담심리학 ⑫ 지역사회교육론
⑬ 원격(이러닝, 사이버)교육론</td><td>각 3</td><td>최소 1과목
이상</td></tr>
<tr><td colspan="3">총 이수학점</td><td>30학점</td><td>10과목 이상</td></tr>
</table>

출처: 평생교육법시행규칙(제정, 2008. 2.18).

평생교육사 양성과정의 평생교육실습을 포함하여 필수과목은 15학점 이상을 이수해야 한다. 과목당 학점은 3학점으로 하며, 각 과목 성적은 100점 만점으로 하여 평균 80점 이상이어야 한다. 평생교육실습은 「평생교육법」 제19조부터 제21조까지의 규정에 해당하는 평생교육기관과 「평생교육법 시행령」 제69조 제2항에 따라 문자해득교육 프로그램으로 지정받은 기관에서의 4주간(160시간 이상) 현장실습을 포함한 수업과정으로 구성한다. 「평생교육법」 제24조 3항에 근거하여 신원조회 시 결격사유에 해당될 경우 발급이 불가하다.

2. 평생교육사 승급 자격기준

평생교육사는 먼저 관련 과목을 이수해 일정학점 이상을 이수하여 자격증을 취득할 수 있고 이후 상급 평생교육사 자격취득을 위해서는 보수교육을 받아야 한다.

승급과정은 평생교육사 자격증 소지자가 상위 급수로 승급하기 위해서 이수하는 연수과정(1급 승급과정, 2급 승급과정)이다. 이수과정은 승급과정과 양성과정으로 이루어져 있다(평생교육법시행령 제16조). 평생교육사 2급에서 1급으로, 3급에서 2급으로 이동을 위해서는 법이 정하는 보수교육을 받아 상위 평생교육사가 요구하는 자격요건을 구비해야 한다. 평생교육사의 자격은 1999년 「평생교육법」이 제정되어 2000년 시행령 공포에 따라 규정·시행되었다. 평생교육사의 등급별 자격 요건은 「평생교육법 시행령」 제16조에서 규정하고 있다.

1) 평생교육사 1급

평생교육사 1급은 평생교육사 2급 자격증을 취득한 후, 교육부장관이 정하는 평생교육과 관련된 업무(이하 "관련 업무"라 한다)에 5년 이상 종사한 경력이 있는 자로서 국가평생교육진흥원장이 운영하는 평생교육사 1급 승급과정을 이수한 사람은 승급하여 1급 자격을 갖는다.

2) 평생교육사 2급

평생교육사 2급은 「고등교육법」 제29조 및 제30조에 따른 대학원에서 교육부령으로 정하는 평생교육과 관련된 과목(이하 "관련 과목"이라 한다) 중 필수과목을 15학점 이상 이수하고 석사 또는 박사학위를 취득한 자이다. 다만 「고등교육법」 제2조에 따른 학교(이하 "대학"이라 한다)에서 필수과목을 이수한 경우에는 선택과목으로 필수과목 학점을 대체할 수 있다.

그리고 대학 또는 동일 수준 이상의 학력을 인정할 수 있는 기관 「학점인정 등에 관한 법률」에 따라 평가인정을 받은 학습과정을 운영하는 교육훈련기관(이하 "학점은행기관"이라 한다)에서 관련과목을 30학점 이상 이수하고 학위를 취득한 자로 대학을 졸업한 자 또는 이와 같은 수준 이상의 학력이 있다고 인정되는 자와 평생교육사 3급 자격증을 보유하고 관련 업무에 3년 이상 종사한 경력이 있는 자로서 평생교육진흥원이나 지정양성기관이 운영하는 평생교육사 2급승급과정을 이수한 자이다.

3) 평생교육사3급

평생교육사 3급은 대학 또는 이와 같은 수준 이상의 학력을 인정할 수 있는 기관, 학점은행기관에서 관련 과목을 21학점 이상 이수하고 학위를 취득한 자와 대학을 졸업한 자 또는 이와 같은 수준 이상의 학력이 있다고 인정되는 자이다.

그리고 2년 이상 관련 업무에 종사한 경력이 있는 자로서 평생교육진흥원이나 지방양성기관이 운영하는 평생교육사 3급 양성과정을 이수한 자이다. 관련 업무에 1년 이상 종사한 경력이 있는 공무원 및 「초·중등교육법」 제2조 제2호부터 제6호까지의 학교 또는 학력인정 평생교육시설의 교원으로서 평생교육진흥원이나 지정양성기관이 운영하는 평생교육사 3급 양성과정을 이수한 자이다. 「평생교육법 시행령」 제18조에 근거한 평생교육사 1급, 2급, 3급은 이수방법에 따라 양성과정과 승급과정으로 구분한다. 양성과정은 대학 및 학점은행기관 등 평생교육사 양성기관에서 운영하는 과목을 이수하여 일정학점이상 취득하는 과정이며 2급, 3급 자격증을 취득할 수 있다.

승급과정은 일정한 자격요건을 갖춘 평생교육사 자격증 소지자가 승급하기 위해 이수하는 연수과정이며, 1급 승급과정과 2급 승급과정이 있다.

그러나 3급에서 2급으로 승급하고자 하는 평생교육사가 많지 않아 2급 승급과정은 유명무실한 실정이다.

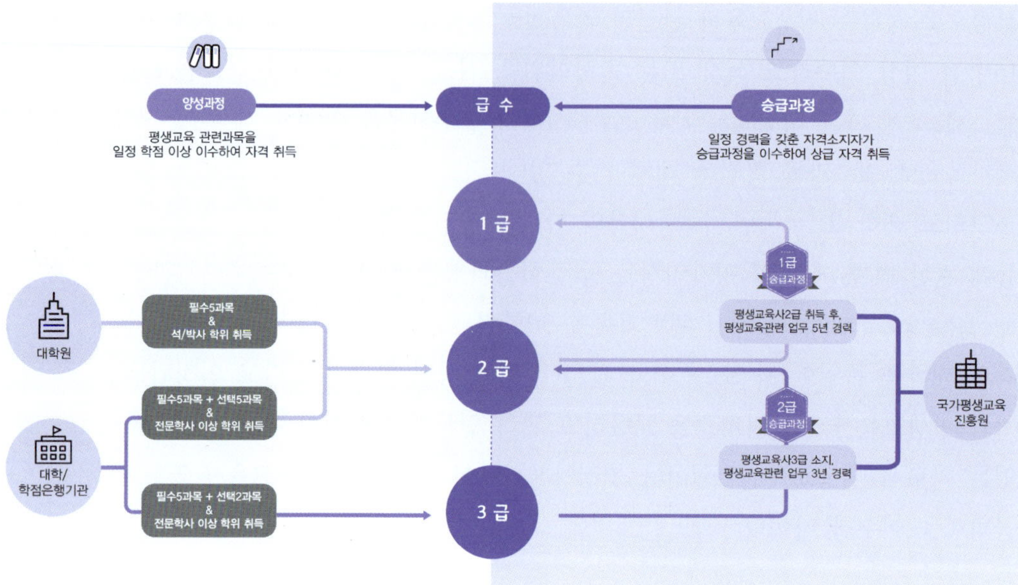

그림 3-2 평생교육사 취득 및 이수과정

출처: 국가 평생교육진흥원(2021).

3. 평생교육사 자격연수

1) 평생교육사 자격연수 필요성

교육부와 국가평생교육진흥원은 「평생교육법」 제19조에 근거하여 지속적인 평생교육 관계자 역량 강화 지원체계 구축을 통한 국가평생학습진흥 기반 확대를 위해 수요자 맞춤형 프로그램을 개발하고 영역별·대상별로 특화된 전문연수를 제공하고자 평생교육관계자 연수사업을 확대 추진하고 있다.

지속적인 평생교육 관계자 역량강화 지원체제 구축을 통한 국가평생교육진흥 기반확대를 위해 수요자 맞춤형 프로그램을 개발하고 영역별·대상별로 특화된 전문연수를 제공하고자 연수사업을 추진하고 있다. 국가평생교육진흥원(2017)은 평생교육사 자격연수에 대한 필요성을 다음과 같이 제시하고 있다.

첫째, 4차 산업혁명으로 대표되는 기술의 급격한 발전과 이로 인한 노동시장 환경의 변화와 저출산 고령화와 같은 인구구조의 변화 등 사회의 급속한 변화로 평생교육의 중요성과 수요는 지속적으로 증가하고 있다. 이에 따라 평생교육에 대한 학습자 요구도 환경변화에 따라 다양해지고 있다. 이러한 학습자의 욕구에 부응하기 위해 평생교육이 공급자 중심 프로그램에서 수요자 중심 프로그램으로 평생교육의 정책도 변화하고 있으며, 다양한 영역 간 융·복합으로 인해 평생교육의 영역이 점차 확장되고 있는 현실이다. 이러한 평생교육 환경의 변화로 인하여 평생교육사의 역할은 더욱 중요해지고 있으며, 더 높은 수준의 전문성이 요구되고 있다.

둘째, 국가전문자격인 평생교육사는 별도의 자격 검증시험 없이 양성과정 이수를 통해 자격을 취득하는 과정형 자격제도이다. 그러나 현재와 같은 평생교육사 양성과정 이수만으로 자격증을 부여하는 제도 아래서는 학습자들이 요구하는 전문성에 부합하기에는 한계가 있다. 평생교육사 자격의 질 관리와 전문성 유지 및 향상을 위한 지속적인 교육이 필요하다. 그러나 현행 「평생교육법」에서는 다른 자격제도와 달리 보수교육을 의무화하고 있지 않기 때문에 평생교육사 연수가 더욱 중요하다.

셋째, 현재 평생교육사 자격연수는 연수 운영주체인 국가평생교육진흥원과 시·도 평생교육진흥원에 따라 독자적으로 운영되고 있다. 그러나 공통된 연수 교육과정의 부재로 인해 평생교육사의 직무별·자격수준별로 체계적인 연수가 이루어지고 있지 않는 문제가 있다. 이에 따라 평생교육사의 전문성을 효과적으로 유지하고 신장하기 위해서 공통된 연수 교육과정의 개발과 함께 체계적인 연수가 운영될 필요가 있다.

2) 평생교육사 자격연수 목적

자격연수 필요성의 요구에 따라 평생교육사 자격연수 목적을 다음과 같이 제시하였다(국가평생교육진흥원, 2017).

첫째, 직무와 수준별 역할에 맞는 평생교육사의 역량을 도출하기 위하여 평생교육사 연수 교육과정을 개발함으로써 평생교육사의 특성에 따라 다양한 맞춤형 평생교육사 연수 운영을 통하여 평생교육사 자격 수준에 맞추어 직무 능력과 현장전문성을 향상하는 데 있다.

둘째, 개발된 평생교육사 연수 교육과정에 기초하여 시·도 평생교육진흥원이 지역의 특성, 비전, 정책 방향 등을 반영한 교육내용을 구성하여 지역 내의 평생교육사를 대상으로 하는 연수를 자율적으로 운영할 수 있도록 개발함으로써 지역 기반에서의 평생교육사 연수를 활성화하는 데 있다.

셋째, 최신 이론이나 기술, 트렌드 등을 중심으로 강의 형태의 교육방법 뿐만 아니라 참여형, 문제해결형 등 다양한 교육방법을 활용, 적용한 평생교육사 연수 교육과정 프로그램을 개발함으로써 평생교육사 연수 결과의 현장 적용도를 높이는 데 있다.

공통된 평생교육사 연수 교육과정을 개발하고, 이에 근거하여 평생교육사 연수를 체계적으로 운영하고 활성화함으로써 궁극적으로는 평생교육사 보수교육과정 의무화를 위한 제도적 기반을 마련하고자 함이 목적이다.

3) 평생교육사 자격연수 교육과정 체계

평생교육사들의 자격연수를 중심으로 정리해 보면 2006년 1회, 2009년 2회, 2011년 2회, 2012년 2회와 자격 연수인 승급과정으로 운영된 정도이다. 2006년 사회교육전문요원 자격증 소지자를 대상으로 최초로 '사회교육전문요원 재교육연수'가 실시되었으며, 2009년에는 50명 인원을 기준으로 모집하여 3년 미만 현직 종사자 실무자과정과 지도자과정으로 나누어 최초로 보수교육이라는 명칭으로 시행되기도 하였다. 2009년 9월에 '평생교육 보수교육 지도자과정', '평생교육 보수교육 실무자과정'이라는 명칭으로 교육과학기술부 주최, 평생교육진흥원주관, 한국평생교육사협회 후원 아래 이루어졌다. 교육내용은 평생교육사의 새로운 비전, 「평생교육법」의 이해, 평생교육정책의 이해, 평생교육의 역사적·철학적 재구성이 다루어졌으며 하루 일정으로 진행되었다.

2013년에 추진한 평생교육관계자연수는 연수의 종류 및 성격에 따라 직무연수, 자격연수, 현안연수, 국내 외 테마연수 등 총 4개 과정으로 구분하여 운영되었다.

직무연수는 평생교육사 자격제도 관계자 연수가 2012년(6회), 2013년(3회), 평생교육사 CPE 연수(임파워링 연수) 2012년(2회), 2013년(2회), 학력인정평생교육시설 교직원, 시도담당자 연수 2012년(2회), 2013년(3회), 평생교육관계자 임파워링 연수가 2013년(1회), 학점은행 관계자 연수는 2012년(2회) 실시되었다. 자격연수는 평생교육사 1급 승급과정의 경우 2012년(1회), 2013년(1회) 1회씩 실시되었다. 현안 연수는 충북 평생학습 심포지엄 2013년(1회), 문해교육 교·강사 워크숍이 2013년(2회)에 열렸으며 국내 외 테마연수 국내외 평생교육 국외 테마연수 2012년(2회), 2013년(2회), 테마연수 국내 현장 테마연수가 2013년(1회) 실시되어 많은 연수과정이 필요하다.

평생교육사 역량 강화를 위한 자격연수의 교육과정 체계는 직급별, 경력별 차별화된 학습요구를 반영하여 공통학습, 직무일반, 직무심화로 수준별 학습체계를 구성한다.

첫째, 공통학습 교과목은 평생교육 마인드, 평생교육 트렌드 및 정책 이해의 2개 교과목이다.

둘째, 직무일반 교과목은 평생교육 프로그램 기획, 평생교육 프로그램 요구분석, 평생교육 프로그램 운영, 평생교육 네트워크, 평생교육 프로그램 평가, 평생교육 마케팅, 평생교육 상담과 생애설계, 평생교육 퍼실리테이팅의 총 8개 교과목을 구성한다.

셋째, 직무심화 교과목은 평생교육사업·정책 기획, 평생교육사업·정책 요구분석, 평생교육사업·정책 운영, 평생교육사업·정책 평가, 평생교육 조직관리, 평생교육 컨설팅, 평생교육 성과관리의 총 7개 교과목을 구성한다(국가평생교육진흥원, 2017).

표 3-2 평생교육사 자격연수 교과목

단계	교과목	
공통학습 (2과목)	① 평생교육 마인드	② 평생교육 트렌드 및 정책 이해
직무일반 (8과목)	① 평생교육 프로그램 기획 ③ 평생교육 프로그램 운영 ⑤ 평생교육 프로그램 평가 ⑦ 평생교육 상담과 생애설계	② 평생교육 프로그램 요구분석 ④ 평생교육 네트워크 ⑥ 평생교육 마케팅 ⑧ 평생교육 퍼실리테이팅
직무심화 (7과목)	① 평생교육사업·정책 기획 ③ 평생교육사업·정책 운영 ⑤ 평생교육 조직관리 ⑦ 평생교육 성과관리	② 평생교육사업·정책 요구분석 ④ 평생교육사업·정책 평가 ⑥ 평생교육 컨설팅

제3절 평생교육사의 역할 및 직무

1. 평생교육사의 역할

과학기술의 급속한 발전은 학교정규교육과정만으로는 따라가기 벅찰 정도여서 평생학습의 필요성은 더욱 강조되고 있는 상황이다. 현대의학의 발달이 평균수명을 증가시키면서 인간다운 삶과 여가시간을 즐기고 자아성취를 이루려는 욕구로 인해 평생교육을 통한 지속적인 재충전이 요구되고 있는 현실이다.

따라서 평생교육사의 역할을 「평생교육법」 제24조에서는 평생교육을 기획, 진행, 분석, 평가 및 교수업무를 수행하는 자라고 다음과 같이 구체적으로 명시하고 있다.

첫째, 평생교육을 기획하는 기획자이다.

실행한 프로그램을 피드백하여 현재와 미래의 프로그램을 기획하고, 잠재적 학습자, 교수자, 학습내용, 자원을 효율적으로 활용하고, 구체적으로 설정된 교육목표를 어떻게 달성할 수 있을 것인가를 준비하고 제시하는 것이다. 기획자로서의 평생교육사는 학습자, 교수자, 교육내용, 각종 자료들과 같은 교육의 주요 요소들에 대하여 전반적인 지식과 이해를 갖고 있어야 한다. 또한 프로그램의 개발 여부와 내용 등 관련된 의사결정과 목표에 맞게 프로그램을 정교화하는 역할을 담당하여야 한다.

둘째, 교수자의 역할을 한다.

평생교육사는 개별 프로그램의 교육내용을 가르치는 교수자이다. 평생교육 특성상 교수자는 매우 다양하고 세분화된 프로그램 교육을 실시해야 하므로, 기본업무로서 교육내용에 대한 전문가이거나 실천가로서의 경험이 중요시되며, 이것은 교육의 효과에 있어서 매우 중요한 요소이다. 평생교육사는 학습자들의 요구와 학습목표에 맞추어 교육내용을 구체화하고, 준비하고, 적합한 방법을 활용하여 교육을 실시하게 된다. 교수자는 최일선에서 학습자를 만나고 그들과 의사소통을 통해 교육목표가 달성되도록 해야 하는 매우 중요한 현장의 주체이며 학습자들이 학습과정과 결과에 주체적으로 참여하게 조력하는 매우 중요하고 가치 있는 역할을 담당해야 한다.

셋째, 평생교육의 운영자이다.

평생교육사는 진행자로서 평생교육행정·관리적 차원에서 교육의 주체, 자금, 자원, 관련자 등을 효과적으로 분배·활용·운영해야 한다. 따라서 필요한 전반적 지식, 기술 그리고 전략적 실행 능력을 갖추어야 한다. 운영자는 현실적으로는 각 평생교육기관의 장이나 관리자 급의 인력으로 평생교육현장에 대하여 전체적인 시각(macro-perspective)과 세부적 시각(micro-perspective)으로 조화로운 관리와 실행을 해 나가야 한다. 운영자는 평생교육기관 자체의 사명선언(mission statement)에 맞추어, 교육목적을 달성할 수 있도록 세부적인 교육 프로그램을 돕는 인력과 자원을 적합하게 활용하도록 해야 한다.

넷째, 평가자의 역할을 갖는다.

평생교육사는 분석·평가의 역할을 담당하고 평가의 대상은 인력, 교구, 교재, 사회적 상황, 프로그램 자체에 대한 평가를 포함한다. 분석과 평가에는 다양한 모델과 이론을 활용하며, 목적에 따라서 적절한 방법을 선별하여 시행할 수 있다. 평가자의 역할을 수행하는 평생교육사는 반드시 관리자일 필요는 없고, 분석, 평가의 역할만을 담당하는 전문인이 될 수도 있다.

그러나 「평생교육법」 정의를 포괄하여 평생교육사의 역할과 직무는 고정된 것이 아니라 요구가 변화함에 따라서 유동적인 특성을 보인다는 학자들은 평생교육사의 역할을 다음과 같이 제시하였다.

노울스(M. S. Knowles)는 첫째, 학습촉진자 역할로서 학습자들에게 학습경험을 구조화하고, 환경여건을 조성하여 학습요구와 학습동기를 유발한다. 다양한 학습방법과 기술을 선정하고 학습을 효율적으로 진행하여 학습결과를 평가한 후 교육 프로그램에 반영하는 것이다. 둘째, 연구자 역할이다. 학습자의 요구, 기관의 교육요구, 지역사회 요구까지 수렴하여 프로그램을 기획·개발·운영·평가하며, 프로그램 관리 기능과 직원관리, 조직의 유지·발전에 대한 책임까지 포함한다. 셋째, 프로그램 디렉터 역할이다. 교육행정업무 및 프로그램 개발을 포함하여 프로그램의 개발과 운영, 행정상의 업무를 지원한다. 즉, 자기주도적 학습을 도와주는 학습촉진자, 연구자, 프로그램 디렉터 등으로 규정하고 있다(김용현, 2011).

강대중(2017)은 학습자와의 관계에서 교수자 역할, 학습촉진자 역할, 지역코디네이터의 역할, 변화촉진자 코디네이터의 역할, 조직 구성원으로서 프로그램 기획 및 개발자의 역할, 관리행정가의 역할, 타 조직과의 관계에서 네트워크 조정자 역할 그리고 전문가로서의 역할 등을 제시하였다.

김진화(2013)는 평생교육사의 다양한 역할 가운데 어디에 초점을 두고 전문적으로 수행할 것인지에 따라 양성체제를 체계화해야 함을 강조하였다. 프로그램 개발과정에 참여한 사람은 절차상의 문제뿐만 아니라 현실적으로 다양한 문제에 직면하며 매 단계마다 의사결정의 합리적 조정의 문제는 프로그램 개발전문가, 평생교육사가 실질적으로 부딪치는 중요한 사항들이다.

현영섭(2011)은 평생교육사의 역량 모델을 만들어내고, 양성과정, 평가 등에 활용함으로써 평생교육사에 대한 내재적 전문성과 함께 외현적 전문성을 진작시키는 데 도움이 된다고 하였다. 평생교육사의 능력이나 해야 할 일에 대한 연구는 크게 역할, 직무, 역량의 순으로 발전하고 역량도 다양화하고 있음을 제시하였다.

정민승(2011)은 평생교육사의 역할을 평생학습상담, 평생교육수업, 평생교육기관경영, 지역학습촉진, 평생교육기획으로 구분하고 각기 주요 역량과 관련 직무 및 지식, 기술, 태도를 제시하였다.

동미정과 배을규(2009)는 평생교육현장 실천가로서 평생교육사가 요구받는 다양한 활동과 경험을 통해서 획득하는 실천적 역량은 확고한 평생교육 가치관, 상황적 지식과 기술, 다양한 이해 관계자와의 관계형성기술, 자아 통합적 정체성, 자기주도적인 자세, 조직문화와 절차의 이해라고 제시하였다.

이해주(2000)는 평생교육사의 역할을 학습자의 목표달성과 요구를 도와주는 멘토로서의 역할, 기관의 목표달성과 요구를 도와주는 프로그램 개발자로서의 역할 사회적 요구와 목표달성에 최선을 다하는 교육자로서의 역할을 제시하고 있다.

스펜서와 스펜서(Spencer & Spencer, 1993)가 평생교육사의 역량으로 전문적 지식, 정보 수집과 해석 및 활용기술, 실천활동 원리에 대한 이해 및 적용 능력, 인간관계 능력, 개방적이고 헌신적인 태도를 제시하고 있으며 제시한 역량 제시한 역량 모형을 토대로 정한 평생교육사의 역량은 아래 표와 같이 가시적 능력(지식, 기술)과 잠재적 능력(가치, 태도, 개인적 특질)으로 정리할 수 있다.

표 3-3 평생교육사 필요 역량

구분			내용
가시적 능력	지식	대상적 지식	발달 심리적 특성 지식, 가정·사회·문화적 배경 지식 참여적 학습 요구 진단 능력
		내용적 지식	사회 교육에 대한 전문 지식, 학습 중심 목표 설정 능력, 주제구성 능력, 학습평가 능력
		방법적 지식	자원과 전략 구상 지원 능력, 기획 및 개발 능력
	기술	도구적 기술	운영 및 관리 능력, 평가 기술
		수단적 기술	협동적 계획 전개 능력, 자기 주도적 학습 전개 능력, 대인관계 기술, 학습 분위기 조성 능력, 문제 해결 능력, 정치력
잠재적 능력	가치		변화와 혁신촉진, 사회교육 프로그램의 가치판단 철학 관련 주제 및 현장에 대한 깊은 관심, 실용적 태도
	태도		성실성, 자신감, 협동심, 자비심, 열정, 몰입, 헌신, 인성, 이해력, 인내심, 융통성
	개인적 특징		건강, 낙관적 기질, 자기 확신감, 개방성, 유머, 창의성, 통찰력, 적응력, 집단적 사고, 민감성

출처: 동미정·배을규(2009).

다른 학자들 사이에서는 평생교육사의 역할을 교육자의 역할, 행정·관리자의 역할강조의 측면으로 나누어지고 있다.

1) 교육자의 역할강조

첫째, 평생교육사의 주된 역할이 교수자가 되어야 한다. 일반 초·중등교사의 경우를 보면 알 수 있다. 초·중등교사의 경우 양성과정을 거쳐, 교수자의 지식, 태도 등을 습득하고, 임용 시부터 가르치는 사람으로서 역할을 한다. 이들은 가치관, 지식, 가르치는 기술, 태도 등이 강조된 가르치는 자로 분명히 구별되어 있다. 일반적으로 초·중등교사에게 행정, 관리의 역할이 주된 역할이라고 분명히 말할 사람은 거의 없다. 일부 초·중등교사들은 가르치는 본 업무 외에 행정 일이 부과됨으로써 매우 부담스럽고, 가르치는 일에 투자되어야 할 시간과 노력이 낭비된다는 불평을 하기도 한다. 이러한 행정·관리 업무의 부담은 부적절한 것이지만 어쩔 수 없다는 평가가 일반적이다. 결론적으로 초·중등교사의 주된 역할은 가르치는 일이며, 평생교육사 역시 가르치는 역할이 주된 일이 되어야 한다.

둘째, 평생교육사는 가르치는 교육내용에 관한 내용전문가이다. 평생교육사의 양성과정을 통해 필수 수강과목은 평생교육개론, 평생교육경영학, 성인학습 및 상담론, 원격교육활용론, 인간자원개발론, 평생교육방법론(산업 교육방법론), 평생교육 프로그램개발(산업교육 프로그램 개발)이며, 선택과목은 청소년교육개론, 여성교육개론, 노인교육개론, 경영학개론, 산업복지론, 기업교육론, 직업과 윤리, 지역사회교육론 장애인교육개론, 환경교육론이다. 필수과목들은 평생교육에 대한 기초가 되는 필수과목에 대한 폭넓은 이해와 지식 습득을 고려하여, 평생교육 학습자의 특성들에 대한 지식 습득을 중시한다. 평생교육의 다양한 영역들과 교육전달방식들에 대한 다양하고 깊이 있는 접근을 돕고, 학습자와 교육기관, 그리고 사회적 상황을 고려한 프로그램 개발에 대하여 지식 습득을 강화한다. 선택과목 역시 전문, 세분화된 교육대상에 대한 학습과 교육적 접근에 대하여 다루고 있는 바, 평생교육사는 세부적 교육내용에 대하여 이해의 폭을 넓히고 교육내용에 대한 전문인으로서의 접근을 가능케 한다. 즉, 노인교육개론을 통해 노인의 신체적, 정신적, 사회적 특성들과 교육적 맥락에서의 이슈들, 문제점들을 학습한 평생교육사는 노인에 대한 다양하고 세부적인 지식을 전달받는다. 이들은 그러한 지식을 바탕으로 노인실태에 대한 이해력과 비판력을 개발하게 되고, 나아가 특정 교육대상자로서 노인들의 특성에 맞는 교육내용을 선별하거나 개발하고 가르치는 능력을 소유할 수 있다.

평생교육사 전공자는 이미 평생교육이 요구하는 교수자의 다양한 교육내용을 학습한 내용전문가이다. 평생교육사가 평생교육 현장에서 학습자들에게 위의 필수과목과 선택과목을 직접적으로 가르치는 것은 아니다. 하지만 필수·선택 과목을 이수한 평생교육사는 평생교육의 다양한 구성요소들과 이들의 활발한 기능들을 알고, 그들에 맞는 교육 프로그램을 선별·개발·실행하고 적절한 교육방법을 활용하는 능력을 습득하게 된다. 따라서 평생교육사는 평생교육 현장에 맞는 교육내용을 개발하고 가르치는 내용전문가의 가능성과 실천성을 갖게 되고, 내용전문가일 수밖에 없다는 것이다. 평생교육사가 내용전문가일 수 있느냐는 질문은 평생교육의 내용이 방대하고 다양하다는 이유에서 기인될 수 있다. 예를 들면, 주부들을 대상으로 하는 미용기술 강좌의 경우, 평생교육사가 내용전문가로서 그것을 가르칠 수 있는가의 문제이다. 이러한 경우는 매우 세부적이고 전문직종에 관련된 교육내용이므로 당연히 외부 섭외를 통한 전문가를 초빙하여 교육시키는 것이 바람직하며, 이러한 경우는 평생교육사가 그 분야의 내용전문가가 될 수는 없다. 이러한 예외의 경우는 인정해야만 한다는 것이다.

셋째, 평생교육사를 유능하고 구체적인 내용전문가로서 양성하기 위하여 다양하고 전문화된 교과목의 확충을 제안한다. 평생교육사 역시 전문인으로서 준비하는 시기를 거치며, 자신의 관심대상을 발견하게 되고, 그들에 적합한 교육내용 등을 찾게 되고, 그 전문 분야를 학습하게 된다. 이러한 일련의 노력들을 평생교육사 양성과정에서 적극적으로 수용하여, 평생교육사 준비자가 자신의 세분화된 관심 분야에 대하여 지식과 기술을 발전시킬 수 있는 기회를 제공하면 평생교육사가 더 다양한 내용전문가로서의 역할을 기대할 수 있을 것이다. 즉, 교과목 내에 노인평생교육 실기 과목을 신설하여, 노인들을 대상으로 할 수 있는 구체적인 교육내용을 현장경험자로부터 직접적으로 배우게 한다거나, 레크리에이션 과목을 신설하여 과목이수를 통해 지식과 기술을 습득케 하는 등의 방법이 활용될 수 있다.

넷째, 평생교육사 양성 프로그램에 변화를 주어 부전공이나 심화전공을 통해 개별적으로 관심분야를 학습하는 기회를 준다. 이를 통해 내용전문가의 능력을 쌓게 한다. 즉, 노인교육에 관심을 갖고 있는 예비 평생교육사가 있다면, 노인교육 분야를 부전공이나 심화전공으로 선택하고 그 분야에 대한 학습의 기회를 더 갖는 것이다. 이를 통해 실천적이고 필수적인 이론, 모델 활용방안들을 학습하여 내용전문가로서의 능력을 신장시킬 수 있다. 일반적으로 평생교육을 전공한 학사나 석사의 경우에 평생교육 전공 외에 다른 학문 분야를 부전공이나 심화전공으로 선택할 수 있다. 이는 개별 대학의 행정역량에도 영향이 있겠지만, 평생교육을 전공한 평생교육사의 경우에 자신의 관심 분야에 대하여 보다 심도 있는 연구와 지식·기술의 성장을 도모할 수 있는 좋은 기회가 될 수 있을 뿐더러, 평생교육사가 특정분야의 교육내용 전문가로서 활동할 수 있는 능력을 신장시키는 한 방법이 될 수도 있다. 따라서 평생교육사는 우선 교수자로서의 역할이 위주가 되어야 한다.

2) 행정·관리자의 역할강조

전도근(2006)은 "평생교육사의 직무들 가운데 교수자의 역할은 핵심적인 것이 아니다"라고 규정하며 첫째, 평생교육의 장에서 행정과 관리의 역할을 수행할 전문인이 필요한 현실적 상황에서 그러한 역할이 위주가 되어야 한다고 보는 관점이다. 국가차원의 관점에서 평생교육은 아직도 기반이 확립되지 않은 초기의 단계라고 보고 있다. 평생교육의 가치와 그 의의는 파악되지만, 전 국민적 차원에서 볼 때, 평생교육은 아직도 생소하거나 불필요한 교육의 일환으로 여겨진다는 것이다. 나아가 소수의 사람들에게 평생교육이 실시되고 활용되고 있지만, 그 양이나 질적인 면에서 부족하다고 여겨진다는 것이다. 이러한 현실을 감안할 때, 평생교육의 체계화는 법적인 제도권 안에서 지원될 때 보다 빠르게 정착될 것이라고 본다. 그러한 역할을 해 줄 전문인으로서 평생교육사가 필요하며, 평생교육사는 평생교육의 분야에서 다양한 행정과 관리의 역할을 수행토록 요구받는 것이다.

둘째, 현행 평생교육기관의 경우 행정과 관리가 체계화되어 있지 않다는 지적이 있다. 평생교육기관의 특성상 교육기관으로서의 역할과 기능을 하고 있지만, 그 기능의 효율성을 위해서는 관리와 행정의 측면에서 전문가가 필요하다는 인식이다. 평생교육기관들은 전문교육기관으로서의 역할은 충실히 해 왔다고 볼 수도 있지만, 조직의 운영에 있어서는 전문 인력의 지식과 체계적 접근이 부족했다는 인식이다. 예를 들면, 인력관리, 재정운영, 프로그램 관리, 프로그램 PR, 마케팅 등의 역할은 전문가들이 담당해야 할 부분들인데, 이러한 역할을 담당해 온 인력들은 해당 지식기반 없이 경험에만 의존한 면이 없지 않다는 것이다. 따라서 평생교육의 활성화를 위한 또 다른 돌파구는 현행 평생교육기관의 체계화되지 못한 기능을 보완하는 것이 절실하다는 견해이다.

셋째, 평생교육의 실천을 추진하고 장려하는 정부나 교육행정부의 정책집행을 「평생교육법」 측면에서 볼 때 평생교육사의 역할이 행정, 관리적 측면에서 시도될 때 관리와 감독이 수월하고 확실하다는 평가에 근거한다. 평생교육사의 역할에서 교수자의 역할이 강조되지 않고, 기획·진행·분석·평가의 역할이 강조됨으로써 평생교육의 실태, 현황, 제반 문제점과 해결방안, 대외적 홍보 등의 평가와 관리가 주요역할이 되어야 관리·감독이 된다는 것이다. 이러한 요구사항은 특정 목적에 맞추어 평생교육사의 역할을 강조한 측면이 있다는 것이다.

넷째, 평생교육 분야에 있어 교육내용의 방대성과 다양성을 고려해 볼 때, 평생교육사가 교수자로서의 기능을 소화해 낼 수 있을지에 대한 의문에 근거한다. 평생교육의 대상은 유아에서, 청소년, 성인, 노인에 이르기까지 연령별로 다양하고, 그들의 사회·경제·문화적 맥락도 다양하다. 이들의 교육요구 또한 셀 수 없을 만큼 다양하고, 교육내용은 실로 방대하다. 어린이의 독서지도 교육부터, 성인의 경력개발교육, 노인의 건강관리와 영양교육에 이르기까지 그 분야도 매우 다양하다. 이러한 교육을 내용전문가가 가르쳐야 한다는 것은 당연한 것이며, 이러한 차원에서 볼 때 평생교육사가 이러한 교육내용을 전문가 수준으로 알고 가르치는 능력을 소유하고 있다고 보기엔 무리가 있으므로 평생교육사는 교수자로서의 역할보다는 행정·관리자의 역할이 적합하다는 것이다.

평생교육사의 역할이 여러 학자에 의해 다양하게 표현되고 있지만 가장 중요한 것은 평생교육의 실천 영역과 학습 대상, 내용의 확장에서 차별화·전문화되어야 한다는 것이다. 따라서 평생교육사 역할은 고정된 것이 아니라 유동적이다.

평생교육사의 법적 기준과 학자들의 이론적 기준에 의한 평생교육사의 역할을 종합해 보면 다음과 같다.

첫째, 교수자로서의 역할이다. 학습자의 수준을 점검하고 스스로 창의성과 성장을 도모하도록 조력하며, 지적 탐구의 가치를 전달하고 강의하는 교수자 역할을 담당할 수 있다.

둘째, 프로그램관리자로서의 역할이다. 평생교육기관 조직의 효율성·효과성 제고를 위하여 조직 및 인사관리, 프로그램 운영의 예산 편성, 홍보 전략설계 및 활용, 자원의 효율적 집행 등 관리역할을 담당한다.

셋째, 프로그램 개발자로서의 역할이다. 급변하는 환경 속에서 평생교육기관이 지향하는 이념과 학습자의 요구분석에 기초하여 적절한 평생교육 프로그램을 기획하고 실행 계획을 수립하는 의사결정을 하는 역할이다.

넷째, 학습상담자로서의 역할이다. 학습자가 가지고 있는 현재의 문제점 및 불만사항에 대해 해결점을 찾을 수 있도록 조력하며 학습정보를 제공하여 생애개발을 지원하는 진로지도에 대한 상담도 함께 진행해야 한다.

다섯째, 평가자로서의 역할이다. 평생교육기관운영의 효율성을 체계적이고 과학적으로 조사·분석하고, 프로그램 내용 및 방법의 선정과 전반적인 조직운영 및 평가할 수 있는 능력과 관련이 있다. 평가와 아울러 향후 발전적 대안과 처방을 제시한다.

여섯째, 협력자 및 조정자로서의 역할이다. 해당 지역사회에 기반을 두고 있는 학습자, 지역사회의 인사, 다양한 평생교육기관 간의 네트워크를 형성하고 조정하는 것과 관련 있다.

평생교육사의 실천적 역량은 단순한 노하우 이상의 의미를 지니며 자질적 측면이 강조된다. 또한 요구되는 실천적 역량의 범위와 정도는 조직의 특성과 활동 내용에 따라 달라진다.

2. 평생교육사의 직무

평생교육사 직무는 직업상 또는 직책에서 책임을 지고 담당하여 맡은 사무 또는 맡은 일을 의미한다. 따라서 평생교육사의 직무란 실질적으로 수행되는 평생교육현장의 사무 및 업무라고 할 수 있다.

1) 평생교육법 시행령의 직무범위

종전의 사회교육법에 의한 사회교육전문요원은 교육과정의 편성·진행과 교육효과의 분석·평가업무만을 담당하도록 하였으나 평생교육사는 동 업무 외에 교수업무도 수행할 수 있도록 업무범위가 확대되었다. 「평생교육법」 제24조 제2항 및 동법 시행령 제17조(시행 2000.3.1.)에서는 평생교육사의 직무범위를 다음과 같이 명시하였다. 첫째, 평생교육 프로그램의 요구분석·개발·운영·평가·컨설팅, 둘째, 학습자대상자에 대한 학습정보를 제공하고 생애개발을 지원하는 상담자, 교수자. 셋째, 그 외에 평생교육진흥 및 사업계획 등 관련 업무라고 명시하고 있다.

2) 학자들의 직무범위 분석

평생교육사의 직무 분석적 측면에 대해 학자들마다 다양한 요소를 지적하고 있다.

평생교육사의 직무를 한국직업 능력개발원(1999)은 기획, 프로그램 개발, 프로그램 운영과 기관 관리, 네트워킹 및 지원, 교수학습, 학습상담, 컨설팅 등으로 분류하고 직무의 흐름을 구체적으로 제시하였다.

권대봉(1995)은 첫째, 학습된 지식과 정보를 평가하고 변화된 행동과 태도가 무엇인지를 평가하는 것이 요구되는 분석가로서의 직무,

둘째, 평생교육을 진행 시 프로그램 개발 및 교재개발, 수업체제 개발들이 요구되는 프로그램 개발자의 직무,

셋째, 지도자의 역할을 해야 하므로 중요한 역할은 올바르게 이끌어야 한다는 일이다. 즉, 평생교육 담당 전문요원은 학습자의 요구분석 및 프로그램 개발, 지도자의 역할수행을 위한 직무 능력을 가지고 있어야 함을 의미한다.

권두승(1999)은 평생교육 담당자의 직무는 교수자의 역할뿐만 아니라 프로그램 개발자, 변화 촉진자, 관리자, 협력자의 역할을 수행하는 것으로 보고 있다. 프로그램 개발자의 역할은 프로그램 기획, 요구분석, 설계, 운영, 평가로 세분화하였으며, 교수자 역할은 가르치는 전문가, 공식적인 권위자, 이성적 자아 제공자, 사회화의 매개자, 학습 촉진자, 인간주의적 접근으로 세분화하였다. 그리고 관리자 역할은 프로그램 관리·집행과 조직의 발전·유지를 포함시켰으며, 변화촉진자 역할은 조직구조의 풍토 개선, 협력자의 역할인 과업 조정 및 통합을 포함시켰다. 그러나 이상의 평생교육사의 직무분석은 새로운 자격 제도인 평생교육사 제도가 시작되기 이전에 이루어진 것으로 2000년 이후 급속히 확산되고 있는 평생교육 현장에서의 실질적인 요구가 충분히 반영되지 못했다는 한계를 가지고 있다(김진화, 2003).

이해주 외(2010)는 평생교육사 직무가 1급, 2급, 3급에 따라 다르며, 평생교육기관의 종류나 규모에 따라서도 달라질 수 있다고 하였다. 그들은 일반적인 평생교육현장에서 평생교육사 2급이 담당해야 할 「평생교육법」상 직무를 기획 및 계획, 실행, 분석, 평가, 교수로 분류하고 그에 따른 세부 항목을 포함시켰다. 직무 능력에 교수의 역할을 추가하였지만 교수 수준에 대한 평가와수업과정 내용의 차이를 평가하는 업무에 국한되어 「평생교육법」에서 추구하는 직접 강의할 수 있는 교수 직무능력을 간과하였다고 보고 있다.

김진화(2008)는 평생교육사의 평생학습사업 및 프로그램과 관련한 직무를 조사·분석·기획·설계·평생학습사회의 실현을 위하여 기관 및 시설 간의 네트워킹 촉진, 프로그램 개발, 운영지원, 교수학습, 다양한 학습 주체자에 대한 변화촉진, 평생학습 상담 및 컨설팅을 수행하며, 평가보고, 행정경영 등을 평가하고, 평생학습 성과를 창출하고 관리하는 직무라고 주장하였다.

3) 국가직무 능력 분류체계

평생교육 관련 국가직무 능력 개발을 위한 분류체계 중 대분류는 교육·자연·사회과학, 중분류는 평생교육, 소분류는 평생교육과 평생교육 운영, 세분류는 평생교육, 평생교육 프로그램 기획·개발·평가, 평생교육 프로그램 운영·상담 직무로 분류되었다. 세 분류에서 평생교육은 개발 유보되었고 평생교육 프로그램기획·개발·평가와 평생교육 프로그램 운영·상담 직무는 2014년 신규 개발되었다. 이것은 평생교육사 직무 중 일부분에 대해 NCS 분류체계가 개발되었음을 의미한다. 그러나 향후 평생교육 관련 직종에 대한 세부적이고 구체적인 NCS 코드 부여작업이 시행되어야 할 것이며, 평생교육사 양성과정의 NCS 연계체계 방안 마련을 위해 현행 평생교육사 양성과정의 개선이 이루어져야 할 것이다. 책무별 하위 과업은 다음과 같다.

표 3-4 평생교육사의 평생교육 관련 핵심 직무

책무	과 업	책무	과 업
조사분석	• 학습자 특성 및 요구조사 분석 • 평생학습 참여율 조사 • 평생학습자원 조사 분석 • 평생학습권역 매핑 • 평생학습 SWOT 분석 • 평생학습프로그램 조사 분석 • 평생학습통계 데이터 분석 • 평생학습자원 및 정보DB 구축	기획계획	• 평생학습 비전과 전략 수립 • 평생학습 추진체제 설계 • 평생학습 중·장기 연간 계획 수립 • 평생학습 단위사업계획 수립 • 평생학습 축제 기획 • 평생학습 공모사업 기획서 작성 • 평생학습 예산계획 및 편성 • 평생학습 실행계획서 수립
네트워킹	• 평생학습 네트워크체제 구축 • 인적·물적 자원 네트워크 실행 • 사업 파트너십 형성 및 실행 • 사이버네트워크 구축 및 촉진 • 조직 내·외부 커뮤니케이션 촉진 • 협의 및 위원회활동 촉진 • 지원세력 확보 및 설득 • 평생교육사 임파워먼트 실행 • 프로그램 지적, 문화적 자산화	프로그램개발	• 프로그램 개발 타당성 분석 • 프로그램 요구분석, 우선순위 설정 • 프로그램 목적, 목표 설정 및 진술 • 프로그램 내용 선정 및 조직 • 프로그램 매체 및 자료 개발 • 프로그램 실행계획, 매뉴얼 제작 • 프로그램 실행 자원 확보 • 프로그램 특성화 및 브랜드화 • 프로그램 분류 및 유의미 창출 • 프로그램 지적, 문화적 자산화

책무	과 업	책무	과 업
운영지원	• 학습자 관리 및 지원 • 강사 관리 및 지원 • 프로그램 홍보 및 계획 • 학습시설·매체관리 및 지원 • 프로그램 관리운영 및 모니터링 • 학습결과 인증 및 관리 • 평생학습 예산관리 및 집행 • 기관 홈페이지 관리 및 운영	교수학습	• 학습자 학습동기화 촉진 • 강의 원고 및 교안 작성 • 단위 프로그램 강의 • 평생교육사업 설명회 및 교육 • 평생교육 관계자 직무교육 • 평생교육사 실습지도 • 평생교육 자료 및 매체 개발 • 평생교육사 학습역량 개발
변화촉진	• 평생학습 참여 촉진 • 평생학습자 인적자원 역량개발 • 학습동아리 발굴 및 지원 • 평생학습 실천지도자 양성 • 평생교육단체 육성 및 개발 • 평생교육 자원봉사활동 촉진 • 평생학습 관계자 멘토링 • 평생학습 공동체 및 문화조성	상담컨설팅	• 학습자 상황분석 • 학습장애 및 수준 진단·처방 • 평생학습 상담사례 정리 및 분석 • 생애주기별 커리어 설계 및 상담 • 평생학습 ON/OFF라인 정보제공 • 평생학습 상담실 운영 • 학습자 사후관리 및 추수지도 • 의뢰기관 평생학습 자문 및 컨설팅
평가보고	• 평생학습 성과지표 창출 • 목표대비 실적 평가 • 평생학습 영향력 평가 • 평생학습 성과관리 및 DB 구축 • 우수사례 분석 및 확산 • 공모사업 기획서 평가 • 평가보고서 작성 • 평가발표자료 제작 및 발표 • 프로그램 프로파일 생성 • 지식창출 성과 정리	행정경영	• 국가, 지방정부 평생학습 공문생성 • 평생학습 공문 회람 및 협조 • 평생학습기관, 담당부서 업무보고 • 광역/기초단체장 지침과 관심 반영 • 평생학습 감사 자료 생성과 보관 • 평생학습관 모니터링 및 감사 • 평생학습기관 효율적 경영전략추진 • 평생학습관련 기관의 경영수지개선

제4절 평생교육사의 배치 및 과제

1. 평생교육사의 배치

1) 평생교육사의 배치규정

평생교육사 제도는 평생교육 현장에서 평생교육 전문가라는 특정 직무수행 능력을 보장해 주기 위한 것으로서, 공공 평생교육기관은 평생교육 기능강화를 위하여 최소한의 평생교육사를 배치하도록 법제화되어 있다.

평생교육사 관련 교육부 법령(평생교육법 제24조)의 입법취지는 평생교육기관 현장요구에 적합한 자질과 능력을 갖춘 전문적 지도자인 평생교육사를 배치하여 평생교육의 전문성제고와 지역중심 평생학습 체제구축을 통한 '학교의 평생교육'을 강화하기 위한 목적이며, 이를 실현하기 위한 차원에서 평생교육사를 채용하고 국가 및 지방자치단체는 이에 대한 경비를 지원할 수 있도록 유도하는 것이다. 대통령령에서 명시된 평생교육사의 배치대상기관 및 평생교육사의 배치기준 세부 사항을 살펴보았다.

첫째, 유치원 초·중·고등학교에서 평생교육 진흥을 하기 위하여 평생교육 프로그램을 운영하는데 필요한 경우에 평생교육사를 채용하며, 국가 및 지방자치단체는 재정지원을 할 수 있도록 명시화되어 있지만 강제조항이 아니다.

둘째, 공공 부문 평생교육기관과 민간 부문 평생교육기관에 평생교육 기능강화를 위하여 최소한의 평생교육사를 배치하도록 명문화하였다. 국가평생교육진흥원 및 시·도 진흥원에는 1급 평생교육사 1명 이상을 포함한 5명 이상, 시·군·구 평생학습관에는 정규직원이 20명 이상인 경우, 1급 또는 2급 평생교육사 1명을 포함해서 2명 이상, 정규직원이 20명 미만인 경우 1급 또는 2급 평생교육사 1명 이상을 두어야 한다.

셋째, 장애인 평생교육시설에도 평생교육사 1명 이상을 두어야 한다. 동법 제30조에서 제38조까지의 규정에 따른 평생교육시설(학력인정 평생교육시설 제외), 「학점인정 등에 관한 법률」 제3조 제1항에 따라 법에서 규정하는 기관들은 평생교육사 1명 이상을 채용해야 한다.

원격평생교육시설의 평생교육사 배치는 열악한 평생교육시설 난립에 따른 수강생들의 피해를 막고 평생교육의 질적 제고라는 입법취지를 살리기 위해 원격평생교육시설에도 평생교육사를 배치해야 한다.

표 3-5 평생교육사 배치 대상기관 및 배치기준

배치 대상	배치 기준
국가평생교육진흥원 시·도 평생교육진흥원	• 1급 평생교육사 1명 이상을 포함한 5명 이상
장애인 평생교육시설	• 평생교육사 1명 이상
시·군·구 평생학습관	• 정규 직원 20명 이상: 2명 이상 (1급 또는 2급 1명 포함) • 정규 직원 20명 미만: 1명 이상 (1급 또는 2급)
법 제30조~제38조까지의 규정에 따른 평생교육시설(학력인정평생교육시설 제외), 「학점인정 등에 관한 법률」 제3조1항에 따른 교육훈련기관 및 법 제2조 제2호 다목의 시설 법인 또는 단체	평생교육사 1명 이상

출처: 「평생교육법 시행령」 제2조 「평생교육사 의무 배치규정」.

「평생교육법」 제26조는 평생교육사의 배치에 대하여 '효율적인 평생교육의 실시를 위하여 평생교육 단체 및 평생교육 시설에는 평생교육사를 배치하여야 한다'고 규정하고 있다. 「평생교육법」 시행령의 평생교육사 배치대상 규정은 크게 두 부류로 제시한다. 종사자(단순 노무에 종사하는 자를 제외한다)가 10명 이상이고, 300명 이상의 학습자를 동시에 교습할 수 있는 시설·설비를 갖춘 평생교육 단체 및 평생교육 시설과 연간 교육 인원이 3천 명 이상인 평생교육 단체 및 평생교육 시설에는 평생교육사를 배치하도록 명시되어 있다.

2) 평생교육사 배치현황

(1) 평생교육기관 유형별 배치현황

2019년도 기준 학교부설 평생교육기관은 342기관의 81%에서 배치한 평생교육사 배치인원은 672명으로 기관 한 곳 당 약 2명이었다. 원격형태는 800기관의 77%에 1,278명이 배치되어 기관 당 1.6명, 사업장부설은 405기관의 98%에 533명이 배치되어 기관당 1.3명, 시민사회단체부설 기관은 370곳의 75%에 499명이 배치되어 기관당 1.35명, 언론기관부설은 652곳의 77%에 751명이 배치되어 기관당 1.15명, 시도평생교육진흥원은 17개 기관에 166명이 배치되어 기관당 10명 수준으로 가장 높은 채용률을 보이고 있다. 평생학습관은 378개 기관의 80%에 864명이 배치되어 기관당 2.28명이었다. 100% 평생교육사를 배치하고 있는 시·도 평생교육진흥원을 제외한 평생교육 전담·지원기구의 경우 80.5%만 기관에 평생교육사가 배치되어 있었다(국가평생교육백서 2019, 2020).

(2) 비형식 평생교육기관 배치 현황

「평생교육법」 제30조부터 38조까지의 규정에 따른 비형식 평생교육시설인 학교부설 평생교육시설, 사업장부설 평생교육시설, 언론기관부설 평생교육시설, 시민사회단체부설 평생교육시설, 지식인력개발형태 평생교육시설, 원격형태 평생교육시설과 평생학습관의 2019년 평생교육사 채용 현황을 보면 공공 영역 평생교육사 채용현황보다 상황이 좋지 않다. 2019년 비형식 평생교육기관 평생교육사 배치현황은 기관수 4,295개 대비 평생교육사 배치기관은 3,419개로 79.6%, 미채용기관은 876개로 20.4%이다. 이는 2016년 24.6%에 비하여 다소 향상되고 있는 것으로 판단되지만 여전히 등록된 시설의 20%는 관련 법령을 위반하고 있다는 사실이다. 채용된 평생교육사는 총 5,419명으로 채용기관당 1.58명 수준으로 나타나고 있는데 2016년 1.46명 대비 다소 향상되고 있는 추세로 볼 수 있다(국가평생교육백서 2019, 2020).

2. 평생교육사제도의 과제

1) 평생교육사 자격제도

평생교육사 자격제도는 지식사회와 평생학습사회라는 시대적 맥락 속에서 평생교육사라는 새로운 직업인을 통해 국가, 지역사회, 조직, 개인을 지속 가능한 미래로 성장하도록 하는 교육적 동력이다.

평생교육사는 현장전문가로서 자격제도의 전문성 확보가 자리매김에 영향을 끼치고 있기 때문에 평생교육 분야 양적 확대로 평생교육사 배출이 증가하였지만 이들의 고용 안정성 및 질적 관리는 해결해야 할 과제로 제기되고 있다.

평생교육사 자격제도는 평생교육사의 자격급수별 차별화, 역할의 수정, 양성체제, 양성기관의 승인, 양성을 위한 교육과정 및 운영, 현장실습운영 및 인정, 자격증 발급 및 관리, 배치, 활용, 공무원 직렬화 등 다양한 차원의 해결과제를 안고 있다. 이에 따라 평생교육사 자격제도 개선방안과 핵심 과제를 다음과 같이 설정하였다.

첫째, 자격제도의 정비를 위한 자격증 발급 일원화 과제는 자격증 통합관리체제 구축과 일원화 추진 관련 위원회가 구성·운영되어야 한다.

둘째, 양성기관운영관리는 양성기관지정제 및 전공과목제도가 도입되어 전문성을 띄어야 한다.

셋째, 평생교육사 배치의 과제는 평생교육사 배치 활성화방안 마련을 위해 평생교육사 의무배치 위반 시 처벌규정 마련 및 전담공무원 배치 등에 관한 법령 정비가 필요하다.

넷째, 현장실습운영의 전문성 제고를 위해서 실습과목 및 현장실습운영에 대한 규정마련과 현장실습기관 등록제를 추진한다.

다섯째, 평생교육사 연수과정 의무화 세부 추진방안 및 평생교육사 경력관리제도 도입의 과제이다. 평생교육사의 전문성을 지속적으로 강화하기 위해 정기적인 교육이수를 의무화하는 것이 필요함에 따라 관련 법제화를 추진해야 하며 자격제도 개선을 기초로 '양성·배치·연수'를 상호 유기적으로 전개하여 단계적으로 추진해야 한다.

여섯째, 평생교육 실천 분야의 확장과제이다. 평생교육 실천이 어느 분야에서 야기되고 실천되고 필요한가를 지속적으로 연구해야 한다. 현재 평생교육은 대학에 설치된 평생교육원과 사회교육원, 중앙·지방 평생교육센터, 국가·지방 공무원연수원, 교원연수원, 정부출연 연수 및 교육훈련기관에서 실시되고 있다. 각급 초·중등교육, 공무원, 일반 사회인, 다양한 직업인들을 대상으로 평생교육이 실시되고 있는 것으로 평생교육이 어느 특정 분야의 사람들만을 대상으로 하는 교육이 아니라 다양한 분야의 사람들에게 필요성이 인식되고 참여하게 하는 다양한 실천 분야로 확장해 나가는 것이 과제이다.

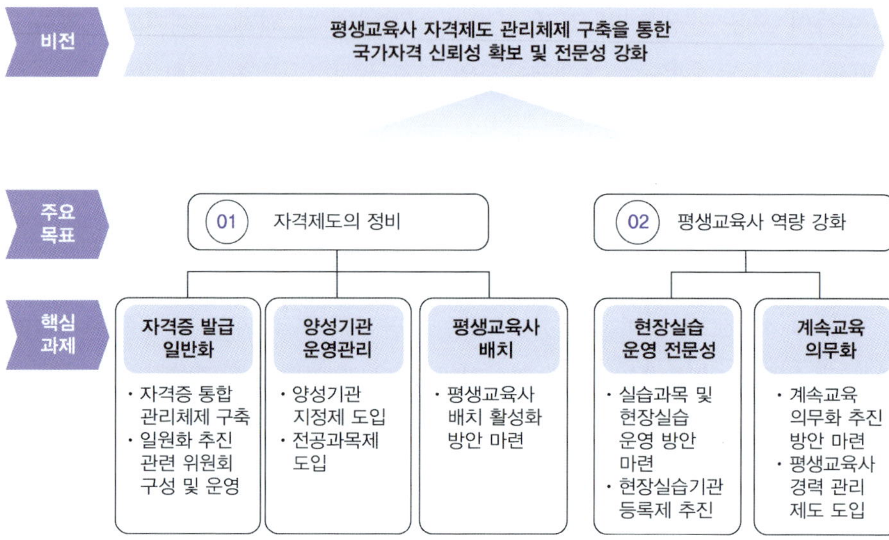

그림 3-3 **평생교육사 자격제도 개선과제**

출처: 교육부(2013). 평생교육 백서.

2) 평생교육사 양성기관 측면의 과제

첫째, 평생교육사 양성기관의 목적이 순수한 교육보다 이윤추구를 위한 상업성으로 변질될 우려가 있다. 평생교육사 자격증은 교육적 차원의 필요성에 의해서 제정되고 일정한 교육과정 이수가 되면 발행되는 것이다. 그런데 평생교육사 자격증에 대한 수요가 증대되면서 각급기관들이 교육적 가치보다 상업적 목적을 가지고 학생을 모집하여 이익을 얻으려는 방향으로 나아갈 수 있다. 그러므로 각각의 교육기관들은 평생교육사 양성교육의 의미를 지속적으로 평가하고 교육적 목적의 가치가 훼손되지 않도록 스스로 경계심을 유지해야 한다.

둘째, 평생교육사 양성기관의 지나친 경쟁을 초래할 수 있다. 지속적으로 평생교육사 양성기관이 늘어나며 서로 경쟁을 초래하고 교육이 주목적이 아닌, 상업화된 책략과 마케팅 등에 더 치중하여 서로 학생을 유치하려는 불필요한 경쟁과 평생교육사 자격증의 남발을 야기할 수 있다.

셋째, 평생교육사의 숫자 증가에 따른 질적인 저하가 우려된다. 평생교육사 양성기관이 대학 중심에서 사회 전반적인 기관에 전이됨으로써, 평생교육사 양성에 필요한 인적, 물적 자원의 조달에도 문제점이 발생될 수 있으며 대학수준의 교육환경 제공은 쉽지 않다. 평생교육사 양성기관이 과도하게 늘면서 행정

당국의 관리감독 역시 혼선을 빚을 수 있고 상대적 질적 저하가 우려된다.

넷째, 평생교육 양성기관 개수의 지나친 증가는 평생교육사의 증가를 가져오고, 자격증의 가치하락 우려가 있다.

3) 평생교육사 채용측면의 과제

평생교육사 채용측면에서 나타나는 문제의 원인은 다음과 같다.

첫째, 평생교육시설의 등록 이후 관리기능이 열악한 데 있다. 등록에 대한 규정은 구체적이지만, 규정을 어겼을 경우 등록을 취소하거나 법적 제재를 가하기 위한 규정은 미비하다. 그래서 평생교육기관의 지도 및 지원에 대한 관련법 조항 개정안이 제안되기도 하였다(국가평생교육진흥원, 2017).

둘째, 평생교육사 배치가 활성화되지 못한 것에 근본원인이 있다. 평생교육은 아무나 할 수 있다는 전문성 인식결여가 중요한 원인으로 생각된다. 평생교육사의 직무 전문성을 향상시키기 위한 자격연수 등 제도적 뒷받침과 평생교육문화의 개선이 요청된다.

셋째, 평생교육사 배치기준에 대한 고려도 필요하다. 평생교육시설 등록기준은 평생교육사 1명 이상 채용이다. 1명 이상이라는 법령 기준은 1명만 채용해도 된다는 식으로 해석된다. 따라서 절대적 기준보다는 서비스대상자 수 등을 고려하여 상대적인 배치기준을 적용해야 한다. 그러므로 평생교육사의 실질적 배치를 위한 배치기준에 대한 재고려가 필요한 시점이다.

넷째, 공공분야 평생교육의 기능 확대가 필요하다. 평생교육의 주요 방향을 결정해간다는 점에서 공공 분야의 평생교육 직렬을 마련하는 것도 추천되는 방법이다. 현재는 평생교육사의 직렬이 없기 때문에 지자체나 공공기관 등에서 평생교육사 채용이 소극적으로 이루어지는 측면도 있다.

이러한 문제들을 완화시키기 위한 법제 활동의 일환으로 평생교육기관, 시도평생교육진흥원, 장애인평생교육시설, 평생학습관 등에 의무적으로 배치하게 되어 있는 평생교육사 실태를 조사하기 위한 근거 조문을 신설할 것을 제안한 법률이 심사 중에 있다(평생교육백서 2019, 2020).

4) 평생교육사에 대한 법적 과제

평생교육의 질은 평생교육사에 의해서 결정된다. 평생교육사는 평생교육을 기획하고, 운영하고, 평가하며, 그만큼 평생학습사회에 도달하기 위한 최일선에 있는 전문가이다. 따라서 평생교육사 배치에 대한 논의가 더욱 활발하게 진행되고 다음과 같은 다양한 제도 개선 및 지원책이 마련되어야 한다.

첫째, 허술한 「평생교육법」 조항을 수정해야 한다.

「평생교육법」 제26조 제1항을 살펴보면, '평생교육기관에는 제24조 제1항에 따른 평생교육사를 배치하여야 한다'고 명시되어 있다. 제26조는 평생교육사의 배치 및 채용에 관한 조항이다. 여기서 배치와 채용은 엄연히 다른 용어다. 평생교육사가 직업인으로서 안정적으로 자리매김하기 위해서는 '배치'가 아닌 '채용'이 되어야 한다. 그리고 '~하여야 한다'라는 조항도 '한다'로 수정하여 당위성을 갖춰야 한다. 즉, '평생교육기관에는 제24조 제1항에 따른 평생교육사를 채용한다'로 수정해야 한다.

둘째, 「평생교육법」 시행령도 전면 수정해야 한다.

「평생교육법 시행령」 제22조(평생교육사의 배치대상기관 및 배치기준)도 배치가 아닌 채용으로 변경해야 하며, 어떠한 근거에 의해 규정한 것인지 납득할 수 없는 최소인원 배치기준은 평생교육 고유 업무는 평생교육사만이 담당할 수 있도록 배치기준을 전면 수정해야 한다. 평생교육사 자격증은 평생교육기관의 구색 맞추기 자격증이 아니다.

셋째, 현재 있는 법이라도 잘 지켜야 한다.

허술한 법도 문제지만 있는 현행법조차 지키지 않는데 이에 대한 규제가 전혀 없다는 것은 심각한 문제가 아닐 수 없다.

제5절 평생교육실습의 윤리기준

1. 평생교육사의 윤리기준

1) 평생교육사 윤리강령 제정의 필요성

한 사회의 전문직의 역할이나 책임은 주로 법률에 의해 규정되는 것이 일반적이다. 그러나 사회가 복잡해지고 다원화되면서 법적인 규정만으로는 전문직의 역할과 기대를 정립하는 데에 한계가 따를 수밖에 없게 되었다. 전문직 스스로가 사회가 요구하는 역할과 기대뿐만이 아니라 자신들이 지향하는 철학과 윤리방향, 그를 실현하기 위한 실천 약속을 정립하는 데에 노력을 기울이고 있다. 어떤 전문직이 자율성과 융통성을 가지면서 법적인 책임과 구별되는 사회적인 기대와 규범적인 책임을 정립하는 것을 '윤리적 책임(ethical responsibility)'이라고 한다(김기덕, 2002). 현대사회에서 성공한 전문직은 사회적, 규범적, 윤리적인 책임을 천명하고, '전문직 윤리강령(Code of Ethics for Profession)'을 만들어 사회적으로 승인받고 있다. 바람직한 윤리강령은 그 분야의 전문성을 나타내는 지표(Burn et al., 2001)가 된다. 전문성을 가진 직업군에서는 대부분 윤리강령을 가지고 있으며, 그 직업군에서 반드시 지켜야 하는 윤리적인 덕목과 사회적 가치를 정해놓고 있다. 그러므로 평생교육의 윤리기준도 앞으로 평생교육의 전문성 향상과 평생교육사의 사회적 가치 실현을 위해서 반드시 짚어보아야 할 분야이다. 그것은 평생교육 담당자가 직무활동 중에 직면하게 되는 윤리문제나 딜레마 상황에서, 윤리강령이나 윤리기준이 합리적인 의사결정의 기준(Lawler & Fielder, 1993:26)을 제공해주기 때문이다. 따라서 향후 우리나라 평생교육 분야에서도 평생교육의 전문성 제고와 이에 따르는 윤리문제 해결을 위해서는 윤리강령에 대한 논의가 반드시 필요할 것이다.

그동안 평생교육 분야는 의학, 간호학, 법학 등의 학문 분야에서 발생하는 문제에 비해 그 결과가 인간생명과 직접 연관될 만큼 치명적이지 않다는 점(Sork, 1988; 오승근, 2004 재인용)으로 윤리문제를 다른 직업군에 비해 비교적 중요하게 다루지 않았던 것이 사실이다.

그러나 현대사회는 끊임없는 도전과 새로운 문명의 도래로 자신이 원하든지

원하지 않던지 명실공히 평생교육의 시대에 살고 있다. 100세 시대와 초고령화 사회, 4차 혁명시대로 대변되는 사회 환경의 급격한 변화는 평생교육의 중요성과 함께 국민들의 평생학습에 대한 참여와 관심이 그 어느 때보다도 증가하고 있어 평생교육사를 비롯한 평생교육 전문 인력의 수요가 급증하고 있다.

이렇듯 평생교육시대에 접어들게 됨에 따라 평생교육에서의 윤리문제가 그 어느 때보다도 중요시되고 있다. 이 가운데서도 특히 직업 윤리문제가 중요하게 대두되고 있다. 평생교육 관련 시설이 급격하게 증가하면서 기관 간의 지나친 경쟁으로 윤리문제가 자주 발생하고 있는 것이다. 이로 인해 평생교육사는 업무활동 중에 크고 작은 윤리문제에 직면하면서 가치판단의 어려움을 겪고 있는 것이다. 따라서 윤리강령 제정을 통해 평생교육의 전문성을 강화하고, 학습자의 권리와 평생교육 종사자의 사회적인 책무성을 강조할 필요가 있다.

윤리강령 제정의 주된 목적은 성실성과 신뢰감을 부여할 뿐만이 아니라 전문직업인으로서의 정체성을 정립하고 비윤리적인 행동을 억제하게 하는 효과를 거둘 수 있는 장점이 있다. 또한 평생교육을 받고자 하는 고객에게 품격 있는 양질의 교육을 받을 수 있다는 믿음을 줄 수도 있다.

평생교육실습은 조직 안에서 수행된다고 볼 수 있다. 모든 조직의 궁극적인 목적은 지속가능한 발전을 도모하고 그 조직을 발전시키는 데 기여하기 위함이다. 조직은 좋은 행동규칙에 근거해서 행동해야 한다(황상규, 2013). 사회적 책임은 기업에서만 감당해야 하는 것은 아니다. 모든 조직에 속한 구성원들은 예외없이 사회적 책임을 가져야 한다. 평생교육사실습과정도 조직 내에서의 활동이므로 예외는 아니다. 지속 가능한 사회를 추구하는 사회적 책임에 대한 인식은 평생교육사 실습과정에서도 그대로 적용되어야 할 것이다. 그러므로 평생교육의 발전과 평생교육사의 도덕적 책임감을 높이고 평생교육 고객들에게 질 높은 교육 서비스를 제공하기 위해서 평생교육사 윤리강령의 제정이 필요한 것이다.

2) 평생교육사의 사회적 책임

(1) 평생교육사의 사회적 책임과 역할

평생교육은 국민의 기본학습권을 보장하고 삶의 만족도를 제고하며, 일자리와 성장잠재력을 확보하는 가장 효율적인 투자임과 동시에 양극화 해소를 위한 가장 효과적인 복지 정책이라 할 수 있다(교육부, 2018). 이런 의미에서 평생교육사의 사회적 역할과 시대적 소명이라는 대의적 차원에서 그 책임은 적지 않다고 볼 수 있다. 평생교육사는 요람에서 무덤까지 배움의 연속성을 통한 개인의 자아실현은 물론이고 지역사회의 공동체형성과 경제발전 그리고 한 발 더 나아가 국가경쟁력을 다지는 중요한 기반을 제공하는 역할을 담당하고 있다고 볼 수 있다.

하지만 우리나라 성인의 평생학습 참여율은 35.7%로 유럽연합(EU) 평균 45.1%에 크게 못 미치는 실정이다(연합뉴스, 2018.9.6). 이렇듯 선진국에 비해 낮은 평생학습 참여율과 평생학습기관을 비롯한 프로그램 및 인프라 부족 등의 문제점을 극복할 수 있는 대안은 인적자원으로서의 평생교육사라고 할 수 있다. 이런 관점에서 교사의 질이 학교교육의 질을 넘을 수 없다는 말처럼 평생교육사의 사회적 역할과 책임은 지대하다고 볼 수 있다.

평생교육사는 사회문제 해결을 위한 교육적 개입을 하는 전문가로서 평생학습사회의 구현에 있어 핵심적 존재라 할 수 있다. 즉, 빠르게 진화하는 사회 변화에 민감하게 대응하여 다양화되는 학습자의 요구를 신속하게 파악하고 시민사회의 일원으로서 평생학습자가 온전하게 성장 발전할 수 있도록 사회적 책임을 다해야 한다. 이러한 견지에서 평생교육사가 담당해야 할 역할과 중요성도 이전과 비교해 확대 및 증가되고 있다고 볼 수 있다. 게다가 평생교육사는 개인의 자아실현을 위한 평생학습지원과 함께 사회교육 실천가로서의 본질적 가치추구도 요청받고 있다.

이처럼 복잡하게 연결된 여러 문제를 해결하고 평생교육에 기반한 사회적 연대와 협력을 위해 지역의 학습과제와 수요자의 요구를 파악하고 분석하여 역할에 충실한 평생교육사의 양성 및 배치가 요청되고 있다. 평생교육사는 지속가능한 평생학습사회를 만들기 위해 사회적인 책임을 다해야 한다.

따라서 평생교육사로서 항상 성찰하는 삶을 살아야 한다.

- 나는 누구이며 어떤 가치를 가져야 하는가?
- 나는 전문성에 어떻게 도달할 것인가?
- 나의 사명은 무엇인가?
- 나는 무엇을 기여할 것인가?
- 나는 어떤 책임을 지며 생활해야 하는가?

- 나는 인간존중과 청렴정신이 있는가?
- 나는 사회의 정의실현을 위해 노력·봉사하는가?

(2) 직무 수행의 주요 원칙

평생교육사의 직무수행은 지식생산과 지속가능한 평생학습사회를 만드는 일이다.

① 윤리성과 법치원칙

평생교육사는 정당한 기회와 채널을 고려하여야 한다. 윤리성은 조직의 핵심가치와 원칙을 식별하고 명시하여 행동하는 것이다. 법치원칙은 법치존중이 의무적이라는 것을 받아들여야 하고 실행하는 조치를 의미한다.

② 선명성과 간결원칙

평생교육사는 직무수행에 있어, 자신의 태도를 명확하게 보여 주어야 한다. 선명성은 평생교육사의 직무수행 시 해당 목표와 명확한 가이드라인을 확보하는 전략이다. 간결원칙은 의사결정에 있어 공적인 가치를 최우선으로 간결하게 전달해야 한다는 것을 의미한다.

③ 관계와 포괄원칙

평생교육사는 다양한 맥락에서 이해관계자들 간의 소통을 최우선으로 하여야 한다. 관계는 사적인 이익을 배제하고 공적인 이익을 위해 관계를 유지해야 한다는 것이다. 포괄원칙의 의미는 다양한 수준과 요구들을 수렴하는 포용적 리더십을 갖추어야 함이다. 학습공동체가 지식을 기반으로 각 학습자들의 존재가치를 드높이는 조직으로 거듭나야 한다는 것이다.

④ 사실과 정의원칙

가치 있는 공적인 지식생산을 위해 사실과 거짓을 선별하는 안목을 갖추어야 한다. 사실을 선별하는 것은 어려우므로 사실을 파악하기 위해서는 맥락을 읽어야 한다. 사실과 다른 거짓보도는 사적인 이익과 긴밀하게 연결되어 있는 경우가 많다. 무엇보다 의도를 파악하는 것이 중요하다. 따라서 공적인 것과 구별하여 사적인 의도를 정확하게 선별해낼 수 있어야 한다. 정의의 원칙에는 법적인 정의와 양심의 정의가 있다. 법적인 정의는 법적으로 옳고 그름을 따지는 것이다.

⑤ 일관성과 투명원칙

직무를 수행하는 과정에서 직무책임의 의미는 일관성과 투명성을 실천하는 것을 의미한다. 일관성은 공적인 기준과 가치에 따라 직무를 수행해야 하는 것이다. 일관성의 또 다른 의미는 사람들과의 관계에서 일관성 있는 입장을 표명해야 한다는 것이다. 기업에서 일하는 사람이든 공공기관에서 일하는 사람이든 간에 우리는 사적인 이익을 위해서 일을 해서는 안 된다는 의미다. 일관성은 그 사회가 요구하는 거시적인 목표를 실천해야 한다는 소명의식을 말하는 것이고, 투명원칙은 일말의 의구심이 들지 않게 사회적 책임을 위해 직무를 수행해야 하고 혹 의심을 불러일으키는 일이 있다면 그에 대하여 설명을 책임지고 해야 한다는 의미이다. 공공기관에서 사람들을 대할 때는 갑을 관계가 아니라 평등한 관계를 추구하고 정보 등을 제공해야 한다.

⑥ 혁신과 공헌원칙

평생교육사는 교육 혁신을 위해 노력해야 한다. 혁신은 관행을 따르기보다 공익을 위한 노력을 의미한다. 공헌원칙은 기업이든 국가든 시대적 사명을 실천하는 사회공헌이다. 우리 사회의 문제를 해결하기 위한 노력은 생산성을 높이는 일이며, 그것은 혁신을 위한 공헌이 된다는 것을 의미한다. 평생교육사는 교육을 통해 사회 혁신을 이루는 활동가라는 점을 강조한다.

2. 평생교육사 윤리강령

한국평생교육사협회 신민선 전 회장께서 2019년 10월 평생교육사 윤리강령을 만든 것을 재정리하였다.

- 평생교육사는 인권을 존중하고 올바른 방향으로 누구에게나 소외됨 없이 평등하게 교육을 받을 수 있는 학습할 기회를 제공한다.
- 평생교육사는 삶의 질을 향상하는 평생교육의 가치실현을 위해 전문성을 갖추고 전문성개발을 위한 노력을 꾸준히 행해야 한다.

- 평생교육사는 전문성을 가지고 학습자가 원하는 교육을 받고 자아실현을 할 수 있도록 학습자를 존중하고 학습권 보장을 위해 역량을 발휘하여야 한다.
- 평생교육사는 생애에 걸친 학습자교육의 역할을 수행하는 사명감을 가지고 교육의 사회적 책임을 수행해야 한다.
- 평생교육사는 학습자의 다양한 조력자역할과 의무, 인간존중과 청렴정신으로 사회의 정의실현을 위해 노력·봉사하여야 한다.
- 평생교육사는 국가에서 장려하는 평생교육진흥을 위하여 모든 사람의 학습권을 존중하여 공정성과 책임감을 가지고 공익의 측면에서 헌신한다.
- 평생교육사는 다양한 학습자의 눈높이에 맞춰 학습자중심에서 이해하고 성장과 발전을 도모하기 위한 촉진자로서 교육 기획 및 상담을 진행해야 한다.
- 평생교육사는 학습자의 성장을 통한 발전을 도모하고 교육촉매자로서 학습자의 요구를 분석하고 적절한 학습을 할 수 있도록 의무를 다한다.
- 평생교육사는 종교·인종·국적·성별·연령에 차별 없이 모든 학습자의 길잡이로서 동등한 열린 기회를 통하여 균등한 학습권을 보장한다.
- 평생교육사는 학습자의 학습권을 보장하기 위해 요구를 수용하고 공적인 필요를 생각해서 학습자가 주도적으로 학습할 수 있도록 조력한다.
- 평생교육사는 학습자를 이해하고 존중하며 학습욕구를 충족시키기 위해 학습자와 유대감을 형성하여 학습자를 성장시키는 멘토가 되어야 한다.
- 평생교육사는 프로그램 운영에 있어 강사와 신뢰를 바탕으로 상호협력하고 존중하여 최상의 학습환경을 제공하며 프로그램을 이끌어가야 한다.
- 평생교육사는 강사의 가르치는 활동이 학습자들과의 관계 속에서 원활하게 이루어지도록 조력자가 되어야 한다.
- 평생교육사는 강사와의 상하수직적인 관계가 아닌 서로 협력하고 공생하는 관계로서 청렴을 가장 우선시한다.
- 평생교육사는 양질의 프로그램을 제공할 수 있도록 강사와의 커뮤니케이션을 원활히 하되, 사적인 이해관계를 배제하고 강사의 역량을 최대한 발휘할 수 있는 환경을 조성하여야 한다.
- 평생교육사는 교육의 목표와 가치를 지켜나가기 위해 협력자로서 서로 존중한다.
- 평생교육사는 강사와 개인 이익이나 불의와 부정을 배제하고 학습자를 고

려한 콘텐츠나 프로그램을 운영한다.

- 평생교육사는 동료와 상호신뢰를 바탕으로 함께 협력하여 정보와 기술을 공유하고, 상호존중을 통해 평생교육사의 위상을 넓혀야 한다.
- 평생교육사는 업무역량강화를 위해 배려와 존중으로 동료 평생교육사의 상호 소통하고 협력한다.
- 평생교육사는 동료 평생교육사와 공정과 형평이 기반 된 관계를 유지하며 전문성향상과 권익을 위하여 협력한다.
- 평생교육사는 동료와의 경쟁관계가 아니라 건강한 학습공동체 형성을 위하여 동료와 함께 협력하는 동역자의 관계가 되도록 해야 한다.
- 평생교육사는 지역 평생교육을 활성화하기 위해 트랜디하게 공공의 참여자를 위한 노력을 하고 적극적으로 지원해야 한다.
- 평생교육사는 지역사회의 통합과 사회공동체의 번영에 이바지하며 시민성향상을 위하여 책임감을 가지고 노력·봉사한다.
- 평생교육사는 대한민국 평생교육의 어벤져스로서 맡은 임무에 충실한다.
- 평생교육사는 공정한 학습 환경 속에서 교육기회를 제공하여 지속가능한 사회발전을 위해 노력한다.
- 평생교육사는 직무와 관련하여 이해관계를 존중하며 의사결정은 기관의 비전달성과 교육의 효율성·효과성 증진을 위해 적극 협력하고 지원한다.
- 평생교육사는 기관 활동에 적극 참여하고, 외부기관과 지속적으로 상호협력하고 네트워킹하여 기관의 성장발전을 위해 노력해야한다.
- 평생교육사는 기관의 정책 및 사업목적이 학습자의 성장·발전에 기여하도록 전문성을 발휘한다.
- 평생교육사는 소속기관의 구성원으로서 책임을 다하고 전문가로서 기관이 지향하는 미션(비전)을 실천하고 발전시키는 책임과 윤리의식을 갖는다.
- 평생교육사는 소속기관의 발전과 목표를 달성하기 위해 최상의 교육환경을 구축하는 기관으로 발전시켜서 지역사회와 유기적 협조를 통해 상생·협력한다.
- 평생교육사는 유관기관 간 네트워크를 통해 협업관계를 유지하여 공동의 목표를 설정하고 적극적인 교류와 협력체계 구축에 노력한다.

연구문제

1. 평생학습의 필요성은 더욱 강조되고 있는 상황이다. 평생교육사의 역할을 제시해 봅시다.

2. 평생교육사 필요 역량의 가치적 능력을 제시해 봅시다.

3. 평생교육사 필요 역량의 잠재적 능력을 제시해 봅시다.

4. 평생교육사의 평생교육 관련 핵심 직무 중 프로그램개발 직무를 제시해 봅시다.

5. 평생교육사 채용 측면에서 나타나는 문제의 원인을 분석해 봅시다.

CHAPTER 04

평생교육실습의 개념 및 실습기관

제1절 평생교육실습의 목적 및 개념

1. 평생교육실습의 목표

평생교육실습 과목은 평생교육사 자격취득을 위해 필수적으로 이수해야 하는 학점이수과목이다. 또한 이 과목은 평생교육사가 현장에서 실습을 통해 역량을 개발하기 위해 반드시 필요한 필수과정이다. 교육부(2015)에서는 평생교육 현장 실습 제도를 다음과 같이 정의하고 있다.

> "현장실습이란 평생교육 현장의 적응력과 전문성을 지닌 인재양성을 위해 양성기관과 평생교육기관이 공동으로 참여하여 정해진 기간 동안 평생교육 현장에서 실습교육을 실시하고 이를 이수한 자에게 학점을 부여하는 제도이다."
>
> 출처: 『평생교육 현장실습운영지침』

위의 정의는 관리의 주체인 교육부가 제시하는 평생교육 현장실습 과목에 대한 인정기준이다. 이 정의에 따르면 전문적 인재양성이라는 포괄적 목적을 위해 양성기관과 평생교육기관의 협력이 전제되어야 한다는 것을 우선하고 있다. 두 기관은 평생교육사가 현장에서 전문성을 발휘할 수 있도록 지원해야 한다. 평생교육실습의 가장 큰 목적은 평생교육현장에서 일어나는 다양한 문제를 교육을 통해 해결할 수 있는 역량을 길러주는 현장수업인 셈이다. 즉, 평생교육실습은 실습현장에서 만나게 되는 구조화된 실천적인 경험과 대학에서 교과서로 배운 지식과 기술, 태도 등을 통합적으로 체득화하여 평생교육 현장의 전문성을 향상시키는 것이다. 이러한 현장실습의 목적에 기반하여 실습기관 현장의 실습목표를 관점에 따라 살펴보면 **표 4-1**과 같다.

표 4-1 평생교육실습의 목표

구분	평생교육실습목표
양성기관 측면	• 평생교육과 관련한 전문적인 지식과 이론을 현장에서 실천하고 적용시킬 수 있다. • 평생교육기관의 특성에 따르는 주요업무와 과업을 평생교육 현장에서 직접 실행하게 할 수 있다.
실습기관 측면	• 평생교육기관의 주요업무와 과업을 평생교육의 관점으로 전환시켜 실제적으로 지도할 수 있다. • 평생교육기관의 목적과 특성에 따른 실제적인 평생교육 현장의 실무를 실습생에게 지도할 수 있다.
실습생의 학습 측면	• 실습생으로서 역할과 책임, 다양한 의사결정의 기준 등을 탐색하여 평생교육사로서 갖추어야 할 전문성을 습득할 수 있다. • 실습을 통해 교육적인 문제해결 능력과 판단력, 실무능력을 향상시킬 수 있다.

이상의 평생교육실습의 목표를 종합적으로 요약정리하면 다음과 같다.

첫째, 평생교육사 양성기관에서 이론으로 익힌 평생교육 지식을 실습현장에 적용하고 실천할 수 있다.

둘째, 평생교육사가 갖추어야 할 전문적인 지식, 기술 및 올바른 태도와 자질을 함양할 수 있다.

셋째, 평생교육사는 평생교육 전문가로서 교육기관들이 교육적 사명을 책임 있게 실천하도록 도와야 한다.

넷째, 평생교육실습 현장의 조직 내에서 일어나는 다양한 인간관계의 역동성을 이해할 수 있다.

다섯째, 다양한 이해관계자의 요구를 이해하고 대처할 수 있는 능력을 함양할 수 있다.

여섯째, 평생교육사는 평생교육기관의 구성원으로서 개인뿐 아니라 집단적으로도 의미 있고 지속적인 학습경험을 제공할 수 있어야 한다.

일곱째, 평생교육 현장에서 요구되는 구체적인 직무를 이해하고, 직무수행 방법을 습득할 수 있다.

여덟째, 다양하고 빠르게 변화하는 사회 속에서 교육적으로 직면하는 문제를 해결할 수 있도록 교육과정을 설계하고 그 성취를 촉진해야 한다.

아홉째, 평생교육사로서 자신의 삶의 철학을 비롯해 소질과 적성이 갖춰졌는지 실습생 스스로 자신을 성찰하고 검증할 수 있다.

열째, 실습생 스스로 자신의 직업적 적성이 적합한지를 확인하고, 구체적이며 현실적으로 실현 가능한 경력개발 계획을 디자인할 수 있는 기회를 제공할 수 있다.

2. 평생교육실습의 개념

평생교육실습은 「평생교육법」에 따라 정해진 교과과목을 이수하고, 일정한 기간 동안 인정된 평생교육기관 현장에서 실제적인 활동을 수행하고, 운영하며, 모의수업 및 참관활동 등을 하게 되는 일체의 과정을 의미한다. 여기서 실제적인 활동이 의미하는 것은 평생교육활동을 하기 위해 평생교육기관에서 이루어지는 프로그램의 기획과 관리, 실행과 평가의 전 과정을 아우르는 말이다. 평생교육실습의 개념을 살펴보면 다음과 같다.

1) 평생교육 양성기관과 평생교육기관의 연계

평생교육실습은 평생교육사 양성기관과 평생교육기관을 연결하는 다리의 역할을 한다고 볼 수 있다. 평생교육사 양성기관은 평생교육이 이루어지는 모든 영역을 포괄적으로 다루는 평생교육기관이라고 볼 수는 없다. 그러므로 평생교육사를 양성하는 기관과 현장에서 평생교육실습을 담당하는 기관이 서로 협력관계를 유지하며 평생교육사가 사회에서 고유한 영역을 가지고 하나의 직업으로서 정착할 수 있도록 책무성을 가질 필요가 있다. 이를 통해 평생교육이 지금보다 좀 더 안정적으로 정착되고 나아가 더욱 활성화되는 기회가 될 것이다.

2) 평생교육 전문가로서의 기회

평생교육실습은 평생교육 전문가로서의 자신의 역량과 적성을 시험해 보는 좋은 기회를 마련하게 되는 계기가 된다. 전문가는 자신의 영역에서 이론뿐만이 아니라 실무 분야에서도 전문성을 발휘해야 진정한 전문가로 인정을 받는다. 따라서 평생교육실습은 평생교육사가 전문가로 인정받기 위한 일련의 과정으로 그동안 전문적으로 쌓은 지식을 직접 현장에 적용해 보고, 전문성을 발휘할 수 있는 준비와 훈련과정의 하나로서 중요한 의미를 갖는다.

3) 평생교육 현장에 적용하는 기회

평생교육실습은 대학 또는 기관에서 익힌 평생교육이론을 평생교육 현장에 적용하고 실천하여 이론과 실제의 관련성과 간극 등을 직접 체험해볼 수 있는 계기가 된다. 실습생은 그동안 학교에서 이론적으로 배운 지식을 현장에 적용하면서 평생교육사라는 직업의 세계를 직접적으로 경험하고 탐구해 볼 수 있다.

3. 평생교육실습의 의의

평생교육 현장실습이라는 과목이 실습생들에게는 자격증 취득을 위해 반드시 거쳐야 하는 관문 정도로 생각할 수 있다. 그러나 이 과목은 무엇보다 평생교육사로서 양성기관에서 이론적으로 배운 내용을 직접 현장에 적용하여 실천적인 전문성을 습득할 수 있는 기회라는 점에 주목해야 한다. 특히 자격을 쉽게 취득할 수 있는 자격증일수록 역량의 유무는 차별화의 중요한 기준이 될 수 있다. 이 사회를 살아가는 모든 사람들은 크든 작든 국가공동체에 속해 있다. 이것은 모든 국민과 사회 조직은 국가의 체계 안에서 정치적으로 이해될 수 있는 제도와 정책으로 작동되어야 한다는 것을 의미한다. 좁게는 평생교육사가 실습을 통해 현장을 익힌다는 목표가 있다. 하지만 넓게 보면 이것은 평생교육사들이 우리 사회를 한 국가의 체제 안에서 교육공동체로 재설계할 수 있는 역량을 개발하는 과정이라 할 수 있다.

이러한 중요한 역할을 해야 하는 평생교육 실습기관이 모두 다 수준 높은 평생교육실습을 실천하는 것이 사실상 어려울 수는 있다. 하지만 평생교육사가 현장실습을 통해 우리 사회를 교육적으로 보완하고 개혁해야 한다는 최소한의 사명의식은 필요하다. 실습은 현장에서 주어지는 업무를 앵무새처럼 그대로 따라서 반복하는 것이라기보다 현장에서 문제를 발견하고 그것을 개선하는 역량을 기르는 과정이다. 어떤 소임을 실천해야 하는지 좀 더 면밀하게 자세를 가다듬는 태도가 중요하다는 의미이다.

실습기간 동안 실습생은 학생과 예비 직업인으로서의 두 가지 역할을 수행해야 한다. 이 과정에서 실습생은 때로는 학교에서 이론적으로 배운 지식과 현장의 불일치를 경험하게 될 것이다. 이때 실습생은 그 이론과 실제의 차이가 의미하는 것이 무엇인지를 면밀하게 관찰할 필요가 있다. 현실 속에서 관행이라는 이름으로 타협한 산물일 수도 있고 현장의 한계를 발전시키기 위한 새로운 혁신적인 시도일 수도 있다. 실습을 하는 과정에서 실습생은 평생교육기관의 절차를 따르는 것이 바람직하지만 그것을 무조건적으로 맹신하는 자세는 바람직하지 않다. 편법이나 불법이 이행되는 것을 묵과해서는 안 될 뿐 아니라, 우리 모두는 그런 관행을 개선하도록 노력해야 한다. 이론과 다르게 적용되고 있는 내용이 있다면 그것에 대해 실제 담당자에게 문의를 할 수 있어야 한다. 즉, 실습생은 각각의 책임을 이행하는 과정에서 사회를 교육적으로 변화시키는 변혁자로서의 역할을 하게 된다.

실습은 전문성을 기를 수 있는 기회일 뿐만이 아니라 평생교육사로서 다른 직종의 사람들을 만나게 되고 그들의 일과 평생교육사의 일이 어떻게 다른지를 확인하는 평생교육사의 정체성을 경험하는 시간이다. 또한 일반적으로 모든 기관의 조직 안에서 벌어지는 맥락적인 의사결정의 과정도 학습할 수 있는 시간이 된다. 조직구성원은 각자 맡은 역할만이 아니라 주어진 직무 속에서 어떻게 협력하여 그 기관의 목적을 달성하고 서로에게 좋은 영향력을 미칠 수 있는가를 고민해야 한다. 이 점에서 실습생도 예외는 아니다.

한 사회의 발전의 정도를 측정할 때 우리는 흔히 그 사회의 생산성에 주목하게 된다. 평생교육사 역시 생산성을 위해 노력해야 한다. 평생교육사의 생산성은 교육적으로 문제를 풀어 가고자 하는 전문성의 유무에 달려있다고 볼 수 있다. 직업인으로서 고유의 생산성을 확보하지 못하면 그 직종과 사회적인 가치는 자연스럽게 소멸하게 된다. 사회발전의 원동력으로서 생산성은 다른 말로 말하면 문제해결 능력이라고 말할 수도 있다. 그 사회가 풀지 못하는 문제에 대해 적극적인 대안을 제시하고 새로운 출구전략을 보여 줄 수 있어야 한다. 다시 말하면 실습생은 평생교육실습을 통해 평생교육사로서 생산성을 높이기 위한 근본적인 역량과 책무성을 길러야 한다는 의미다.

오명숙(2019)은 평생교육사의 생산성은 교육적으로 문제를 풀어 가고자 하는 전문성에 있다고 보고, 이러한 생산성과 교육의 가치를 확보하기 위한 측면에서 평생교육실습의 의의를 다음과 같이 정리하였다.

- 우리 사회가 해결해야 할 문제를 교육적으로 해결하는 능력을 학습한다.
- 평생교육기관에서 일어나는 다양한 상황에 대해 교육적인 대안을 제시할

수 있다.
- 누구에게나 필요한 교육을 설계하는 역량을 실습과정에서 현실화시킬 수 있다.
- 실습교육을 통해 각 문해교육 프로그램의 개발 역량을 키울 수 있다.
- 평생교육은 학습자가 스스로 학습할 수 있는 토대를 제공하는 데 있다.
- 실습을 통해 현장의 평생교육의 문제를 관찰하고 견해를 넓힐 수 있다.

제2절 평생교육기관의 분류

평생교육기관과 평생교육시설은 「평생교육법」 제2조 제2항에 따라서 인가·등록·신고된 시설이나 학원 등을 말하며, 평생교육을 주요 목적으로 설립된 시설이나 법인 또는 단체를 일컫는다. 평생교육기관의 개념은 일반적으로 평생교육의 기능을 수행하거나 평생교육을 주목적으로 설립된 조직이나 단체를 의미한다. 또한 평생교육기관은 「평생교육법」 외에도 다른 법령에 근거하여 평생교육기관의 기능을 수행할 수 있는 경우도 해당된다. 평생교육기관을 분류하는 기준은 교육부에서 제시한 통계에 따른 분류와 법령에 의한 분류 등으로 살펴볼 수 있다.

1. 평생교육 통계에 따른 분류

교육부에서 제시한 평생교육 통계에서는 평생교육기관을 비형식 평생교육기관과 준형식 평생교육기관으로 구분하였다.

비형식 평생교육기관은 국가평생교육진흥원, 시·도 평생교육진흥원, 시·군·구 평생학습관, 학교부설 평생교육시설, 사내대학형태의 평생교육시설, 원격대학형태의 평생교육시설, 사업장부설 평생교육시설, 시민사회단체부설 평생교육시설, 언론기관부설 평생교육시설, 지식·인력개발 관련 평생교육시설, 학원을 포함한다(김동일, 2020). 준형식 평생교육기관으로는 학교, 학교 형태의 평생교육시설(공민학교, 고등 공민학교, 고등기술학교, 각종학교, 방송통신 중·고등학교, 방송통신대학, 산업대학, 기술대학, 원격대학, 사내대학 등)과 평가인정 운영기관이 해당된다(김동일, 2020).

2. 법령에 따른 분류

「평생교육법」에서는 평생교육기관을 3대 평생교육 전담기구와 그 외 평생교육기관으로 구분하였다.

1) 3대 평생교육 전담기구

「평생교육법」에서 구분하는 3대 평생교육기관은 국가평생교육진흥원, 시·도 평생교육진흥원, 시·군·구 평생학습관이 해당된다. 「평생교육법」상의 평생교육 추진 기구를 도식화하면 그림 4-1과 같다. 교육부를 중심으로 한 행정기구에서는 평생교육진흥위원회 심의협의기구의 자문을 받아, 국가평생교육진흥원, 시·도 평생교육진흥원, 시·군·구 평생학습관의 설립과 지정 운영 등을 지원하고 있다. 3대 평생교육 전담기구의 역할을 구체적으로 살펴보면 다음과 같다.

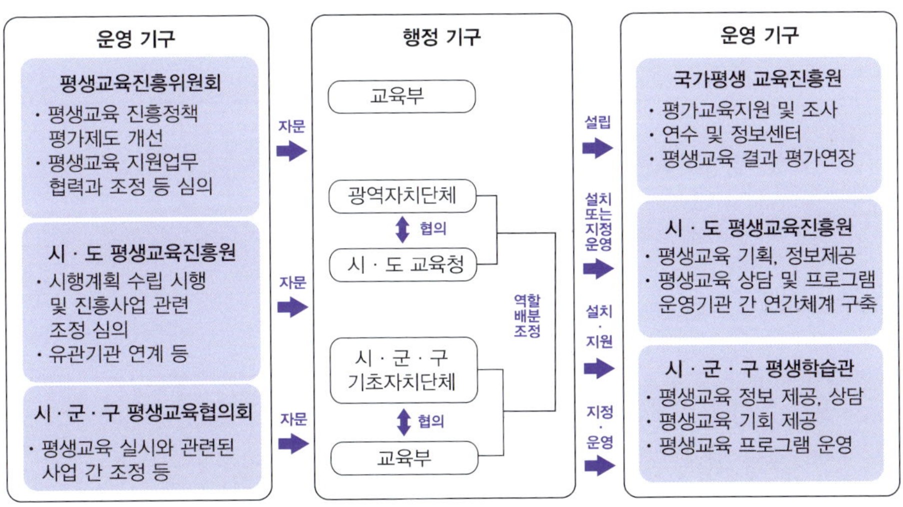

그림 4-1 평생교육법상의 평생교육 추진 기구

출처: 서보준 외(2018).

(1) 국가평생교육진흥원

「평생교육법」 제19조에 근거하여 국가평생교육진흥원의 역할을 정리하면 다음과 같다.

- 평생교육진흥을 위한 지원과 조사 업무
- 진흥위원회가 심의하는 기본계획 수립을 지원
- 평생교육 프로그램 개발을 지원
- 평생교육사 및 평생교육 종사자의 양성·연수
- 평생교육기관 간의 연계체제의 구축
- 시·도 평생교육진흥원에 대한 지원
- 평생교육 종합정보시스템의 구축·운영
- 「학점인정 등에 관한 법률」 및 「독학에 의한 학위취득에 관한 법률」에 따른 학점 또는 학력인정에 관한 사항
- 학습계좌의 통합 관리·운영
- 문해교육의 관리와 운영에 관한 사항
- 이 법이나 다른 법령에 따라 위탁받은 업무
- 이외에 진흥원의 목적수행을 위하여 필요한 사업

(2) 시·도 평생교육진흥원

「평생교육법」 제20조에 근거하여 시·도 평생교육진흥원의 역할을 요약하면 다음과 같다.

- 해당 지역의 평생교육 기회와 정보 제공
- 평생교육 상담 운영
- 평생교육 프로그램 운영
- 장애인 대상의 평생교육 프로그램 운영
- 해당 지역 평생교육기관 간의 연계체제 구축
- 그 밖에 평생교육진흥을 위하여 시·도지사가 필요하다고 인정하는 사항

(3) 시·군·구 평생학습관

「평생교육법」 제21조에 근거하여 시·군·구 평생학습관의 역할을 정리하면 다음과 같다.

- 평생교육 프로그램의 개발·운영
- 장애인 대상 평생교육 프로그램의 개발·운영
- 평생교육 상담
- 평생교육 종사자에 대한 교육·훈련
- 평생교육 관련 정보의 수집·제공
- 읍·면·동 평생학습센터의 운영지원 및 관리
- 이외에 평생교육 진흥을 위해 인정되는 필요사업

2) 평생교육기관

「평생교육법」 제28조는 평생교육기관의 설치자는 다양한 평생교육 프로그램을 실시하여 지역사회 주민을 위한 평생교육에 기여하여야 한다고 명시하고 있다. 「평생교육법」에 따르는 평생교육기관의 형태를 자세히 살펴보면 다음과 같다.

(1) 학교부설 평생교육시설

「평생교육법」 제30조는 학교부설 평생교육시설을 평생교육기관으로 지정하고 있다. 초·중등·고등 및 대학의 장은 해당 학교의 교육여건을 고려하여 그 특성에 맞게 학생·학부모와 지역 주민을 대상으로 교양증진과 직업교육을 위하여 학교부설 평생교육시설을 설치·운영할 수 있다. 그러므로 각급 학교의 장이 평생교육시설을 설치하고자 할 때는 평생교육이 가능한 시설을 갖추어 관할청에 보고하여야 한다. 아울러 대학의 장은 「평생교육법」 제30조 제2항에 의거 자격취득을 위한 직업교육과정 등을 운영할 수 있다.

(2) 학교 형태의 평생교육시설

「평생교육법」 제31조에 명시한 학교 형태의 평생교육시설에서는 정규학교 교육과정이 아닌 각 급 학교에서 실시하는 교육과정에 준하는 프로그램을 제공하고 이에 맞는 학력을 부여하는 기관을 말한다. 이곳은 학교교육을 보완하고 평생교육을 할 수 있는 시설로 교육감에게 등록을 해야 한다. 교육감은 등록을 완료한 학교 형태의 평생교육시설 중에서 일정한 기준보다 상회하는 조건을 갖춘 평생교육시설에 대하여는 중·고등학교 졸업 이하의 학력을 인정할 수 있는 시설로 지정할 수 있다. 이러한 시설은 초등학교에 해당하는 공민학교, 중등학교에 준하는 고등공민학교, 고등기술학교, 방송통신고등학교, 산업대학 및 기술대학, 각종대학과정과 기타 특수학교, 소년원 학교 등의 교육시설이 있다(김동일, 2020).

학력인정 평생교육시설은 학령기를 잃어버린 청소년과 성인에게 중·고등 교육과정을 이수할 수 있는 기회를 부여하는 것을 목적으로 한다. 방학을 수업기간으로 활용하며 학교 형태의 평생교육시설은 교사의 교육권과 학생의 학습권이 보장되어야 한다. 그러므로 학력인정 평생교육시설은 최소한의 교육환경 확보 및 교육과정 운영과 학사관리에 필요한 사항에 대한 기준을 충족하여야 하는데, 수업연한·학기·수업일수 및 수업시간, 교육과정, 학생, 정원·학급 수 및 학급편성, 입학자격 교원자격·정원 수료 및 졸업 시설 및 설비, 교과서·교재에 대하여는 중학교 및 고등학교에 준하는 각종 학교의 설립·운영기준과 동등한 것 이상이 되어야 한다(권인탁, 2014).

(3) 사내대학형태의 평생교육시설

「평생교육법」 제32조에 명시된 사내대학형태의 평생교육시설은 산업체 현장 근로자의 면학욕구충족과 직무교육 및 특화교육을 통한 생산성 향상에 기여할 수 있도록 학교법인 설립 없이 종업원 수 200인 이상인 사업장 내에 전문학사나 학사학위과정을 운영할 수 있는 평생교육시설이다. 교육부장관의 인가를 받도록 되어 있으며, 관계 전문가로 구성된 사내대학설치심사위원회의 서면심사와 현장심사를 거쳐 사내대학의 설치·운영의 타당성 검토를 거치도록 하고 있다(교육부, 2001). 이 과정을 이수하면 전문대학이나 대학졸업자와 동등한 학력과 학위를 취득한 것으로 인정받을 수 있다.

(4) 원격대학형태의 평생교육시설

「평생교육법」 제33조에 근거한 원격대학형태의 평생교육시설은 정보통신매체를 이용하여 특정 또는 불특정 다수인에게 원격교육을 실시하거나 다양한 정보를 제공할 수 있는 평생교육시설을 말한다. 원격교육은 원거리에 위치한 학습자가 효과적으로 학습할 수 있도록 원격통신을 활용하여 다양한 형태의 학습자료와 내용 등을 공유하는 교육의 형태로 볼 수 있다. 또한 대학졸업을 인정받을 수 있는 평생교육시설을 설치할 때는 교육부장관의 인가를 받아야 한다.

(5) 사업장 부설 평생교육시설

「평생교육법」 제35조에 근거한 사업장 부설 평생교육시설은 사업장을 이용하는 고객이나 지역주민들의 여가, 취미, 문화생활 자기개발 등을 할 수 있는 지역주민대상의 평생교육시설이다. 백화점이나 대형 쇼핑몰의 문화센터가 대표적인 시설이라 할 수 있다. 사업장 부설 평생교육시설을 설치 또는 폐쇄하고자 하는 자는 대통령령으로 정하는 바에 따라 교육감에게 신고하여야 한다.

(6) 시민사회단체 부설 평생교육시설

「평생교육법」 제36조에 근거한 시민사회단체 부설 평생교육시설은 시민사회단체는 상호 유기적인 협조체제를 구축하고 공공시설 및 민간시설 등 유휴시설을 활용하여 해당 시민사회단체의 목적에 부합하는 평생교육과정을 운영하도록 노력하여야 한다. 대통령령으로 정하는 시민사회단체는 일반 시민을 대상으로 하는 평생교육시설을 설치·운영할 수 있다. 시설의 설립이나 폐쇄를 할 때는 교육감에게 통보하여야 한다.

(7) 언론기관 부설 평생교육시설

「평생교육법」 제37조에는 신문·방송 등 언론기관을 경영하는 자는 해당 언론매체를 통하여 다양한 평생교육 프로그램을 방영하는 등 국민의 평생교육진흥에 기여하여야 한다고 명시되어 있다. 언론기관 부설 평생교육시설은 일반인을 대상으로 평생교육시설을 설치·운영할 수 있다. 시설을 설치하고자 하는 경우는 대통령령으로 정하는 것에 의하여 교육감에게 신고하여야 한다. 이를 폐쇄하고자 하는 경우에는 그 사실을 교육감에게 통보하여야 한다.

(8) 지식·인력개발 관련 평생교육시설

「평생교육법」 제38조에는 국가 및 지방자치단체는 지식정보의 제공과 교육훈련을 통한 인력개발을 주된 내용으로 하는 지식·인력개발사업을 진흥·육성하여야 한다고 명시되어 있다. 지식정보의 제공사업, 교육훈련 및 연구용역사업, 교육위탁사업, 교육훈련기관의 경영진단 및 평가사업 교육자문 및 상담사업 교수·학습프로그램의 개발 및 공급사업 등을 1년 이상 경영한 실적이 있는 자로서 자본금 또는 자산이 3억 원 이상이고 전문인력(평생교육 프로그램 운영을 전담하는 인력)을 5명 이상 확보하고 있는 법인으로 규정하고 있다(김동일, 2020).

제3절 평생교육 실습기관의 자격요건

평생교육실습은 대학에서 이론적으로 배운 것을 평생교육기관에서 다양한 상황을 실무적으로 경험해보는 과정이다. 평생교육 실습기관은 평생교육사를 양성하는 평생교육 양성기관과 함께 또 하나의 중요한 축이 된다. 평생교육 실습기관은 실습 과정을 통해 현장실습생을 평생교육 전문가로 훈련하고 실무기능을 익히고 훈련되도록 지원하는 평생교육기관을 의미한다. 그러므로 평생교육 실습기관으로 선정되기 위해서는 여러 가지 조건이 필요하다.

1. 법적 요건

「평생교육법」이나 그 밖에 다른 법령 등에 따라 평생교육을 주된 목적으로 하는 기관이어야 한다. 평생교육실습을 위한 기관이 어떤 법령에 의해 설립되었는가를 꼼꼼히 따져보아야 한다. 다음 중 어느 하나에 해당하는 기관은 실습기관으로 운영될 수 있다.

- 「평생교육법」 제19조에 따른 국가평생교육진흥원
- 「평생교육법」 제20조에 따른 시·도 평생교육진흥원

- 「평생교육법」 제21조에 따른 시·군·평생학습관
- 「평생교육법 시행령」 제69조 제2항에 따라 문자해득교육 프로그램으로 지정받은 기관
- 「평생교육법」 제2조 제2항에 따른 평생교육기관

- 평생교육법에 따라 인가·등록·신고된 시설·법인 또는 단체
- 「학원의 설립·운영 및 과외교습에 관한 법률」에 따른 학원 중 학교교과교습학원을 제외한 평생직업교육을 실시하는 학원
- 그 밖에 다른 법령에 따라 평생교육을 주된 목적으로 하는 시설·법인 또는 단체

「평생교육법」 제45조(유사 명칭의 사용 금지) 조항에는 유사기관에 대해 아래와 같이 제한을 두고 있다. 그러므로 실습기관 선정 시 유사기관 여부를 반드시 확인해야 한다.

이 법에 따른 진흥위원회·진흥원·평생교육협의회·평생학습관·평생학습센터·국가문해교육센터 및 시·도 문해교육센터가 아니면 이와 비슷한 명칭을 사용하지 못한다. [개정 2014. 1. 28., 2016. 2. 3. 시행일 2016. 8. 4.]

유사기관 여부를 확인하기 위해서는 「평생교육법」에 의한 시설등록증이 비치되어 있는지를 확인하는 것이 좋다. 다른 법에 의해 운영되고 있는 평생교육시설도 평생교육사 자격자가 재직하고 있고 그 요건이 충족되면 평생교육 실습기관으로 인정받을 수 있다. 예를 들어 「도서관법」에 의해 작은 도서관을 운영하는 기관이 있다고 하자. 이 기관의 대표가 평생교육사 자격을 취득하고 실습지도를 할 수 있는 자격을 취득했다면 국가평생교육진흥원에서는 이 기관에서 실습교육을 할 수 있도록 인정하고 있다. 이밖에 자세한 내용은 국가평생교육진흥원 평생교육사 자격관리 사이트(https://lledu.nile.or.kr)에서 확인할 수 있다.

평생교육시설 등록증 확인 방법

평생교육법에 의해 등록된 기관인지 확인 → 등록기관이 공적 기관인지 확인 → 등록일 확인하기 → 시설의 명칭이 유사명칭인지 분별하기

2. 실습지도자 자격 확인

평생교육 실습기관의 두 번째 자격조건은 실습지도자의 자격 여부이다. 기관에 평생교육실습을 담당할 자격을 갖춘 지도자가 반드시 재직하고 있어야 한다. 평생교육기관에 실습지도 자격을 갖춘 평생교육사가 재직하고 있더라도 실습교육을 지도할 수 있는 재직요건을 충족해야 한다. 이를 반드시 확인하고 실습을 진행해야 한다. 또한 실습기관의 선정만이 아니라 실습하려는 기관 내 실습지도자가 일정한 자격을 갖추고 실습교육을 규정에 맞추어 진행시킬 수 있는 역량을 갖춘 자인지를 점검하는 것이 중요하다. 실습기관 선정 시 실습생은 실습지도자의 자격조건 및 실습지도자의 직무를 반드시 확인해야 한다. 실습지도자는 다음과 같은 자격을 갖춘 자여야 한다.

- 평생교육사 1급 자격증 소지자
- 평생교육사 2급 자격증을 취득한 뒤 관련 업무에 2년 이상 종사한 자
- 평생교육사 3급 자격증을 취득한 뒤 관련 업무에 3년 이상 종사한 자

출처: 국가평생교육진흥원, 학점은행제 현장실습 운영지침(2012. 4. 5.개정)에서 발췌 후 재구성.

실습지도자의 자격조건은 국가평생교육진흥원에서 관리·감독한다. 실습지도자의 자격조건이 충족되지 않은 상태에서 실습을 받게 되면 그 실습은 인정받지 못하므로 실습생은 특별히 주의해야 한다(김동일, 2020).

3. 성인대상의 프로그램 개발 여부

평생교육 실습기관으로 선정되기 위해서는 평생교육기관의 특성을 반영한 사업과 프로그램을 운영해야 한다. 평생교육실습을 진행하려는 기관에서는 반

드시 성인 중심 평생교육 프로그램을 운영하고 있어야 한다. 어린이나 청소년 대상의 프로그램만 운영하는 기관은 실습을 운영하기 어렵다. 평생교육은 성인을 주 교육대상으로 보고 있다. 따라서 성인교육 프로그램을 주력으로 운영하는 지 여부를 반드시 확인해야 한다. 결과적으로 평생교육사 자격을 받기 위한 평생교육실습 현장은 성인을 대상으로 하는 평생교육 프로그램 개발 전문기관이어야 한다. 이 점에서 사회복지기관이나 청소년문화센터, 문화예술교육센터와는 차별화되는 기준이 반드시 필요하다.

4. 평생교육기관의 특성을 반영한 사업 운영 여부

평생교육 실습기관으로 선정되기 위해서는 평생교육기관의 정체성을 가지고 있어야 하며, 주된 사업이 평생교육사업에 해당하는지를 살펴보아야 한다. 평생교육을 진행하고 있는 도서관과 박물관 등은 「평생교육법」에 의해 설립된 기관이 아니다. 이 두 기관은 「도서관법」과 「박물관 및 미술관 진흥법」에 의해 설립된 기관이다. 이런 기관에서는 평생교육실습을 진행할 수가 없다. 즉, 실습기관은 「평생교육법」에 의한 기관과 같은 법령에 따라 평생교육을 주된 목적으로 하는 기관이어야 한다. 다시 말해 평생교육기관이라고 해서 모두 실습교육을 시행할 수 있는 것은 아니다.

5. 공식적인 실습지도가 가능한 기관인지 여부

실습지도가 기관의 주요 업무 중의 하나로 공식화되어 있어 실습생이 지도를 받는 것이 자연스러운 조직 분위기여야 한다. 다시 말해 실습생이 실습을 받을 수 있는 업무구조와 분위기를 갖춘 기관이어야 한다. 자격을 갖춘 실습지도자가 상주하면서 실습생을 위한 교육과정을 비롯해서 상세한 실습내용을 공지해야 한다. 또한 실습을 위한 실무내용을 재구성하여 학습 자료와 함께 실습생에게 제공할 수 있는 기관이어야 한다. 아울러 교육기관으로서 실습생의 보건과 위생 및 안전을 보장할 수 있는 적법한 시설을 갖추어야 한다.

제4절 평생교육 실습기관의 유형과 현황

1. 평생교육 실습기관의 유형과 특징

평생교육 실습기관의 유형 분류체계는 표 4-2와 같이 9가지 유형으로 구분할 수 있다. 「평생교육법시행령」 제69조 제2항에 따라 문자해득교육 프로그램으로 지정받은 기관, 「평생교육법」 제19조부터 제21조까지의 규정에 해당하는 평생교육기관(평생교육진흥원, 시·도 평생교육진흥원, 시·군·구 평생학습관)을 비롯하여 제2조 제2항에 해당하는 평생교육기관, 지자체 평생학습 추진기구(제5조), 평생학습도시(제15조), 평생교육 관련사업 수행학교(제29조)를 포함한다(안홍선 외, 2011).

표 4-2 평생교육 실습기관의 유형

<table>
<tr><th colspan="3">구분</th><th>설립 근거</th><th>기관 유형</th><th>교육과정 및 유형</th></tr>
<tr><td rowspan="7">평생교육법상의 평생교육기관</td><td rowspan="3">1. 유형</td><td rowspan="3">국가 평생 교육 전담 · 지원 기구</td><td rowspan="3">평생교육법 제19조</td><td>국가평생교육진흥원</td><td>국가 단위의 평생교육전담 집행기관</td></tr>
<tr><td>시·도 평생교육진흥원 (총 17개)</td><td>시·도 평생교육의 지원 역량을 강화와 업무의 확대, 광역단위 평생교육 참여 확대, 기관 간 네트워킹 강화</td></tr>
<tr><td>시·군·구 평생학습관: 교육청으로부터 지정받은 기관에 한함</td><td>평생교육 및 문화활동 상담 및 지원, 평생교육 프로그램 개발, 기획 및 홍보, 평생학습교실운영 문화행사주관</td></tr>
<tr><td rowspan="2">2. 유형</td><td rowspan="2">문자해득 교육 프로그램 지정 기관</td><td rowspan="2">평생교육법 제39조</td><td>2010.3 이후 지정, 문자해득 교육 프로그램·지정 기관</td><td rowspan="2">기초문해교육, 학력인정 관련</td></tr>
<tr><td>당해연도 성인문해교육 지원사업선정기관</td></tr>
<tr><td rowspan="2">3. 유형</td><td>평생학습 도시</td><td>평생교육법 제15조</td><td>시·군·구 평생교육전담부서 또는 평생학습센터 등</td><td rowspan="2">지역인재육성 프로그램, 주민고용능력개발</td></tr>
<tr><td>국가· 지자체 평생</td><td>평생교육법 제5조</td><td>광역·시·도 평생교육 전담부서, 시·군·구 지자</td></tr>
</table>

구분		설립 근거	기관 유형	교육과정 및 유형
	학습 추진 기구		체 평생교육 전담부서, 평생학습센터 시·도 교육청, 지역교육청 내 평생교육 전담부서 등	
4. 유형	평생 교육 관련 사업 수행 학교	평생교육법 제29조	평생학습 중심 대학사업, 지역과 함께하는 학교사업 등	재취업·전환취업 프로그램, 학위·자격증 취득과정, 일반과정
5. 유형	학교 부설 평생교육 시설	평생교육법 제30조	초등학교, 중학교, 고등학교, 특수학교, 대학(교) 부설 평생교육원(산업교육원, 사회교육원) 등	일반교양과정, 전문과정
	학교 형태의 평생교육 시설	평생교육법 제31조	공민학교, 고등기술학교, 방송통신대학교,	국민공통기본교육과정, 창의적체험활동
	사내 대학 형태의 평생교육 시설	평생교육법 제32조	삼성전자공과대학교 등 사내대학	산업교육, 직업 능력개발, 학력인정교육
	원격 교육 형태의 평생교육 시설	평생교육법 제33조	사이버학원 및 사이버교육원 등	전문특화교육, 직업기술교육, 학력인정교육, 외국어교육
	사업장 부설 평생교육 시설	평생교육법 제35조	문화센터 또는 병원부설 평생교육시설 등	직업 능력개발, 여가 및 교양교육과정
	시민사회 단체 부설 평생교육 시설	평생교육법 제36조	유휴시설 활용 평생교육 시설	시민사회의식교육, 교양문화교육
	언론기관 부설 평생교육 시설	평생교육법 제37조	신문사·방송사의 문화센터 (아카데미) 등	일반교양과정, 전문과정

구분				설립 근거	기관 유형	교육과정 및 유형
		지식·인력 개발 관련 평생교육시설		평생교육법 제38조	기업체연수원(인력개발원, 인재개발원, 교육원 등), 산업교육기관, 주부교실 등	일반과정, 자격과정, 재취업과정, 산업교육
그 밖의 다른 법령상의 평생교육기관	6. 유형	평생 직업교육 학원		학원의 설립·운영 및 과외교습에 관한 법률	평생직업교육학원	직업·기술, 국제화, 인문·사회, 경영 실무, 예능, 입시·검정·보충학습
	7. 유형	기관형 평생교육시설	주민자치기관	행정자치 법령	시·군·구민회관, 주민자치센터 등	여가교육, 외국어교육, 교양·문화교육
			문화시설기관	도서관법	지역대표도서관, 공공도서관, 대학도서관, 학교도서관, 전문도서관	여가교육, 교양·문화교육
				박물관 및 미술관 진흥법	박물관, 미술관	
				지방문화원 진흥법	지방문화원	
				문화예술진흥법시행령 (별표 1)	문화의 집	
				문화예술 교육 지원법	문화예술교육시설 및 단체	
			아동관련시설	아동복지법	아동직업훈련시설, 아동복지관, 지역아동(정보)센터 등	학습지원교육, 예체능 교육, 특기적성 프로그램 등
			청소년관련시설	청소년 기본법	청소년육성전담기구, 청소년 수련시설, 청소년문화의 집 등	수련·교류·문화활동 등 청소년활동교육, 여가 및 취미
			여성관련시설	여성발전 기본법	여성인력개발센터, 여성발전센터, 여성(복지, 문화)회관 등	기초문해교육, 교양문화교육, 여가교육, 직업·기술교육, 시민사회의식교육
			노인관련시설	노인복지법	노인교실, 노인복지(회)관 등	

구분				설립 근거	기관 유형	교육과정 및 유형
			사회복지시설	사회복지사업법	종합사회복지관 등	
			장애인복지시설	장애인복지법	장애인지역사회재활시설, 장애인직업재활시설 등	직업사회재활교육, 직업재활교육
그 밖의 다른 법령상의 평생교육기관	8. 유형	훈련 및 연수형 평생교육시설	직업훈련기관	근로자직업능력개발법	공공직업훈련시설, 지정직업훈련기관 등	직업·기술교육, 취업 및 근로자교육
			연수기관	근로자직업능력개발법	공무원연수기관, 일반연수기관 등	직업·기술교육, 산업교육
	9. 유형	시민사회단체형 평생교육시설	비영리민간단체	비영리민간단체지원법	전국문해·성인기초교육협의회, 한국평생교육학회 등	일반교양(여가, 취미), 전문과정(자격증 및 전문직업 능력 개발)
			청소년단체	청소년지원법/사(재)단법인	한국청소년연맹, 청소년단체 협의회 등	수련·교류, 문화활동 등 청소년 활동교육, 여가 및 취미
			여성단체	여성발전기본법/사(재)단법인	여성회, 여성단체협의회 등	기초문해교육, 교양문화교육, 여가교육, 직업·기술교육, 시민사회의식교육
			노인단체	노인복지법/사(재)단법인	대한노인회, 전국노인평생교육단체연합회 등	
			시민단체	사(재)단법인	NGO, YMCA, YWCA 환경운동 연합 등	시민사회의식교육, 교양문화교육
기타				그 밖의 평생교육을 주된 목적으로 하는 시설 및 단체		

※ 그 밖의 다른 법령에 의한 기관의 경우 반드시 해당 설치·운영 법적 근거 및 평생교육사업 수행 여부 확인

출처: 국가평생교육진흥원(2009) 재구성.

1) 평생교육법상의 평생교육 실습기관 유형

(1) 1유형: 국가 평생교육 전담·지원기구

「평생교육법」상의 평생교육 실습기관 유형 중 제1유형은 국가 평생교육 전담·지원기구인 국가평생교육진흥원, 시·도 평생교육진흥원, 시·군·구 평생학습관이 해당된다.

① 국가평생교육진흥원

국가평생교육진흥원은 「평생교육법」 제19조에 따른 평생교육진흥원과 관련된 업무를 효율적으로 수행함으로써 국민의 평생교육 활성화에 기여함을 목적으로 설립된 국가 단위의 평생교육전담 집행기관이다.

② 시·도 평생교육진흥원

시·도 평생교육진흥원은 「평생교육법」 제20조와 지방자치단체의 조례에 근거한 광역 시·도 단위의 평생교육사업기관이다. 기존에 지정·운영되었던 지역평생교육정보센터(광역시·도)의 확대·개편 방안 등을 통해 시·도 평생교육의 지원역량 강화와 업무의 확대, 광역단위 평생교육 참여 확대, 기관 간 네트워킹 강화 등을 그 목적으로 한다.

③ 시·군·구 평생학습관

시·군·구 평생학습관은 「평생교육법」 제21조와 지방자치단체의 조례에 근거하여 지역주민을 대상으로 평생교육 프로그램 운영과 평생교육에 대한 정보수집 기능을 위해 지정된 기초자치단체 차원의 평생교육사업기관이다. 시·군·구나 읍·면·동 단위에 설치된 평생학습관은 도서관, 시·군·구민회관, 문화원 등 기존의 평생교육시설을 활용하여 운영되고 있으며, 그 밖에 대학, 문화원, 주민자치센터, 초·중등학교, 학생회관 등의 기관들이 지정되어 있다.

(2) 2유형: 문자해득교육 프로그램 지정기관

제2유형은 문자해득교육 프로그램 지정기관이다. 문자해득교육이란 일상생활을 영위하는 데 필요한 기초 능력이 부족하여 가정·사회 및 직업생활에서 불편을 느끼는 자들을 대상으로 문해력을 갖출 수 있도록 하는 조직화된 교육 프로그램을 말한다(김동일, 2020). 문해교육의 범주에는 성인을 위한 '한글교실'과 초·중등 수준의 학력을 취득하기 위한 교육도 포함된다. 「평생교육법」에서 의미하는 문자해득교육의 대상은 저학력 성인이나 국제결혼여성, 외국인근로자, 새터민 등 새롭게 교육소외계층으로 나타나는 이들을 포함한다. 「평생교육법」 제39조 제2항에 따라 각 시·도 교육감은 성인을 위한 문자해득교육 프로그램을 운영하도록 초·중학교 또는 지방자치단체·법인 등을 지정할 수 있다.

「평생교육법 시행령」 제68조 제2항에 따라 지정 가능한 문자해득교육 프로그램은 다음과 같다.

- 국가·지방자치단체 또는 그 소속 기관(중앙부처 산하 연수기관, 구청 직영 평생학습센터 및 사회복지관, 주민자치센터 등)이 운영하는 문자해득교육 프로그램
- 평생교육기관(「평생교육법」 제2조 제2항 및 제5장)에서 운영하는 문자해득교육 프로그램
- 국가·지방자치단체 또는 그 소속기관이나 평생교육기관 이외의 문자해득교육을 주된 목적으로 하는 비영리시설, 법인 또는 단체 등에서 운영하는 문자해득교육 프로그램
- 이 외의 교육감이 정하는 학교 밖의 비영리 교육시설에서 운영되고 있는 문자해득교육 프로그램

(3) 3유형: 평생학습도시

제3유형 평생학습도시는 시·군 및 자치구를 대상으로 기초자치단체장이 중심이 되어 지역의 평생학습 기반구축을 통해, 지역사회의 평생교육 지원을 위해 지정된 도시를 말한다. 개인의 자아실현과 경제적 여건 증진 및 사회 통합을 통해 개인뿐만이 아니라 도시 전체의 경쟁력을 높이고 누구든지, 언제, 어디서나 학습할 수 있는 도시재구조화운동이다. 평생학습도시는 지역사회의 모든 교육자원을 기관 간, 지역사회 간, 국가 간 연계시킴으로써 지역인재육성과 주민고용능력개발 등의 네트워킹 학습공동체를 형성하는 역할을 하고 있다(안흥선 외, 2011).

2020년 현재 표 4-3과 같이 전국 167개 시·군·구에 평생학습도시가 지정되어 평생교육 활성화를 위한 다양한 지원이 이루어지고 있다.

표 4-3 전국 평생학습도시 지정 현황

지역	계	지정도시(지정연도)
서울	18	관악구('04), 양천구('05), 성북구('05), 영등포구('06), 강동구('07), 강서구('07), 마포구('07), 은평구('12), 강남구('13), 금천구('13), 노원구('13), 도봉구('13), 서대문구('13), 송파구('13), 용산구('16), 중랑구('18), 구로구('18), 성동구('19)
부산	15	해운대구('02), 연제구('06), 사상구('07), 영도구('11), 부산진구('12), 금정구('13), 남구('13), 사하구('13), 서구('13), 기장군('14), 동구('16), 북구('17), 중구('17), 수영구('18), 동래구('19)
대구	4	달서구('05), 동구('05), 수성구('11), 북구('13)
인천	6	연수구('03), 부평구('05), 미추홀구('06), 남동구('11), 서구('14), 계양구('17)
광주	5	남구('05), 동구('06), 광산구('06), 북구('11), 서구('15)
대전	4	유성구('01), 대덕구('07), 동구('12), 서구('13)
울산	5	울주군('06), 중구('07), 북구('12), 동구('16), 남구('18)
세종	1	세종시('19)
경기	29	광명시('01), 부천시('02), 이천시('04), 수원시('05), 구리시('05), 안산시('06), 용인시('06), 시흥시('06), 평택시('06), 과천시('07), 안양시('07), 양주시('11), 포천시('12), 가평군('13), 군포시('13), 성남시('13), 양주시('13), 의왕시('13), 의정부시('13), 화성시('13), 고양시('14), 양평군('14), 연천군('14), 오산시('15), 여주시('17), 파주시('18), 광주시('19), 하남시('19)
강원	11	삼척시('06), 화천군('06), 강릉시('07), 횡성군('07), 동해시('12), 인제군('13), 평창군('13), 홍천군('14), 철원군('15), 영월군('16), 춘천시('18)
충북	8	청주시('04), 제천시('05), 단양군('05), 진천군('06), 옥천군('13), 음성군('13), 증평군('14), 충주시('15)
충남	13	금산군('04), 부여군('05), 태안군('06), 아산시('06), 서산시('06), 서천군('07), 천안시('07), 당진시('12), 홍성군('13), 예산군('14), 논산시('15), 공주시('16), 보령시('18)
전북	10	진안군('01), 전주시('04), 익산시('05), 김제시('06), 남원시('06), 정읍시('06), 군산시('07), 완주군('11), 부안군('17), 고창군('19)

지역	계	지정도시(지정연도)
전남	13	순천시('03), 목포시('04), 여수시('06), 광양시('06), 곡성군('06), 강진군('07), 영암군('07), 담양군('14), 화순군('15), 고흥군('16), 영광군('17), 완도군('17), 해남군('19)
경북	10	안동시('03), 칠곡군('04), 경산시('07), 구미시('07), 포항시('12), 경주시('13), 영주시('13), 청도군('14), 김천시('15), 의성군('17)
경남	13	거창군('03), 창원시('04), 김해시('05), 남해군('05), 양산시('06), 하동군('06), 진주시('07), 통영시('07), 창녕군('13), 합천군('14), 함안군('16), 밀양시('17), 산청군('17)
제주	2	제주시('02), 서귀포시('03)
합계	167	

출처 : 국가평생교육진흥원(2020).

(4) 4유형: 평생교육관련사업 수행학교

제4유형 평생교육관련사업 수행학교는 「평생교육법」 제19조에 의해 대학평생교육활성화지원사업, 지역과 함께하는 학교평생교육사업 등을 수행하는 유형이다. 주로 성인을 대상으로 재취업, 전환취업 프로그램, 학위·자격증 취득과정, 일반과정 등의 프로그램을 운영한다.

(5) 5유형: 평생교육시설 신고·인가 기관

① 학교부설 평생교육시설

학교부설 평생교육시설은 「평생교육법」 제30조에 근거하여 초·중·고등학교, 특수학교, 대학부설 평생교육원(산업교육원, 사회교육원)등의 유형이 해당된다. 주로 성인을 대상으로 취미 및 여가생활을 위한 일반교양 프로그램과 학위·자격증 취득과정, 일반과정 등의 프로그램을 운영한다.

② 학교형태의 평생교육시설

학교형태의 평생교육시설은 「평생교육법」 제31조에 근거로 한다. 공민학교, 고등기술학교, 방송통신고등학교(대학), 산업체 부설학교·특별학급, 산업·기술대학, 각종 학교(대학과정), 특수학교 등이 해당된다. 아동과 일부 성인을 대상으로 운영한다.

③ 사내대학형태의 평생교육시설

사내대학형태의 평생교육시설은 「평생교육법」 제32조를 근거로 운영된다. 기업체에 설치된 사내대학이 해당되며, 사업장의 근로자를 대상으로 직업 능력 개발, 학력인정 관련 등의 프로그램을 운영한다.

④ 원격교육형태의 평생교육시설

원격교육형태의 평생교육시설은 「평생교육법」 제33조를 근거로 운영되며, 사이버학원 및 사이버교육원이 해당된다. 전문특화교육, 직업·기술교육, 학력 인정 관련 교육, 외국어교육 등의 프로그램이 운영된다.

⑤ 사업장 부설 평생교육시설

사업장 부설 평생교육시설은 「평생교육법」 제35조를 근거로 운영된다. 백화점, 대형마트 등의 문화센터, 병원부설평생교육시설 등이 있다. 다수의 성인과 아동 일부를 대상으로 직업 능력개발 프로그램과 여가 및 교양교육과정을 운영한다.

⑥ 시민단체 부설 평생교육시설

시민단체 부설 평생교육시설은 「평생교육법」 제36조를 근거로 운영된다. 시민운동 연합, YMCA, 운동본부 등이 있고 시민사회의식교육과 교양문화교육 프로그램을 운영한다.

⑦ 언론기관 부설 평생교육시설

언론기관 부설 평생교육시설은 「평생교육법」 제37조를 근거로 운영된다. 신문사, 방송사의 문화센터 아카데미 등이 해당되며, 여가와 취미를 위한 일반교양과정, 자격증 및 전문직업 능력계발을 위한 전문과정 등의 프로그램을 운영한다.

⑧ 지식·인력 개발 관련 평생교육시설

지식·인력 개발 관련 평생교육시설은 「평생교육법」 제38조를 근거로 운영된다. 인력개발원, 인재개발원, 교육원 등의 기업체연수원이나 산업교육기관, 주부교실 등이 해당된다. 일반과정, 자격과정, 재취업과정, 산업교육 등의 프로그램을 운영한다.

2) 다른 법령상의 평생교육기관

다음은 「평생교육법」 외에 다른 법령에 근거하여 설치된 6유형부터 9유형의 평생교육기관에 대해 살펴보고자 한다.

(1) 6유형: 평생직업교육학원

제6유형에 해당되는 평생직업교육학원은 「학원의 설립·운영 및 과외교습에 관한 법률」에 근거하여 운영된다. 학원설립운영 등록 상 평생직업교육학원 형태로 등록되어야 한다. 학교교과를 가르치는 교습학원 형태는 인정되지 않는다. 직업·기술, 국제화, 인문·사회, 경영실무, 예능, 입시·검정·보충학습 등의 교육과정을 운영한다.

(2) 7유형: 기관형 평생교육시설

① 청소년교육관련 시설

「청소년기본법」에 의거하여 '국가 및 지방자치단체는 청소년시설을 설치·운영하여야 하며, 국가 및 지방자치단체 외의 자는 따로 법률이 정하는 바에 의하여 청소년시설을 설치·운영'할 수 있다. 청소년교육관련 평생교육시설에는 청소년지원센터, 청소년육성전담기구, 청소년수련시설, 청소년문화의 집 등이 있다. 청소년이 교육대상이며, 수련·교류·문화활동과 여가 및 취미교육 등을 실시하고 있다(안홍선 외, 2011).

② 여성관련 시설

여성관련 평생교육기관은 「여성발전기본법」에 근거한다. 대표적인 형태로는 근로여성을 대상으로 하는 여성인력개발센터와 일반여성을 대상으로 하는 여성발전센터, 여성(복지, 문화)회관 등이 있다.

여성인력개발센터는 여성의 직업 능력개발과 취업 정보 등을 제공하는 기관이다. 운영하는 프로그램으로는 창업 및 취업과정, 자격취득과 취미과정 등이 있다.

여성발전센터는 여성의 건전한 사회참여 유도와 직업능력 향상 등을 위해 설립되었다. 그리고 직업교육과 취업 및 부업 상담활동, 생활문화교실 등이 이루어지고 있다.

③ 노인교육 시설

「노인복지법」에 근거한 노인관련 교육기관은 노인교실과 노인복지(회)관이 있다. 노인교실은 60세 이상의 노인들이 사용할 수 있으며, 건전한 취미생활, 노인건강 유지, 소득보장, 기타 일상생활과 관련한 학습프로그램을 제공한다. 운영주체는 대한노인회 등의 노인단체, 종교단체, 정부와 민간단체 등이 있다.

노인복지(회)관은 노인의 복지증진에 필요한 다양한 서비스를 제공하는 것을 목적으로 한다. 노인 대상 취미생활 및 사회참여 활동 등의 각종 정보제공서비스, 건강증진 및 질병예방, 취미와 기능교실, 재가복지 정보 등을 제공한다.

④ 문화관련 시설 및 기관

문화관련 시설과 기관으로는 도서관, 박물관, 미술관 등이 있다. 문화체육관광부에서는 문화시설을 크게 공연, 전시, 도서, 지역문화복지, 문화보급 전수시설 등 문화공간분류표에 따라서 구분한다. 이 가운데 국민의 삶의 질 향상과 교육기회 확대를 위하여 문화 시설의 특징을 살린 다양한 평생교육 프로그램을 진행하는 문화 시설로는 도서관과 박물관 그리고 미술관이 있다(안흥선 외, 2011).

「도서관법」에 의한 도서관은 국가도서관, 공공도서관, 대학도서관, 학교도서관으로 구분되며, 문화, 교양, 취미 등의 평생교육 프로그램을 제공한다. 현재 많은 공공도서관이 「평생교육법」 시행으로 평생학습관으로 지정되어 운영되고 있다. 현재 우리나라의 도서관 현황은 **표 4-4**와 같다.

표 4-4 도서관 현황 (단위: 개수)

국가도서관	공공도서관	대학도서관	학교도서관	총계
5	1,096	460	11,655	13,216

출처: 한국도서관협회(2020).

박물관과 미술관은 「박물관 및 미술관 진흥법」에 따라 문화·예술의 발전과 문화향유 증진을 위한 자료의 수집·관리·보존·조사·연구·전시·교육 등이 이루어지는 시설이다. 예를 들어, 미술관에서는 어린이를 위한 미술교실, 명화와 함께 떠나는 미술사, 성인을 위한 명사특강, 전통염색교실, 자원봉사자교육 등의 프로그램 등을 운영한다.

⑤ 아동 관련 시설

「아동복지법」에 근거한 평생교육 관련 시설은 아동직업훈련 시설, 아동복지관, 지역아동센터 등이 있다.

아동직업훈련 시설은 만 15세 이상으로 아동복지 시설에 입소한 아동과 저소득층 아동에게 자립을 위해 필요한 지식과 기능 등을 지도하기 위해 운영되고 있다.

아동복지관은 지역사회 아동에게 건강한 심신의 발달과 복지서비스를 제공하기 위해 설치된 기관이다. 상담과 정서 및 인지발달을 위한 다양한 교육 프로그램 등을 제공한다.

지역아동센터는 아동의 건전한 심신의 성장을 위한 종합적인 복지서비스를 제공하는 것을 목적으로 운영되고 있다. 아동보호와 교육, 놀이와 오락, 보호자 교육, 숙제 및 생활지도, 예체능교육 등의 프로그램을 운영한다.

(3) 8유형: 훈련·연수형 평생교육시설

① 직업훈련기관

「근로자직업 능력개발법」에 따른 직업훈련기관은 국가·지방자치단체 및 대통령령으로 정하는 공공단체가 직업 능력개발훈련을 위하여 설치한 공공직업훈련시설과 직업훈련원·직업전문학교, 지정직업훈련기관으로 구분된다. 취업·창업 관련 교육과 자격증 취득과정, 기술교육 프로그램을 운영한다.

② 연수기관

「공무원교육훈련법」에 근거한 공무원연수기관도 평생교육시설에 속한다. 공무원의 가치관과 태도, 직무수행 능력 향상에 초점을 두고 조직의 생산성을 높이기 위한 다양한 프로그램 등을 운영한다.

일반연수기관은 「평생교육법」이 아닌 다른 법령에 근거하여 운영되는 기업체 연수원을 말한다. 기업체 교육훈련기관은 소속 임직원의 자질 및 직무 능력의 향상, 기업문화와 조직개발을 통한 생산성 향상, 기업의 창업정신과 비전 등을 교육하는 데에 목적을 두고 운영된다.

(4) 9유형: 시민사회단체형 평생교육시설

시민사회단체 형태의 평생교육기관은 정의로운 사회구현과 시민의식 고취 등을 목적으로 운영되는 시설을 말한다. 기관의 유형은 크게 「비영리민간단체 지원법」에 근거한 비영리민간단체, 전국문해·성인기초교육협의회, 한국평생교육학회 등이 있다. 비영리 사(재)단법인으로는 한국평생교육사협회, 한국문해교육협회가 있다.

「청소년기본법」에 근거한 청소년단체는 한국청소년연맹, 청소년단체협의회가 있다. 「여성발전기본법」에 근거한 여성회, 여성단체협의회가 있으며, 「노인복지법」에 근거한 대한노인회, 전국노인평생교육 단체연합회 등이 있다. 또한 NGO, YMCA, YWCA, 환경운동연합 등의 시민단체가 있다. 그 밖의 다른 법령에 의해 설치 운영되는 기관의 경우 반드시 법적근거와 평생교육사업 수행 여부의 확인이 필요하다.

2. 평생교육 실습기관의 현황

우리나라 평생교육기관의 유형별 기관수와 프로그램 수를 살펴보면 표 4-5와 같다. 평생교육백서(2020)에 따르면 원격교육형태, 지식·인력개발형태의 평생교육기관의 수와 프로그램 수가 다소 증가하는 양상을 보이고 있다. 전통적인 평생교육기관이었던 언론사는 축소되는 경향을 지속적으로 보이다가 2019년 소폭 증가하는 모습을 보이고 있다. 이와는 다르게 비형식 평생교육기관 유형 중 시민사회단체부설 평생교육시설 등은 규모가 축소되는 경향이 현저하게 나타나고 있다. 이러한 경향은 2014년 이전부터 지속적으로 나타나고 있는 현상이다. 평생학습관의 경우는 규모는 작지만 빠르게 성장하고 있는 것도 하나의 특징으로 볼 수 있다. 평생학습관의 성장은 지방자치단체의 평생교육기능이 확대되고 있는 측면을 보여주고 있다. 전국적으로 평생교육관련 시설과 프로그램이 수도권에 집중되고, 원격교육 중심의 학습자가 증가하는 현상은 단순히 바람직하다고 볼 수만은 없다고 할 수 있다. 그러나 코로나19 상황에서 비대면 평생교육을 위한 원격교육형태의 프로그램들의 확대는 새로운 기술을 빠르게 적용한 결과로 학습방법의 다양화라는 측면에서 긍정적인 것으로 볼 수 있다. 다만, 프로그램 수의 증가에 따라 수업의 질, 학습자 평가 등 원격교육의 질이 함께 유지되지 못하고 있는 것은 한계라고 할 수 있다.

표 4-5 평생교육기관 유형별 기관 수 및 프로그램 수 (단위 : 개)

구분	기관 수						프로그램 수[1]					
	2014년	2015년	2016년	2017년	2018년	2019년	2014년	2015년	2016년	2017년	2018년	2019년
총계	4,342	4,144	4,153	4,032	4,169	4,295	156,690	156,665	161,788	164,160	163,631	184,214
유·초·중학교 부설	9	9	6	5	6	7	44	45	57	73	47	46
대학(원) 부설	402	403	406	412	412	415	27,585	28,066	28,884	27,688	25,971	26,282
원격형태	883	903	927	949	1,012	1,041	56,705	60,351	60,917	65,656	64,223	81,878
사업장 부설	392	414	426	424	420	415	33,157	34,721	35,069	34,105	34,360	34,214
시민사회 단체부설	556	549	544	515	500	492	5,098	3,788	3,535	3,239	3,251	3,282
언론기관 부설	1,038	882	792	707	741	842	8,035	4,295	3,931	3,913	4,260	4,528
지식·인력개발 형태	669	626	608	579	586	595	9,059	8,887	8,749	8,583	7,975	8,985
시·도 평생교육 진흥원[2]	-	-	-	17	17	17	-	-	-	888	661	682
평생 학습관	393	358	444	424	475	471	17,007	16,512	20,646	20,015	22,883	24,317

1) 1개월 미만과 1개월 이상 프로그램이 모두 포함됨

2) 시·도평생교육진흥원 현황은 2017년부터 추가됨

출처: 국가평생교육진흥원(2020).

연구문제

1. 평생교육기관의 분류에 대해 설명해 봅시다.

2. 3대 평생교육 전담기구에 대해서 설명해 봅시다.

3. 평생교육 실습기관의 자격요건은 무엇인지 제시해 봅시다.

4. 평생교육 실습기관의 유형의 종류를 말해 봅시다.

5. 평생교육진흥원의 주요업무를 설명해 봅시다.

PART

03 뉴노멀시대의 평생교육 현장실습

CHAPTER 05

평생교육 현장실습 전 단계

제1절 평생교육 현장실습 체계 및 절차

1. 평생교육 현장실습 관련 개념 및 목적

'평생교육 현장실습'이란 평생교육 현장 적응력과 전문성을 지닌 인재양성을 위해 평생교육사 양성기관과 평생교육기관이 공동으로 참여하여 정해진 기간 동안 평생교육 현장에서 실습교육을 실시하고, 이를 통해 학점을 부여하는 제도를 말한다. 교과목 또는 과정을 이수한 뒤, 평생교육 현장에서 실제적인 활동에 참여하여 이론적으로 학습한 것을 적용해 보는 과정이다.

'평생교육사 양성기관'이란 평생교육사 양성을 목적으로 「평생교육법」에 따라 정해진 교과목을 개설·운영하는 대학 또는 학점은행기관을 말한다. '현장실습생'이란 양성기관에서 평생교육실습과목을 수강하며, 평생교육기관에서 현장실습을 신청·수행하는 학생을 말한다. '현장실습기관'이란 평생교육 현장에 대한 교육과 실습이 가능한 평생교육기관을 말하며, 현장실습운영에 관하여 양성기관과 현장실습에 대해 협약하고 실습을 수행한다.

평생교육 현장실습은 평생교육실습생을 현장에 투입하여 전문성을 발휘할 수 있도록 함으로써 평생교육 전문가를 양성하기 위함이다. 평생교육 이론을 현장에 적용해 봄으로써 현장의 모습을 이해하고 실천하는 평생교육 전문가로서 필요한 역량을 함양하고, 평생교육사로서 준비와 적성을 평가, 검증하는 기회가 된다.

2. 평생교육사 현장실습 진행과정

표 5-1 평생교육실습과목 진행표

실습과목개설: 담당교수 배정

⇩

<table>
<tr><td rowspan="6">사전교육
4주</td><td rowspan="2">1주</td><td>실습오리엔테이션</td><td>현장실습의 목적
실습지 선정과 서류점검
실습생의 자세와 책무
평생교육사의 역할과 직무이해
실습 진행과정의 설명</td></tr>
<tr><td colspan="2">수강생 전원 출석수업(1회 운영필수)</td></tr>
<tr><td>2주</td><td rowspan="3">실습세미나
(3주)</td><td>실습기관별 특성, 주요 실습내용 공유
실습매뉴얼·실습 진행과정의 이해 및 절차
평생교육사의 교육적 혁신과 가치</td></tr>
<tr><td>3주</td><td>실습기관별 내용분석
실습기관별 프로그램 분석
기관별 평생교육 현장 사례</td></tr>
<tr><td rowspan="2">4주</td><td>실습일지, 레포트, 출석부 작성지도
유관기관 방문 및 관련 행사참석추진
모의 프로그램 기획·제안서 작성</td></tr>
<tr><td colspan="2">실습세미나는 총 9시간(3회) 권장</td></tr>
</table>

⇩

<table>
<tr><td>현장실습
(20일/
160시간
이상)</td><td>4주
이상</td><td>현장실습
단계</td><td>지도교수 현장실습 방문지도
중간 및 최종 평가회 운영과 피드백
현장실습 프로그램 실행
유관기관 방문 및 관련 행사참석추진</td></tr>
</table>

⇩

<table>
<tr><td rowspan="2">보고 및
평가(2주)</td><td>1주</td><td rowspan="2">실습최종
평가회</td><td>실습생 실습과 유관기관 방문 결과발표
평생교육 현장실습을 위한 제언</td></tr>
<tr><td>2주</td><td>주요 실습내용 공유
실습최종평가 발표자료 분석·반영</td></tr>
</table>

⇩

실습생 평가(성적 산출)

⇩

평생교육사 자격증 신청

제2절 양성기관의 역할

1. 지도교수

평생교육실습 지도교수의 자격요건은 평생교육 관련 학과가 있는 경우는 해당학과의 전임교수 이상이어야 하고, 관련 학과가 없는 경우는 평생교육(유사전공)을 전공한 석사학위 이상을 소지하고 평생교육 관련과목 교수활동 또는 3년 이상의 평생교육현장에서 경험이 있는 자, 박사학위 소지자로서 평생교육(사)분야에서 2년 이상의 현장경험이 있는 자가 배치되어야 한다. 평생교육 유사전공은 주된 교육과정에 평생교육에 관한 내용을 삼고 있는 전공분야이다.

예) 평생교육, 지역사회개발, 산업교육, 사회교육, 인적자원개발, 교육학전공이다.

표 5-2 양성기관 지도교수의 역할

실습 전 단계	→	실습 전 단계	→	실습 전 단계	→	실습 전 단계
오리엔테이션	→	실습지 선정과 서류점검	→	실습생 자세와 책무	→	실습 진행 과정 설명

→	실습 실행단계	→	실습 실행단계	→	실습 실행단계	→
→	실습일지 확인	→	현장실습 관리	→	현장실습, 방문지도	→

실습 종결단계	→	실습 종결단계	→	실습 종결단계
실습평가회의	→	실습내용공유	→	실습최종평가

1) 선수과목 확인

실습 선수과목이란 현장실습을 나가기 전에 평생교육 필수 과목 중에 실습생이 반드시 이수해야 하는 과목을 의미한다. 실습 선수과목 이수를 하는 이유는 효율적인 현장실습을 수행할 수 있도록 기본적으로 습득할 수 있는 이론 및 기술 등 평생교육에 대한 기본적인 이해가 있어야 하기 때문이다(평생교육진흥원, 2009). 현장실습을 신청하기 전의 선수과목은 평생교육 필수과목 중 대학(교)은 평생교육실습을 제외한 4개 필수과목(평생교육론, 평생교육경영론, 평생교육방법론, 평생교육 프로그램개발)을 모두 이수한 후에 대학원은 필수과목 중 3개 과목을 이수한 후에 평생교육실습 과목을 수강신청할 수 있다. 지도교수는 선수과목의 이수 여부를 반드시 확인하여야 한다. 또한 현장실습기관의 유형이나 성격에 따라 현장실습을 실시하는데, 특정 과목이 주요 과제가 될 때는 해당과목 이수를 권장하고 있다. 예를 들어, 현장실습기관이 청소년수련관인 경우에는 선택과목 중에서 청소년교육론을 이수한 후에 실습을 나갈 수 있도록 권장한다.

2) 수강생 정원

실습지도교수의 수강생 정원은 1인당 최대 40명로 제한한다. 40명을 초과할 경우는 분반하여 담당하도록 한다.

2. 행정관리자

양성기관 행정관리자는 실습과목을 운영하는 데 필요한 행정적 업무뿐만 아니라 관련자료 및 정보를 제공하고, 실습생들의 실습종료 후 자료보관, 평생교육사 자격증 신청에 관한 안내를 해야 한다. 특히 평생교육사 자격증 교부일이 학위취득일과 다르기 때문에 실습지도교수는 실습 최종평가회 때 '평생교육사 자격증 발급 신청(국가평생교육진흥원, 2019)' 내용을 자세히 안내해야 한다. 그리고 행정관리자는 학교 홈페이지 공지사항에 관련 내용 탑재 및 안내로 실습생들이 자격증을 취득하는 데 어려움이 없도록 한다.

표 5-3 양성기관의 행정관리자 역할

실습 3개월 전	→	실습 2개월 전	→	실습 1개월 전	→
실습기관 공문접수		학생공지		실습의뢰 공문발송	
실습 2주 전	→	**실습 2주 전**	→	**실습 실행단계**	→
실습 진행과정 설명		평생교육 실습기관 확정		현장실습 협약체결	
실습 실행단계	→	**실습 종결단계**	→	**실습 종결단계**	
서류 취합		실습확인서 취합		자격증 신청	

1) 양성기관 행정관리자의 역할

양성기관의 평생교육 현장실습 추진단계는 실습 3개월 전은 평생교육 실습기관을 공문접수한다. 실습 2개월은 전 학생에게 공지하고 실습 1개월 전은 실습의뢰 공문을 발송한다. 실습 2주전에는 평생교육 실습기관이 확정된다. 그리고 실습지도, 현장실습 종료 후 실습학점 부여를 하게 된다.

(1) 실습기관 선정 및 배정 지도

실습준비를 위하여 실습생들에게 실습과 관련한 충분한 정보를 제공한다. 실습생의 실습요구와 부합되고, 실습기관 업무에 기여할 수 있도록 학교와 실습기관을 연결해 주는 것은 실습기관 업무에 기여할 수 있는 중요한 역할이다.

(2) 서류작성 및 발송

실습생을 실습기관에 위탁할 때는 실습에 필요한 모든 서류와 실습협조문을 준비하여 발송한다. 실습기관에 서류만 발송하기보다는 중간점검과 전화 등을 이용한 의사소통이 적절하게 이루어져야 한다. 사전에 실습생의 신상내역을 보내주고 실습비는 선지급하여 실습생의 입지를 확고하게 확보해준다.

(3) 실습일정 검토

실습의 시작, 종결 시기 등을 검토하고 확인한다. 그리고 실습지도교수로부터 사전지도를 받았는지 확인해야 한다. 실습일이 공휴일인 경우에는 기관지시에 따르고 시험기간 중의 일정에 대하여 자세한 정보를 미리 알려주어야 한다.

(4) 실습학점 확인

4주간의 실습과정을 종료하고, 실습과목의 학점 부여를 확인하여 최종결과를 등록한다.

(5) 실습기관에 대한 자체 평가실시

실습생의 현장실습 종료 후에는 실습기관에 대한 각각의 자체평가 과정을 거친 후 다음 실습기관의 선정 및 실습생 배치계획의 중요한 자료로 활용한다.

제3절 평생교육 현장실습생의 전 단계 준비

1. 실습생의 준비 사항

실습기관을 선정할 때에는 국가평생교육진흥원, 각 지자체 공공 평생교육기관의 홈페이지 모집공고를 검색해 보거나 담당교수와의 의논, 이미 자격증을 취득한 선배의 자문이나 추천 등의 도움을 받아 선정한 후 평생교육 실습기관으로 실습을 의뢰하도록 한다. 실습을 의뢰받은 평생교육 실습기관에서 실습수락을 결정한 후 실습의뢰 결과 회보서를 보내오면 평생교육실습신청서와 개인정보 수집, 이용 및 제3자 제공 동의서를 실습생의 양성교육기관에 제출한다. 학기가 시작되면 4주간의 사전교육과 평생교육실습, 2주간의 보고 및 평가를 거치며 실습과정이 마무리된다.

표 5-4 평생교육실습생의 실습 과정

실습 3개월 전	→	실습 2개월 전	→	실습 1개월 전	→
실습기관 검색		실습기관 선정		실습의뢰 공문발송	
실습 2주 전	→	**실습 2주 전**	→	**실습 전 단계**	→
실습기관 면접		평생교육 실습기관 확정		평생교육 실습신청서 제출	
실습 전 단계	→	**실습 실행단계**	→	**실습 종결단계**	
사전교육4주		평생교육실습		보고 및 평가2주	

1) 현장실습생의 역할

베스트셀러 『총·균·쇠』의 저자 재러드 다이아몬드(Jared Diamond) 미국 로스앤젤레스 캘리포니아대학(UCLA) 교수는 한국언론진흥재단이 개최한 '2020 저널리즘 주간'의 기조 강연에서 "코로나가 세계적으로 확산하고 있지만, 인류를 천천히 죽이고 있는 세 가지 문제와 비교하면 경증"이라고 말했다. 그는 기후변화와 자원고갈, 사회적 불평등을 인류의 3대 문제로 꼽았다.

인간의 탐욕으로 인한 자연에 대한 착취와 자원에 대한 과소비는 기후변화를 불러와 자연재해, 감염병 등을 촉발하였고, 자원고갈로 세계적인 경제 양극화를 가속화하고 있다. 게다가 사회적 불평등을 야기하고 있다.

UN은 지속 가능한 발전을 세계교육의 핵심가치로 선포하였다. 그러한 가치 아래 배움은 우리의 삶 속에서 이루어져야 하므로 교실과 더불어 자연환경, 지역사회, 공장, 농장, 도서관, 체육관, 실험실 등의 모든 삶의 현장에서 활성화되어야 한다. 그리고 교사를 비롯한 평생교육사 등의 교육 전문가는 자연운동가, 문화활동가, 사회활동가, 시민사회 전문가, 인간관계 전문가, 교과교육 전문가 등 다양한 분야의 사람들이 평생교육사의 역할로 적극 활동하고 참여하여야 한다고 독려하고 있다(김신일, 2020).

예비 평생교육사로서 현장실습생은 평생교육 현장에서 어떤 일을 어떻게 해야 하는지를 체득하게 된다. 평생교육사로서의 직무를 익히며 실습생으로서 적극적으로 참여해야 현장에서의 실질적인 경험을 얻을 수 있는 가능성이 높을 것이다. 현장체험이 실제적으로 이루어질 때 본인이 평생교육사로서의 적성과 자질을 갖추었는지 발견할 수 있다. 현장실습생의 역할은 평생교육사의 역할의 초심을 다지는 중차대한 시기이자 향후 자신의 지향점과 방향성을 제시하는 것이므로 사전에 반드시 염두에 두어야 한다.

① 성공적인 평생교육 현장실습을 위한 사전준비 내용을 확인한다.
② 예비 평생교육사로서 수행할 역할과 내용, 방법에 대한 이해를 숙지한다.
③ 성실한 자세로 실습에 임하며 현장실습 경험을 통해 얻은 것을 깊이 성찰하고 개선해 나간다.
④ 평생교육현장에서 다양한 직무를 담당하고, 이해하고 익히는 것보다 실습을 왜, 어떻게 해야 하는가에 대한 실습생으로서의 기본자세와 마음을 갖는다.

⑤ 평생교육사는 평생학습상담, 평생교육수업, 평생교육기관경영, 지역학습 촉진, 평생교육기획의 직무영역을 담당한다.

⑥ 평생교육사는 교수자, 학습촉진자, 지역코디네이터의 역할, 조직구성원으로서 프로그램 기획 및 개발자, 관리행정가, 변화촉진자, 네트워크 조정자로서의 역할을 한다.

⑦ 평생교육사는 프로그램개발 전문가로서 과정전문가, 학습설계전문가, 내용전문가, 협상전문가, 의사결정전문가로서의 역할을 한다.

⑧ 평생교육사로서의 자신의 핵심가치를 정립한다.

2) 현장실습생의 자세

현시대의 흐름은 성인기와 노년기의 주기가 과거와는 현저히 다르게 점점 길어지고 있고 직업세계와 디지털 생활혁명 세계에서 습득해야 할 평생에 걸친 학습과제를 받아든 상태이다. 따라서 성인의 학습에 대한 무관심이나 배우는 일정한 시기가 존재한다는 고정관념을 평생교육사 스스로 탈피해야 한다. 또한 평생교육사 자신이 성인교육자로서 성인을 가르치는 교수자라는 마인드보다는 학습자와 함께 배우며 성장하는 파트너십의 관계성을 이해하는 것도 중요하다. 이미 학습자와 교수자의 경계가 파괴되고 있음을 인지해야 한다. 그러면 평생교육인으로서 어떠한 자세를 품어야 할까? 먼저 자기 자신에게 근본적인 질문부터 하여야 한다. 나는 과연 평생학습인이라고 할 수 있는가? 이 질문에 대한 해답은 나 스스로 찾아야 한다. 내가 일하는 분야는 내가 찾아야 제대로 깨칠 수 있기 때문이다.

(1) 기본적인 실습자격 요건 구비

첫째, 컴퓨터 활용능력과 한글 문서작성이 가능하도록 해야 한다. 실습을 수행하는 데 있어 컴퓨터 활용과 문서작성은 기본이며 필수이다. 실습생 중(특히 나이가 있는)에는 컴퓨터 활용능력이 낮아 진도를 따라가는 데 어렵고, 한글 문서작성이 불가능하여 실습일지를 수기로 쓰는 사람이 있는데, 이는 본인뿐만 아니라 동료실습생 그리고 실습지도자가 실습을 운영하는 데 큰 영향을 미친다.

둘째, 실습과목을 제외한 필수과목(4과목)을 충실히 공부하자. 어느 기관은 필수과목(4과목) 성적증명서를 요구한 기관도 있다. 이는 실습과목 신청자격 여부 확인 또는 필수이론 과목을 얼마나 충실히 공부하였는지를 파악함으로써 실습생의 평생교육에 대한 이해와 실습수행의 성실도를 알기 위함이다.

셋째, 실습생 거주지와 실습기관과의 교통은 편하고 접근성(근거리)이 좋아야 한다. 하지만 도시 변두리, 농촌 및 산간지역에 소재한 실습기관(가나안교육원, 불교평생교육원 등)을 꼭 가야 하는 경우는 대중교통이나 도보가 불편하므로 자차를 이용할 수 있도록 대비한다.

넷째, 실습기관 혹은 기관유형에 따라 특별히 실습자격 조건을 요구하는 경우가 있으므로(특별히 평생교육 프로그램 개발에 능력이 있거나 기타 관련 자격증이 있는 자, IT/SW관련 경력자 등) '평생교육 프로그램 개발론' 과목을 수강할 때 다양한 프로그램을 접하고 또 직접 프로그램을 개발해 보도록 한다. 이는 실습과정 중 모의 프로그램 개발 때 도움이 되며, 전공 및 기타 자격증 취득자는 실습에서 자신의 역량과 전문성을 더욱 높일 수 있는 기회가 된다.

다섯째, 배움과 경험을 즐거워하자. 이는 실습에 필요한 기본적인 자세와 능력을 갖춤으로써 가능하다. 일반적으로 실습기관에서 제시하는 실습생 자격요건에서도 실습생들이 갖춰야 할 가장 기초적이면서도 기본적인 자세와 능력을 갖추는 것이 중요함을 알 수 있다.

여섯째, 기타 시간엄수, 용모단정, 성실하고 관련 업무충실, 실습목표의 명확성 및 달성 의지가 있어야 한다. 이는 실습에 필요한 가장 기본적이고도 필수적으로 갖춰야 할 요건이며, 그렇지 못한 경우 최종실습을 마치기가 어렵다.

(2) 시대적 요구를 파악하는 혜안 필요

현재 우리는 인류문명의 대 전환 시기를 관통하고 있다고 해도 과언이 아니다. 세계적인 팬데믹(pandemic) 현상은 문명의 변화를 더욱 가속화시키고 있다. 세계 주요국들은 학습사회 건설을 시대적 과제로 설정하고 적극적으로 정책을 개발하며 받아들이고 있다. 왜 그럴까? 서구 선진국들은 산업혁명의 기폭제가 학습활동이었음을 이미 간파하였다. 이후 정보화 사회, 지식기반 시대, 최근에 4차 산업혁명에까지 이르면서 산업·경제·교육의 연관성을 중시하며 국가중심, 학교중심에서 학습자중심으로 이동하였다. 그러나 예상하지 못했던 코로나 시국의 언택트(untact), 뉴노멀(New Normal)시대를 맞아 기존의 교육시스템으로는 현재의 변화된 상황을 대응할 수 없음을 더욱 절실하게 인식하게 되었다. 코로나 사태가 지속되면서 사회 안전의 요구는 강력해졌고 비대면 온라인수업으로 대체되면서 혼돈스러운 시간을 보내고 있다. 학생들은 가정에서 유튜브나 인터넷 플랫폼에서 정보를 얻고 학습하게 되었다. 일부 학자들은 교육의 표준이 바뀌었다고 평한다(최재붕, 2020). 그러면서 공교육에 대한 신뢰와 의존도가 무너지는 속도가 더욱 가속화되고 있다. 다행히 백신이 개발되어 코로나 사태가 종식이 된다 해도 더 이상 기존의 교육 지배방식의 우월성을 표명할 수 없을 것이다. 이제 획일적이고 경직된 교육제도와 학교교육의 한계를 벗어나 우리의 학습일상은 자율적이고 자기주도적인 학습활동이 대세가 될 것이다. 이것은 현재 실제로 이루어지기도 하였다. 오픈소스로 지식을 공유하고 학습하며 실생활의 필요 시 즉시 적용하여 '코로나 나우'라는 사이트를 개발하고 스마트폰 '코로나 맵'이나 코로나 알리미를 개발하여 공익에 기여하였기 때문이다. 개발자들은 SNS커뮤니티를 통해 배워 실력을 키웠다고 하니 이제 배움에 있어 새로운 방식과 신인류가 탄생했다고 보아야 한다.

코로나 이후 감염병, 기후변화, 자연생태계, 병원 및 의료, 건강문제, 사회문제에도 관심이 많아졌다. 이전에 겪어보지 못한, '코로나 세대'의 출현으로 학생들은 진로나 장래희망 직업이 변하기도 하였다(이정연 외, 2020). 이제 학교교육은 더 이상 그대로 유지가 어려워졌다. 시대에 뒤떨어진 교육개혁은 더 빠르게 이루어질 것이다. 전통적인 학교교육을 거부하고 평생학습자로서 자신들의 고유한 학습방식을 터득해 나갈 것이다.

평생학습시대가 이미 도래했지만 평생학습의 중요성은 더욱 강렬해지고 있다. 일부 서구 유럽에서는 평생학습의 의무화까지 거론되고 있는 실정이다(김신일, 2020). 코로나 사태가 인류에게 가져온 현재의 비극은 위기와 기회의 두 가지의 화두를 던지고 있다. 유럽은 코로나의 강타로 인한 생명의 안전과 경제라는 위드 코로나(with covid)의 시대로 전환하려는 움직임을 보이고 있다. 코로나의 영향이 우리 생활 어디까지 영향을 미치고 얼마만큼 바꾸어 놓을지 예측할 수 없는 안개 속의 상황이다. 이러한 변화의 추세에 따라 교육은 늘 개편되어야 한다. 평생교육은 바로 이러한 새로운 교육 패러다임을 실천할 수 있는 새로운 대안이다. 평생교육의 실천적 조건은 사회 패러다임의 변화에 대한 인식을 직접 반영하는 교육이어야 한다(이상오, 2020).

모든 일은 결국 사람에 대한 이야기이고 사람의 변화, 특히 학습은 행동의 변화를 일으킬 수 있는 동력을 제공해야 하는데 그 주체는 바로 평생교육사가 될 수 있다. 아니 되어야 하는 당위성이 대두되었다. 평생교육사로서 포스트 코로나시대에 자연스럽게 변화하는 시대적 흐름과 요구에 발 빠르게 대처하는 방향 전환의 자세가 촉구된다. 평생교육사의 이러한 자세는 더욱 중요한 화두가 되었다.

(3) 평생교육사로서 정체성 확립

개인의 자의식과 독특성, 더불어 평생교육인으로서 가져야 할 학습에 대한 가치관, 사람에 대한 존중, 사고의 기본적인 통합과 지속성을 인식해야 한다. 내가 무엇을 알고 모르는지를 아는 메타인지의 제고는 내가 과연 누구이고 무엇을 할 수 있는지 어떤 방향성을 가지고 어느 길로 나가야 하는지 객관적으로 판단할 수 있는 능력이 있어야 부족한 것을 빠르게 메우고 발전할 수 있다. 이것은 현재의 유튜브 크리에이터나 인플루언서로 명명된 창조적 컨텐츠 개발자들과 마찬가지로 평생교육사도 이러한 역량을 가질 것을 요구받고 있다. 코로나 사태 이후 생활의 패턴이 확연히 달라지고 미래 유망산업과 직업의 선호도가 달라지고 있기 때문이다. 특히 ICT기술 분야와 의료 헬스케어 분야의 선호가 두드러지고 있다. 이에 따라 향후 모든 생활의 판도가 바뀔 것으로 예측하고 있다. 따라서 평생교육사의 자세도 기존의 평생교육사로서 고정된 역할에서 벗어나 새로운 시대가 요구하는 자신만의 확실한 브랜딩이 필요하게 되었다. 결국 평생교육사는 먼저 자기혁명의 주역이어야 한다.

(4) 평생교육사로서 능동적 의미 부여

평생교육은 인본주의를 학문의 근간으로 삼는다. 또한 성인교육의 주요 학습이론 중 자기주도학습은 현재의 코로나 시국과는 어떠한 연관성을 갖는가? 자기주도학습은 스스로 학습계획을 세우고 학습수준, 학습속도, 학습평가까지 전개한다. 스스로 찾아서 학습하는 현재의 트렌드와 학습방식이 맞아 떨어지는 접점이다. 자기주도학습은 주로 성인학습자에게 두드러지게 나타나는 학습 스타일이나 경향성인 것으로 인식하다가 특정 세대의 어린 학습자 등 누구라도 가지고 있는 학습 본능임을 감지하고 모두의 자기주도학습 능력을 인정하게 되었다. 현재의 어린 아이도 머신러닝과 딥러닝을 통하여 다양한 첨단기술을 익힐 수 있는 시대인데 그러한 원초적인 바탕은 어디에서 기인되었을까? 부모가 아이에게 어떠한 영향을 주었을까? 어려서부터 어떠한 학습의 경험이 있었을까? 추측컨대 근간에는 요람에서 무덤까지 수직적, 수평적 통합의 평생학습의 튼튼한 기반이 있었다고 믿는다. 또한 다양한 분야의 인재출현을 우리 사회는 또 어떠한 방식으로 수용할 것이고 대우할 것인가? 이러한 문제에서 향후에 평생교육의 근본이념이 뿌리 내려 튼튼하게 곧게 서고 정책적·제도적 지원과 기존의 형식교육과 차별이 없을 때 우리가 원하는 학습사회의 실현이 가능할 것이다. 이 토대를 누가 만들어야 하는가? 바로 동시대를 살아가는 우리 세대가 해야 하고 평생교육인들이 큰 축을 마련하는 데 기꺼이 동참해야 한다.

기존의 것들이 사라진 자리에서 사람들은 절망의 신호를 보내는 동시에, 새로운 교육을 만들어낼 수 있는 희망의 싹도 틔우고 있다. ICT 분야의 능통한 새로운 인류의 출현은 예전에 비해 훨씬 더 교육의 변화에 유연하고, 교육복지에 대한 요구가 강하며, 코로나 이후 사회 전반에 관심이 높아졌다는 사실이 확인된다(이정연 외, 2020). 또한 경험과 여가시간 활용의 격차가 심해졌으며 비대면사회를 살아갈 학생들에게 시민의식 및 자기주도적 학습능력 함양을 위한 교육정책이 절실하게 되었다. 학교교육이 교육격차 해소의 역할을 해야 하나 갑자기 닥친 재앙은 준비할 시간이 없었기 때문에 이마저도 어렵게 된 실정이다. 이 부분을 평생교육에서 결핍을 채워야할 책임이 부여된 것일 수도 있다. 앞으로 세계시민으로서 생태환경, 의료, 위생보건 교육, 금융지식, 직업진로, 생애설계 등의 각성과 인식이 더욱 중요하게 떠오르고 있기 때문이다. 따라서 이러한 연유로 코로나 사태로 자신의 배움터와 일터의 상실에서 벗어나 위기를 기회로 전환하여 자신의 일에 의미부여의 강력한 주문이 필요한 시기이다.

(5) 평생교육사는 개인의 고유성 존중

이제는 기존의 교육의 수혜적이고 수동적인 차원을 벗어나 사람들이 제도에 적응하기보다 제도가 사람들의 다양성을 존중하는 방식으로 인식되어야 한다. 그동안 한국사회를 지배한 학벌도식이 아니라 실제능력으로 평가하는 시대가 도래 하였다. 한국사회를 이러한 방향으로 이끌어 가기 위해 제도교육에 대한 맹목적 의존에서 벗어나 현장의 학습과 경험의 가치를 인정하고 이를 자격과 학위에 연결하는 학습인증제 등을 발전시켜야 한다. 이것은 서구 선진국이 이미 2010년대에 들어와 실행하며 담당조직 정비, 재정, 절차, 지원 구조, 후속 조치, 법적기반 등에 대한 논의가 활발해졌다. 프랑스, 이탈리아, 네덜란드, 덴마크, 스위스 등 유럽 국가들은 다양한 비형식(nonformal), 무형식(informal)학습결과를 노동시장이 인정하고 활용할 수 있도록 전문기관이 인증하는 제도를 발전시키면서 운영하고 있다. 즉, 공적학습과 사적학습의 경계를 허문다는 것이다. 이것이 21세기 세계적 추세다(김신일, 2020). 이러한 원인을 자극 삼아 한국사회는 평생학습국가로서 선제적이고 유연한 혁신이 있어야 한다.

항상 혁신에서 중요한 점은 사람들의 개념과 인식의 확고함이다. 그리고 그것은 무엇보다 사람에 대한 존중과 이타심에서 나온다. 평생교육사는 배움, 학습, 평생학습에 대한 기본이념과 철학을 심도 있게 사유함으로써 본능적으로 학습을 즐기는 인간에 대한 애정을 더 깊게 새겨야 한다. 평생교육사는 타인의 상황을 꼼꼼히 챙기는 사람이다.

현대사회는 익명성과 소외가 일상화되었다. 코로나가 몰고 온 팬데믹 현상과 뉴노멀로 전개되어 언택트(untact)에서 온택트(ontact)로 급속도로 전환되는 디지털시대인 현재는 더욱 그러하다. 교수자와 학습자, 학습자와 학습자 간의 상호작용과 교감(rapport) 형성이 어느 때보다도 절실하다. 평생교육사는 가슴 속에 항상 사람과 학습의 의미를 간직해야 하는 사람이다.

3) 현장실습생의 준수 사항

표 5-5 평생교육 현장실습생의 준수 사항

- 실습의 목적과 중요성을 이해하고 실습계약을 이행하기 위해 최선의 자세로 실습에 임한다.
- 실습교육기관의 구성원으로서 타 구성원과 협조적인 태도를 취한다.
- 기관의 정책을 수용하여 실습과정 중에 준수한다.
- 근무시간은 기관의 규정에 의해 직원과 동일한 자세로 근무시간에 실습한다.
- 실습시작 시간 최소 10분 전에 출근하여 업무에 관계된 사항을 미리 챙긴다.
- 근태 관련 사항은 실습지도자에게 사전에 알리고 허락을 받는다.
- 실습으로 알게 된 타인의 사적정보를 교육목적 외에는 발설, 이용하지 않으며 개인의 비밀이 침해되지 않도록 한다.
- 필요 시 실습 전 실습생 서약서를 작성한다.
- 실습지도자의 지도, 타 기관 방문 및 견학 시 진지한 태도로 배운다.

• 실습기관의 직원, 학습자 등에 대해 예의를 지킨다.
• 복장, 소지품 등은 실습기관의 특성, 상황에 맞게 단정하게 착용한다.
• 안전사고와 관련된 규정을 반드시 숙지한다.
• 실습일지 등의 실습기록은 사실에 근거하여 작성하고 실습지도자와 실습지도 교수의 지도를 받는다.
• 과제물은 정해진 기일에 제출한다.
• 실습기간 내 실습을 끝내야 하며 4주간 160시간 이상 실습한다.
• 실습 종료 후에는 실습일지를 지도교수에게 반드시 제출한다.

출처: 오혁진 외(2019).

4) 기타 유의사항

실습기관의 안전관리 기준준수, 무단결근, 중도포기, 등 유의사항을 안내한다. 다음 사항이 있을 경우 반드시 양성기관의 관련학과(관련 부서)에 연락을 취해 조치될 수 있도록 교육시켜야 한다.

① 무단결근한 경우
② 학생 개인사정으로 중도포기하고자 하는 경우
③ 현장실습 중 상해나 부상을 당하는 경우
④ 실습기관의 실습내용이 계획과 달리 단순 업무, 복사 등의 허드렛일을 시켜서 조치가 필요한 경우
⑤ 현장실습기간 중 기물을 파손하는 경우 등

2. 현장실습기관의 선정

1) 현장실습기관의 사전 점검

실습생 모집공고를 살펴보면 평생교육기관이 실습생 모집공고 후 실습생의 신청, 접수를 받는다. 사전공지를 통해 실습가능 지역 및 실습가능자에 대한 안내를 한다. 현장실습기관을 선정한 후 실습과 관련한 전화 문의를 통해 궁금한 내용을 해소하고 정확한 내용을 확인하여 차질이 없도록 한다. 문의 전화나 방문 시 예의를 갖추고 정중한 자세로 임해야 한다.

평생교육 현장실습 진행에 따른 행정절차나 각종 관련 첨부서류를 확인하여

준비한다. 모집 후 선발 시 서류전형, 면접 등을 실시하므로 이력서 및 자기 소개서를 구체적이고 성의껏 작성하며 필요에 따라서 면접 준비도 미리 해둔다.

또한 더불어 생각해야 할 요소가 자신에 대한 분석이다. 자신이 무엇을 하고 싶고, 무엇을 할 수 있으며 하고자 하는 이유를 파악하는 것은 매우 중요하다. 자신에 대한 성찰이 이루어질 때 나의 관심 영역, 평생교육사로서의 바람직한 역할수행, 향후 진로계획이나 희망 취업기관 선정에 있어 방향성을 확고히 할 수 있다.

이러한 일련의 과정을 통해 실습기관이 자신의 성향과 맞는지 파악하고 현장실습에서 무엇을 배울 것인지에 대한 태도와 평생교육사로서의 자질을 함양할 수 있을 것이다.

(1) 평생교육사 자격관리 홈페이지 분석

평생교육사 자격관리 홈페이지(lledu.nile.or.kr)에서는 표 5-6과 같이 평생교육 실습생을 모집 중인 실습기관의 정보, 실습관련정보, 실습지도자에 대한 정보를 확인·분석할 수 있다. 전국 244개의 실습기관 목록이 업로드되어 있다.

표 5-6 실습기관정보(예: ○○직업전문학교)

실습기관정보	
기관명	○○직업전문학교
기관유형	훈련·연수형 교육기관 > 직업훈련기관
소재지	서울시 ○○구
기관대표전화	○○○-123-1234
홈페이지	http://****com/
담당자	△△△/담당자 전화번호: 000-111-1234
이메일	choigoda@n***.com
실습정보	
실습시간	~수시
모집기간	~수시
실습운영정보	주중, 주말, 주간, 야간 중 택일

상세운영정보	월~금 주 5회, 주말 토요일만 가능 (09:00~18:00)
모집인원 및 실습비	2명 / 100,000원
모집방법	이메일 및 전화상담 방문
실습자격요건	컴퓨터 문서작성가능자
실습지도자정보	
평생교육사 자격급수	2급
평생교육 업무담당 경력	직업학교 운영 및 관리 프로그램 개발

출처: 평생교육사 자격관리(2020). https://lledu.nile.or.kr/practice/recruit.(2020.11.30. 검색)

(2) 실습기관별 보유 실습교육 프로그램 분석

실습기관별로 보유한 실습교육과정 프로그램은 평생교육사 자격관리 홈페이지에 소개된 실습기관정보 혹은 학교에서 제공한 실습기관 목록을 중심으로 표 5-7을 참고로 하여 각 기관의 주요 실습 프로그램이 무엇인지를 확인하고 실습생 자신의 전공이나 관심이 있는 프로그램이 있는 기관을 선택하면 된다.

표 5-7 서울, 경기, 기타지역 평생교육 실습기관의 주요 실습프로그램

지역	기관명	유형	주요 프로그램	비고
서울	영등포구 감사하는 사람들 평생교육원	5유형	노인활동지도사 프로그램(노인의 심리와 노인문제, 노인우울, 노인생활만족 등), 치매예방 인지훈련 프로그램	요양보호사직무교육기관 지정 (주)감사하는 사람들 평생교육원 지역본부로서 노인복지(요양보호사)와 평생교육 운영
	영등포구 한국잡지 교육원	5유형	직업훈련 교육 프로그램(취재기자 양성교육, 언론기자 보수교육, 글쓰기 등)	(사)한국잡지협회 부설 평생교육시설
	송파지역 사회교육 실천본부 부설 평생교육원	9유형	부모교육 프로그램, 부모교육 강사과정, 자녀지도, 인문/문화교육 프로그램	각종 교육기관 및 단체의 지역사회교육활동 후원 및 발전, 다양한 프로그램 추진으로 주민, 가정, 학교, 지역사회와 연계하여 지역사회의 성장과 발전에 이바지

지역	기관명	유형	주요 프로그램	비고
	영등포구 한우리 독서문화 운동본부	9 유형	독서지도사양성과정, 논술지도사양성과정 프로그램, 독서·토론·논술분야 전문교육 실시, 독서대학 운영, 평생교육 프로그램의 개발 및 운영	독서운동을 통해 국민의 지성과 교양 배양, 문화시민의식 계발
	마포구 서울지역 사회교육 협의회	9 유형	부모교육(애니어그램을 통한 아홉 빛깔 가족 성격 이해 프로그램), 아동·청소년교육(미술 멘토링 등), 시민교육, 예절다도교육, 학습동아리, 지역사회학교(지역사회교육, 학교평생교육, 학교안전사업 등) 프로그램	해당지역 교육지원청 관내 교육복지특별지원학교와 연계하여 다양한 교육복지 및 평생교육 프로그램 운영(특히 부모와 자녀가 함께하는 프로그램 다수 운영)
경기도	경기 HRD평생 교육원	5 유형	부모교육 및 산모 신생아 건강관리사 프로그램	특히 남자 실습생들은 아빠들을 위한 육아교육이 될 수 있음
	아주복지 문화평생 교육원	5 유형	복지문화평생교육원, 요양보호사교육원, 다문화복지/재가복지관련 자격증 프로그램 및 지도자양성 프로그램	자격증 및 지도자 양성을 위한 다양한 프로그램 운영
	행복가정 평생교육 센터	5 유형	청소년 부모 진로지도 코칭 프로그램, 방과후아동지도사, 웃음치료심리상담사, 노인심리삼담사, 자살예방상담지도사 등	방과후지도사 및 각종 상담사 과정 프로그램 운영
	한국 다문화 복지협회	7 유형	결혼이민자대상 한국어교육 프로그램, 다문화대안학교 프로그램, 사회통합 프로그램(한국어교육+문화) 등	다양한 다문화관련 프로그램 운영
기타 지역	천안 여성인력 개발센터	9 유형	직업 능력개발훈련, 취업지도교육 및 취업상담, 직업상담사, 커피바리스타, 미용기능사, 요리사자격증, 코딩지도사 등 프로그램	여성인력개발센터로 다양한 자격증 프로그램 운영

지역	기관명	유형	주요 프로그램	비고
	충남보령 평생 교육원	5 유 형	자격증 취득 관련 프로그램 운영(에니어그램, 학교폭력 및 범죄예방, 진로상담, 직업 상담, 심리상담, 학습코칭, 다문화가정 지도 등 프로그램)	기관자체 프로그램과 도교육지원청의 프로그램을 위탁받아 운영하며, 평생교육사, 사회복지사, 보육교사, 건강가정사 자격증 관련 프로그램 운영

출처: 기관별 홈페이지 재구성.

2) 현장실습기관의 선정 조건

평생교육 현장실습가능기관 조건은 기본적으로 다음과 같다.

(1) 현장실습가능기관 여부 확인

첫째, 기관설립 법령 근거를 확인하여 「평생교육법」상에 근거한 기관인지 「평생교육법」이 아닌 다른 법령에 근거한 기관인지 여부를 판단한다.

둘째, 「평생교육법」상의 평생교육기관이나 「평생교육법」상에 근거한 기관일 경우 실습이 이루어질 수 있다. 실습가능 기관의 유형은 국가평생교육진흥원, 시·도평생교육진흥원, 시·군·구평생학습관, 문자해득교육 프로그램 지정기관, 성인문해교육 지원사업 선정기관, 평생학습도시, 평생교육 관련사업 수행학교, 국가·지자체 평생학습 추진기구, 평생교육시설 신고·인가 기관 등의 유형에 해당하는 기관일 경우 실습이 가능할 수 있다.

셋째, 평생교육시설 신고서나 평생교육시설 지정서 등으로 기관설립 법령 근거를 확인한다.

넷째, 「평생교육법」상이 아닌 다른 법령상에 근거하여 설치된 곳은 평생교육 관련 사업을 수행하는지의 여부 확인이 중요하다. 「평생교육법」상이 아닌 다른 법령상에 근거하여 설치된 평생직업교육학원, 기관형 교육기관(주민자치기관, 문화시설기관, 아동관련시설, 여성관련시설, 청소년관련시설, 노인관련시설, 장애인관련시설, 다문화가족관련시설, 사회복지시설), 훈련·연수형 교육기관(공공직업훈련시설, 지정직업훈련기관, 공무원연수기관, 일반연수기관), 시민사회 단체형 교육기관(비영리민간단체, 비영리 사(재)단법인, 청소년단체, 여성단체, 노인단체, 시민단체) 등의 유형인 경우 평생교육 관련사업을 수행하는지 여부 확인이 중요하다.

다섯째, 기관설립 법령 근거와 기관 홈페이지, 기관설치 운영조례나 사업계획서, 기관 홈페이지 등을 확인하여 평생교육 관련 사업수행을 하고 있는지 여부를 판단한다.

여섯째, 그 밖에 다른 법령에 의한 기관은 반드시 해당 설치·운영 법적 근거와 평생교육사업을 수행하는지에 대한 여부를 확인한다.

(2) 실습생 배치여건 확인

① 현장실습이 가능한 기관으로 법령상으로 판단되더라도, 실습생을 배치할 만한 여건인지 여부를 확인한다.

② 평생교육기관의 특성을 사업 및 프로그램 운영에 반영하고 있는 기관이어야 한다.

③ 실습생의 보건·위생과 안전을 보장하는 기관이어야 한다.

④ 실습생의 현장교육과 실습지도가 가능한 기관이어야 한다.

(3) 재직기관에서 실습하는 경우

① 타 부서에서 실습을 진행해야 한다.

② 근무시간 내 실습 진행 시 자신의 업무수행 내용이 그대로 현장실습으로 인정되는 것은 아니며, 근무시간과 실습시간은 명확히 구분되어야 한다.

(4) 현장실습으로 인정 불가인 경우

① 외국소재 기관에서 현장실습한 경우

② 2개 이상의 기관에서 현장실습한 경우

③ 평생교육사 자격증과 다른 자격 취득을 위한 현장실습이 중복된 경우

④ 직장(현장) 체험, 사회봉사 등 단기 체험활동이나 인턴(단기 근로자 형태)을 수행한 경우

제4절 평생교육 현장실습기관의 역할

평생교육기관은 수용인원, 실습가능 일정과 실습 지도자(평생교육사)의 지도역량과 업무량 등을 파악하여 실습 가능여부와 일정을 파악한 후 실습이 가능하면 공고를 내고 실습생을 신청받아 평생교육사로서의 평생교육 현장실무 능력 배양을 위한 실습기관의 주된 역할은 다음과 같다. 사전실습계획 수립, 실습생 선발, 지도, 교육, 출결관리, 평가실시의 역할을 수행한다.

표 5-8 현장실습기관의 역할

실습 전 단계		실습 전 단계		실습 전 단계	
실습가능여부 파악 현장실습 연간계획	→	실습지도자배정 실습생 모집공고 실습세부계획수립	→	실습의뢰서 접수 실습생 면접	→
실습 전 단계		**실습 전 단계**		**실습 진행단계**	
실습생확정 결과 회보서 발송	→	현장실습 협약서 체결	→	실습일정 합의조정 오리엔테이션	→
실습 실행단계		**실습 실행단계**		**실습 종결단계**	
실습 프로그램 실행과 운영	→	일지작성 실습지도자 피드백	→	실습 총괄평가 평가서	

1. 현장실습기관의 역할

평생교육 현장실무 능력배양을 위한 실습기관의 주된 역할은 다음과 같다. 사전실습계획 수립, 실습생 선발, 지도, 교육, 출결관리, 평가실시의 역할을 수행한다.

첫째, 평생교육 현장실습이란 평생교육 현장에 대한 감각과 전문성을 겸비한 인재양성을 하기 위해 평생교육사 양성기관과 평생교육기관이 함께 평생교육 현장에서 정해진 기간 동안 실습교육을 마친 후 이를 통해 학점을 부여하는 제도이다.

둘째, 평생교육 현장실습은 정해진 선수교과목을 이수한 뒤, 160시간 동안 공인된 평생교육기관에서 이루어지는 평생교육활동을 위한 모든 과정이다. 즉, 기획, 분석, 설계, 실행, 평가의 전 과정을 참관 및 참여하는 과정이다. 이 과정 동안 평생교육전문가로서 실무기능을 익히게 한다.

셋째, 평생교육사 양성기관은 평생교육사 양성을 목적으로 「평생교육법」에 따라 정해진 평생교육사 자격관리 교과목을 개설하고 운영하는 대학이나 학점은행기관을 말한다.

넷째, 현장실습기관은 평생교육 현장에 대한 교육과 실습과정이 가능한 평생교육기관을 말하며 현장실습운영에 대하여 양성기관과 현장실습에 대해 협약하고 실습을 수행할 수 있다.

다섯째, 현장실습생은 양성기관에서 평생교육실습과목을 수강하고 평생교육기관에서 현장실습을 신청하고 수행하는 학생이다.

여섯째, 평생교육 현장실습은 대학(원), 학점은행기관, 시간제등록대학 등의 양성기관에서 운영하는 관련과목을 이수하고 일정학점 이상을 취득한다.

1) 평생교육 현장실습 운영여건 검토

(1) 실습운영 기준 파악

현장실습기간은 최소 4주(최소 20일, 총 160시간) 이상 실시하게 된다. 현장실습시간은 1일 최대 8시간(9:00~18:00), 주 5회(월~금)의 근로시간 40시간 내에 진행한다. 실습의 효과성을 높이기 위해 실습기관 근로환경과 같은 여건에서 실습하며 실습기관 상황과 여건에 의해 실습시간은 조정이 가능하다. 평생교육 현장실습 운영지침에 의하면 실습지도자 1명당 실습생은 5명 이내인지 확인한다.

(2) 현장실습 운영여건 파악

평생교육기관에서 현장실습을 시킬 수 있는 수용인원과, 실습일정, 실습지도자(평생교육사)의 지도역량과 업무량 등을 파악하여 현장실습의 가능여부와 일정을 확인한다.

2) 실습계획 수립

실습지도가 가능한 수용인원과 일정을 결정하고, 실습 주요 내용을 파악한 후 일반적인 실습계획을 수립한다. 실습 계획서에는 실습기간(일정)과 실습내용, 인원 및 모집 방법, 선발 방법 등을 구체적으로 기록하여 실습계획 결재를 맡는다.

표 5-9 평생교육 현장실습운영 계획서

I. 실습운영 목적

- 예비 평생교육사가 현실에 맞고 체계적인 실습을 통해 평생교육현장 이슈를 이해하도록 한다. 특히, 평생교육기관의 특성을 이해하고 운영방식과 주요업무를 파악하고, 교육, 진행, 기획, 상담 등 다양한 실무기술을 익힌다.

II. 실습운영계획

- 실습기간

회차	기 간	시 간	실습 지도자
1	2021. 03. 02(화) ~ 03. 29 (월)	9:00 ~ 18:00	○○○
2	2021. 04. 01(목) ~ 04. 28 (수)	9:00 ~ 18:00	○○○
3	2021. 04. 29(목) ~ 05. 28 (금)	9:00 ~ 18:00	○○○
4	2021. 05. 31(월) ~ 06. 25 (금)	9:00 ~ 18:00	○○○

- 실습 인원: 회차별 5명
- 실습생 모집 방법: 홈페이지에 홍보 후 면접 선발함
- 실습내용: 기본업무 70%, 특별업무 30%

담당	실습내용
기본 업무	1) 교육지원업무: 기자재 등 준비, 수강생 안내, 사진 촬영 등 2) 교육 프로그램 안내업무: 전화, 내방객 3) 운영업무: 교육운영 모니터링, 교육 참관 및 교육평가 4) 분석업무: 프로그램 설문 조사 및 결과 분석 5) 홍보업무: 기관 및 단체 웹 포스터 업로드, 단체 방문, 관계 기관 홍보물 발송, 비치 등
특별 업무: 개인 프로젝트(미션은 추후 확정)	

III. 향후 계획

- 실습생 모집공고 및 선발: 2021. 02. 04. ~ 02. 20
- 실습운영: 2021. 03. 02 ~ 06. 30

2. 현장실습체제 구축

1) 실습지도자 자격

실습기관은 실습생을 지도·관리해야 하는 실습지도자 자격요건을 다음 중 하나에 해당하는 자로 선정하여 실습생관리 및 실습지도 등을 실시한다.

① 평생교육사 1급 자격증 소지한 자

② 평생교육사 2급 자격증을 보유하고 관련업무에 2년 이상 종사한 자

③ 평생교육사 3급 자격증을 보유하고 관련업무에 3년 이상 종사한 자

※ 자격증 취득 이전 경력도 관련업무 경력으로 인정

2) 실습지도자 직무 및 업무

(1) 실습희망자 사전 면담

실습생이 실습참여를 위한 준비가 되어 있는지 실습지도자는 사전에 점검한다. 실습생의 준비정도가 좀 더 된 사람을 선정하게 된다. 사전면담에서는 실습희망자의 적성, 교육적 필요, 능력수준 등의 사항들을 확인한다.

(2) 실습지도자 배정과 지도일정 확인

실습기관에 평생교육사는 실습지도를 전담하게 해야 하지만, 그렇지 못할 경우는 관련 업무와 실무능력이 가장 근접한 직원을 실습지도자로 배정해야 한다. 이 과정에서 실습지도자는 평생교육사 실습운영매뉴얼을 참고하여 실습운영지도계획을 수립한다. 실습지도자는 배정받은 실습생에게 동영상과 책자, 지도안 등을 준비해서 기본업무와 특성 등을 설명해 주고 과제는 사전면담 자료에서 파악한 내용을 기초로 부과하며 4주간 실습생에게 적당하게 할당해 주어야 한다. 이때 지도안은 실습생이나 실습지도자가 탄력적으로 활용할 수 있도록 체계적이고 실질적으로 작성하는 것이 바람직하다.

실습희망자들 중 현실적인 여건을 고려하여 일부에 대하여 실습을 허가한다. 실습을 불허하는 경우는 두 가지로, 실습에 참여할 준비가 되지 않은 실습희망자의 경우는 준비사항에 대하여 안내해준다. 평생교육실습에서 실습희망자를 기관의 여건상 다 받을 수 없는 경우에는 다른 기관을 소개해 주어야 한다.

3. 현장실습운영의 프로그램 기획

1) 프로그램 기획의 특성

평생교육 프로그램 기획은 평생교육 프로그램 개발에서 매우 중요한 단계이자 평생교육기관의 생존을 위해 실시하는 핵심적인 요소이다. 평생교육 프로그램 기획은 다음의 특성을 가진다(김진화, 2001).

첫째, 프로그램 기획은 평생교육기관의 설립이념 및 목적을 실천해 나가기 위한 교육 프로그램을 준비하는 것으로 미래지향적인 활동이다. 그러므로 미리 계획하고 준비함으로써 현대의 불확실성시대에 대비할 수 있다.

둘째, 프로그램 기획은 전문적인 관리기법이 필요한 영역이다. 따라서 평생교육 프로그램 개발의 전문화된 분야로 전문적 경험과 지식이 필요하다.

셋째, 프로그램 기획은 평생교육기관이 살아남기 위한 필수적인 활동이다. 불확실하고 급속한 사회변화에 능동적으로 대처하여 발전하기 위해 실시한다.

넷째, 프로그램 기획을 통해 평생교육기관은 운영을 지속시킬 수 있다. 평생교육기관에서 프로그램은 기관의 흥망성쇠와 존폐 여부를 결정짓는다. 기획을 실시함으로써 미래 평생교육기관의 운영방향에 대한 준비가 이루어지므로 한정적인 자원의 효율적인 배분과 운영의 합리화를 모색할 수 있다.

다섯째, 프로그램 기획은 정보수집과 분석, 요구측정 및 분석, 평가의 전 과정을 포함한다. 학습의 주체인 학습자의 구체적인 요구가 반영되고 현실에서 실현될 때 효과적인 프로그램 진행이 가능하다.

여섯째, 프로그램 기획은 의사결정 과정으로 협력적인 특성을 갖는다. 프로그램 개발 과정에 참여하는 관련자들의 협력과 통합적인 화합 노력이 필요하므로 교육기관의 수평적, 파트너십의 조직문화가 중요하다.

2) 프로그램 개발 시 고려 사항

① 독창성: 프로그램 개발할 때 차별화된 독특성이 있어야 한다.

② 전문성: 평생교육 분야에 대한 지식과 경험을 가지고 있어야 한다.

③ 체계성: 일정한 원리에 의해 합리적인 프로그램의 구조가 짜임새 있게 구성되어야 한다.

④ 실현성: 한정된 자원의 효과적 활용, 프로그램 운영기간, 비용 등이 실제

적으로 수행 가능해야 한다.

⑤ 다양성: 인종, 세대, 계층, 연령, 성별, 종교, 문화, 트렌드 등의 다양한 개인적, 사회적 양상을 반영하여야 한다.

⑥ 목적성: 프로그램 개발을 통해 교육 프로그램에 참여하는 학습자에게 목적한 바를 성취할 수 있도록 하는 것이 중요하다.

3) 프로그램의 타당성 확보

평생교육 프로그램 개발에 있어 조직이나 개발자가 프로그램 기획을 수행할 때 확보해야 할 타당성 확보 과정에 대한 사항은 다음과 같다(Boone et al., 2002).

① 수요자의 진정한 요구를 파악한다.

② 파악한 요구를 충족시킬 수 있도록 맞춤형 프로그램을 설계한다.

③ 프로그램을 효과적으로 실시하기 위한 교육 체계를 마련한다.

④ 프로그램의 영향력을 결정하기 위한 구체적이고 실현 가능한 평가체계를 개발한다.

⑤ 많은 사람들에게 프로그램의 결과가 알려질 수 있도록 효과적인 홍보 전략을 개발한다.

⑥ 평생교육기관과 프로그램이 신뢰를 받을 수 있도록 비전, 사명, 교육철학을 확고히 한다.

4) 현장실습의 운영 프로그램의 실제

현대의 첨단과학 기술혁명, 생활수준 향상, 의학기술의 발달 등으로 인간 수명이 연장되었고, 고령화시대에 접어들게 되면서 노인인구 비율이 높아지게 되었다. 이와 동시에 치매노인들의 인구 또한 자연 증가하여 사회문제로까지 인식되고 있는 추세이다. 특히 도시보다 촌락은 노인인구만 남게 되어 노인인구 편중현상이 심각한 실정이다. 현재는 고령사회로서 2026년에는 초고령사회를 목전에 두고 있다. 노인인구의 증가로 인해 주변의 노인시설을 찾고 건강한 여가생활을 영위하려고 하는 어르신들도 증가하고 있다. 이에 각 지자체에서는 노인의 개인별 진단과 맞춤형 운동처방 등 운동을 통한 치매예방 시스템을 구축하기 위해 치매예방을 위한 다양한 프로그램 개발·운영사업을 추진하여 노인종합복지관, 경로당 등을 이용하는 노인의 인지영역과 생활습관 관리까지 포함한 다양한 치매예방 프로그램을 제공하려는 움직임이 활발하다. 치매속도를 완화하거나 치매예방에 도움을 주는 프로그램은 미술치료 프로그램, 음악치료 프로그램, 심리적 안정 프로그램, 신체운동 프로그램 등으로 전반적인 생활의 생동감 증진, 뇌기능 향상, 신체활동 유도 효과 등을 수반하고 있다. 이러한 프로그램은 서로 유기적으로 연결되어 있고 한 가지 활동만으로도 복합적인 효과가 나타날 수 있다.

또한 프로그램 참여 전후 비교분석을 통한 효과성 검증 및 참가자의 지속적 실행여부에 대한 추적관찰을 진행하기도 한다. 치매 관련 유관 평생교육기관, 복지관 등에서 활용할 수 있는 치매예방인지 및 운동 프로그램 매뉴얼을 개발하거나 어르신들이 쉽게 따라할 수 있도록 신체운동 영상물을 제작하며, 치매예방 정책세미나를 개최하기도 한다. 이러한 고령화의 흐름에서 앞으로 노인교육 프로그램에 전반적인 활성화가 주목되고 있다. 또한 더욱 강력해지는 국제화의 추세로 세계 공용어인 영어의 중요도와 관심은 여전히 유효하며, 수요가 지속적으로 증가하고 있다. 현재 코로나 시국에서는 평생교육 현장에서 기존의 교육 프로그램의 실행에 어려움을 겪고 있으나, 감염병 예방의 문제해결이 가시화되면 향후 다시 활발히 진행될 것이다.

기존의 인식은 노인을 교육대상으로만 생각해왔지만 이제는 노인의 교육주도성 역량을 간과하지 않아야 할 것이다. 지성을 가르치는 교수자이자 동시에 배우는 학생이 되는 다중성의 성향을 내포한 노인학습자의 출현과 증가가 예측되고, 일상생활에서의 영어의 일반적인 사용과 다문화시대로의 진입 가속화, 국제적 한류문화 위상고양 등으로 민간의 교류가 더욱 활발해지고 있다.

평생교육기관에서는 지역의 인구통계학적 분포 특성과 교육대상 탐구, 생활환경 및 여건, 지역주민의 교육 프로그램 필요요구, 교육장소로서의 적합도와 접근성, 교육인프라 및 인력 등을 고려하여 다양한 특화 프로그램을 운영할 수 있다. 교육 프로그램의 주간, 월간 및 연간지도 계획을 수립하여 교수요목과 학습계획을 설정한다. 교수요목은 누구나 접근하기 수월한 내용에서 점진적으로 발전하여 학습목표에 도달할 수 있도록 구성한다. 성인교육은 선행경험을 중시하므로 실제 일상의 생활경험과 연계되고 활용할 수 있는 교육내용을 고려하여 구성하는 것이 바람직하다.

따라서 현시대의 추세와 지향적 특성, 학습자의 흥미나 관심사가 무엇인지 면밀히 파악해야 한다. 교육대상의 생애주기, 심리사회적 특성, 개인의 현재 상황적 특수성 등을 섬세하게 아우르는 처치들이 필요하다. 학습자들은 자아실현 및 소기의 목적을 가지고 참여하므로 자신의 의사를 자유롭게 표현하고, 자신의 성과물을 발표할 수 있는 기회를 부여하며 스스로 선택할 수 있도록 한다. 학습자의 요구를 경청하여 실현가능한 의견을 수렴하고 수업운영의 융통성을 발휘한다면 학습자가 수업에 적극적으로 참여할 가능성이 높아진다. 학습자의 의견을 반영하면 프로그램의 완성도를 보완하고 수요자의 요구에 한층 더 부합할 수 있는 여건이 조성된다. 이러한 종합적인 내용의 고려를 통해 프로그램을 개발하고 운영에 직접 참여해보는 전반적인 기회를 현장실습기간 중에 갖는다면 실제적인 습득경험이 될 것이다.

다음은 평생교육기관에서 현장실습 프로그램의 개발 및 운영 시 고려할 사항이다.

① 평생교육사 현장실습운영여건 및 기반 조성을 통해 자율적 참여의욕을 고취한다.
② 전문지도가 가능한 경험이 많은 실습지도자를 배치한다.
③ 평생교육사의 교육을 위한 전용공간이나 자리를 지정하여 활용하고 실습 편의를 제공한다.
④ 평생교육 현장실습생 모집의 홍보방안 및 활동을 강화한다.
⑤ 평생교육사의 학습효과를 높이기 위한 질 높은 프로그램을 개발한다.
⑥ 평생교육사로서 실무에 유용하게 적용할 수 있는 실습내용을 편성한다.
⑦ 각 평생교육기관만의 특성이 반영된 프로그램에 실습생이 주도적으로 참여할 수 있는 기회를 부여한다.
⑧ 지역의 유관기관과 협조하여 지역사회의 인적·물적 자원을 충분히 활용하도록 한다.
⑨ 평생교육 6대 영역 분류 체계인 기초문해교육, 학력보완교육, 직업능력교육, 문화예술교육, 인문교양교육, 시민참여교육에 부합하는 프로그램의 개발에 힘쓴다.
⑩ 실습경비의 합리적 최소화로 비용의 부담을 완화한다.

4. 실습생 모집

1) 실습생 모집선발

실습생 모집은 공적인 기관에서는 홈페이지를 통한 공개모집을 주로 하고, 민간 평생교육기관에서는 홈페이지 광고, 지인소개, 입소문을 통해 홍보되는 경우가 많다. 실습생들은 다양한 경로를 통해 정보를 확보하여 지원한다. 실습생 수용은 평생교육기관만의 고유의 특성이 있으므로 실습생 선발 시 평생교육 분야의 연관성을 고려한다. 따라서 예비 평생교육사인 실습생이 적극 본인의 장점이 드러나도록 신청서, 프로파일, 자기소개서를 작성한다.

(1) 실습 진행 절차 파악

① 실습기관에서 실습생 모집계획을 대학이나 학생들에게 알린다.
② 실습 신청자는 실습신청서류를 실습기관에 접수한다.
③ 실습기관에서는 평가(사전 면담 등)를 통해 실습생을 선발한다.
④ 실습의뢰 양성기관(대학)에서는 실습의뢰서 공문을 실습기관에 발송한다.
⑤ 실습기관은 실습의뢰 결과 회보서를 통한 실습의뢰 수락서를 발송한다.
⑥ 실습기관과 대학은 실습에 따른 협약을 체결한다.
⑦ 실습을 진행한다.
⑧ 실습기관은 실습종료 후 실습결과를 평가하고, 평가서를 양성기관에 발송한다.

기관에서 실습모집이나 홍보를 하지 않아도 실습을 희망하는 학생이 실습을 신청하는 경우, 실습신청자와 사전면담 후 실습계획을 수립하고, 실습을 실시할 수 있다.

(2) 실습생 모집공고

실습생 모집방법에는 모집공고를 기관 홈페이지나 오프라인 게시판 등에 게시하는 것이 있다.

첫째, 평생교육사 양성기관에 실습운영계획을 알리고 실습생을 모집하는 방법이다. 평생교육사 양성기관의 목록을 준비하고 실습계획이 수립되면, 대학에 공문을 발송하거나 양성기관의 담당자에게 이메일을 발송하여 실습생을 모집한다.

둘째, 홈페이지 등 지역홍보를 통해 실습생을 모집하는 방법이다.

셋째, 대학 또는 실습예정자의 요청에 의한 방법이다. 대학이나 학생이 직접 실습을 의뢰하는 경우로 실제적으로 학생이 요청하는 사례가 많다. 기관의 여건에 따라 실습여부를 결정한다.

모집 공고에는 실습일정, 실습인원, 신청방법 등을 구체적으로 명시해야 한다. 특히 실습신청서, 자기소개서, 성적증명서 등 실습기관에서 제시하는 서류를 확정하여 실습신청자가 준비할 수 있도록 한다.

2021. 평생교육 현장실습 안내

은평구평생학습관에서는 예비평생교육사들이 평생교육의 이론과 지식을 실제 현장에서 경험하여 평생교육사의 자질과 역량을 함양할 수 있도록 다음과 같이 현장실습을 운영합니다.

-- 다 음 --

가. 프로그램명 : **평생교육 현장실습 '평생교육사 첫 걸음'**
나. 접수기간 : 상시접수
다. 면접일시 : 개별통보
라. 실습기간 : 6월~12월(월~금, 10:00~18:00, 4주 160시간)
마. 대상 : 평생교육사 자격증 취득 과정 15학점 이상 이수자 0명
바. 인원 : 0명 내외 선발(개별 통보)
사. 제출서류 : 실습신청서, 자기소개서, 성적증명서(평생교육 관련과목이 포함된 증명서)
아. 신청방법 : E-mail, 방문신청(오시는 길 홈페이지 참고)
(E-mail, eplearning@eplearning.or.kr)
자. 문의 : ☎ 070-8933-9907(http://edu.eunpyeong.go.kr)

그림 5-1 **실습생모집공고 사례**

출처: 은평구 평생학습관.

(3) 실습생 선발요건

실습생과 사전면담, 평가 등을 통해서 실습생을 선발한다. 실습신청자가 많을 경우 실습생선발을 위한 평가기준을 수립하여 평가한다. 실습생선발 평가자는 실습담당자와 책임자 등 1~3명 정도로 구성한다. 평가기준으로는 평생교육 관련 과목이수 여부, 실습에 대한 필요성 인식, 의지, 성실성, 평생교육에 대한 마인드, 사무기초능력 등을 포함할 수 있다. 평가는 서류와 면접평가로 할 수 있다.

표 5-10 실습생 선발 평가표(예시)

평가 내용	평가 요소	배점(100점)
기본요건	평생교육 관련 과목이수요건 충족 여부	35
성실성	서류, 자기소개서 작성 등	15
평생교육 지식	평생교육 개념, 이수과목에 대한 지식	15
실습의지	실습기관에 대한 이해, 실습 열의	15
사무능력	컴퓨터 활용능력(한글, 엑셀, 파워포인트)	10
의사소통능력	의사전달능력 등	10

(4) 실습생 선발 확정

실습생 선발 결과를 공고하거나 유선으로 통보하고, 선발된 실습예정자에게는 사전면담 일정을 잡아 알려 준다. 실습예정자와 사전면담을 통해서 실습일정과 실습내용에 대해 협의하여 실습생과 실습기간, 실습시간에 대해 협의하고 실습일정을 확정한다.

5. 현장실습 프로그램 운영 사례

1) 기초 생활영어 프로그램

좋은 프로그램을 운영하기 위해서

첫째, 전공지식과 배경지식, 풍부한 직무경험을 활성화·확장하여 기획하고 운영한다.

둘째, 실습기관이 속해 있는 사회문화적 환경 여건을 고려하며 학습대상자의 특성 및 상황에 따라 정한다.

셋째, 프로그램 홍보는 온·오프라인을 이용하고 성인학습자임을 고려하여 출퇴근시간에 맞춰 전단지 홍보, 특히 평생교육 바우처 제도를 이용한 교육 프로그램이라면 국가지원사업 공고가 잦은 교육기관 근처의 동사무소를 이용한 홍보계획을 작성한다.

넷째, 프로그램 예산(지출과 수입)을 편성하는 데 학습자가 지불할 수 있는 교육비(자기부담금)만으로 교육 프로그램에 필요한 전체 예산을 충당하기 어렵다. 이에 평생교육 바우처 제도 활용, 영어교육을 지원하는 교육재단과 정부산하 영어교육지원사업단에 후원을 요청하여 필요한 비용을 충당하는 것으로 예산계획을 수립하여 운영하였다.

표 5-11 평생교육 프로그램 운영: 기초 생활영어 프로그램

<table>
<tr><th>분야</th><td>인문교양교육</td><th>담당자</th><td>○○○</td></tr>
<tr><th>프로그램명</th><td>기초 생활영어 프로그램</td><th>대상자</th><td>평생교육 바우처 제도를 이용하여 기초 영어회화를 학습하고자 하는 성인</td></tr>
<tr><th>프로그램 개발 필요성</th><td colspan="3">1. 정규교육과정을 통해 정해진 영어 교과목을 모두 이수하였음에도 불구하고 우리나라 성인 영어학습자들은 습득한 영어지식을 소리 내어 발화해 볼 수 있는 기회가 현저히 적어 머릿속 생각을 영어로 소리 내어 말할 수 있는 충분한 기회가 필요하다.
2. 막대한 학습 비용을 지불했음에도 효과적이지 못한 단순 암기의 방식으로 습득한 영어지식은 시간이 지남에 따라 망각 기억이 될 가능성이 높아 꾸준한 발화 훈련을 통해 장기기억으로 유지할 필요가 있다.</td></tr>
<tr><th>목적</th><td colspan="3">1. 성인 초급 영어학습자들의 영어 말하기에 대한 자신감을 높인다.
2. 성인 초급 영어학습자들이 장소와 상황에 따라 영어로 자신의 생각을 전달해보는 기회를 제공한다.
3. 반복된 훈련을 통해 영어 커뮤니케이션을 체화한다.</td></tr>
<tr><th>목표</th><td colspan="3">1. 성인 초급 영어학습자들의 자신감을 높여 영어발화 능력을 증진한다.
2. 기초 단계에서의 생활영어를 반복하여 훈련함으로써 중급 생활영어 수준으로 도약할 수 있는 기초를 다진다.</td></tr>
<tr><th>프로그램 주제</th><td colspan="3">상황에 따른 영어회화 훈련으로 영어표현을 훈련하고 스스로 발화할 수 있는 기회를 통해 자신감을 증진하여 영어회화 지식을 체화한다.</td></tr>
<tr><th>프로그램 일정</th><td colspan="3">2021. 05. 01~2021. 07. 31
(매주 화요일/목요일 15~16시, 3개월, 총 24시간)</td></tr>
</table>

<table>
<tr><th>프로그램 정원</th><td colspan="4">학습자의 영어 발화에 대한 교정을 상세히 전달하기 위해 수강인원 20명으로 제한</td></tr>
<tr><th rowspan="2">평가 방법</th><th colspan="2">성과목표</th><th colspan="2">산출목표</th></tr>
<tr><td colspan="2">1. 주어진 객관적 사실을 상대방이 이해할 수 있는 수준에서 설명할 수 있는가?
2. 상대방의 질문을 듣고 발화자가 말하고자 하는 요지를 정확하게 파악할 수 있는가?
3. 상대방의 질문을 듣고 본인의 의견을 적절하게 답변할 수 있는가?
4. 본인의 의견을 스스럼없이 자신 있게 소리를 내어 말할 수 있는가?</td><td colspan="2">1. 5W1H 6하 원칙에 따라 영어로 소리를 내어 사실을 간단하게 설명한다.
2. 상대방이 말한 내용을 듣고 화자가 말하고자 하는 요지를 파악한다.
3. 상대방의 질문을 듣고 학습자 개인의 의견을 전달할 수 있다. 단, 초급 단계의 학습자임을 고려하여 상대방을 적극적으로 설득하는 능력은 평가하지 않는다.
4. 발화량을 늘리기 위하여 AI 음성인식 기술을 기반으로 개발된 온라인 영어 콘텐츠를 학습한 다음 학습결과에 대한 피드백을 받는다.</td></tr>
<tr><th rowspan="10">세부 프로그램 진행</th><th>주</th><th colspan="2">내용</th><th>시간</th></tr>
<tr><td>1주</td><td colspan="2">프로그램에 대한 오리엔테이션
- 교육일정, 강사소개, 활용 프로그램 이용방법
- 영어로 학습자 본인 소개하기
- 과제: 원어민 1차 레벨테스트 후 결과지 제출</td><td>60분</td></tr>
<tr><td>2주</td><td colspan="2">자기소개하기
- 상황에서 활용할 수 있는 어휘, 패턴 연습
- AI 음성인식 프로그램을 활용한 모의 다이얼로그 훈련(*2주~23주, 각각 30분씩 동일: 어휘, 패턴연습/모의 다이얼로그 훈련)</td><td>60분</td></tr>
<tr><td>3주</td><td colspan="2">가족소개하기</td><td>60분</td></tr>
<tr><td>4주</td><td colspan="2">취미에 대해 이야기하기</td><td>60분</td></tr>
<tr><td>5주</td><td colspan="2">주말 계획 이야기하기</td><td>60분</td></tr>
<tr><td>6주</td><td colspan="2">좋아하는 인물 설명하기</td><td>60분</td></tr>
<tr><td>7주</td><td colspan="2">본인의 성격 설명하기</td><td>60분</td></tr>
<tr><td>8주</td><td colspan="2">이번 주 날씨 설명하기</td><td>60분</td></tr>
<tr><td>9주</td><td colspan="2">감정 표현하기</td><td>60분</td></tr>
</table>

		10주	좋아하는 음식 설명하기	60분
		11주	[중간평가] 원어민 2차 레벨테스트 진행	60분
		12주	좋은 습관과 나쁜 습관 설명하기	60분
		13주	감사와 사과하기	60분
		14주	기쁨과 기대감 전달하기	60분
		15주	걱정 이야기하기	60분
		16주	지난 주말 경험 이야기하기	60분
		17주	기억에 남는 영화 공연, 이야기하기	60분
		18주	기억에 남는 여행지 추천하기	60분
		19주	과거의 실수 이야기하기	60분
		20주	요청하기	60분
		21주	제안하기	60분
		22주	정보얻기	60분
		23주	충고하기	60분
		24주	[종료평가] 원어민 레벨테스트 3차	60분
예산(원)	지출	교재비	AI음성인식 활용 프로그램 이용비 (15,000원 /사용자당*학습자 20명)	30만
		강사비	- 어학실 집체교육 강사료 (7만 원/회당*24회) - 원어민 레벨테스트 원어민 튜터 수업료 (4,000원/회당*학습자 20명*3회)	192만
		홍보비	- 출근시간대 지하철역 앞 주요 버스정류장 부근 전단지 배포(3회, 60만 원) - 네이버 지역 맘카페 배너 광고 집행(2주간, 100만 원) - 지역노인사회복지시설 공문발송/관내 관공서 홍보 진행(40만 원)	200만
	수입	수강료	○○구청 어학교육 지원사업	100만
		지원비	사단법인 △△인재육성재단 후원	100만

2) 기초 생활영어 프로그램 운영 사례 원칙

기초 생활영어 프로그램 표 5-11의 학습목표는 성인 초급영어학습자들의 영어발화 능력 증진과 기초단계에서의 생활영어를 반복 훈련함으로써 자신감을 높여 중급 생활영어 수준으로 도약할 기초를 다지기 위한 프로그램이다.

기초 생활영어 프로그램을 실행·운영하는 데 요구되는 원칙은 다음과 같다.

첫째, 학습대상자 특성을 고려한다. 평생교육 바우처 제도를 이용하여 수강하는 성인으로서 기초생활수급자 및 차상위계층의 성인이 우선되어야 한다.

둘째, 프로그램 활용 대상자를 넓힌다. 즉, 주요 학습대상자가 기초생활수급자 및 차상위계층의 성인이지만, 일반성인 및 초·중등학생을 위한 프로그램으로도 활용될 수 있도록 한다.

셋째, 프로그램 운영시간을 확대한다. 평일에 시간이 없는 성인들을 위해 평일 오후 외에 오전과 야간, 주말반으로 확대 운영함으로써 학습의 지속적인 효과를 거둘 수 있도록 한다(현재 프로그램은 평일에 3개월 동안, 주 2회 오후 3시~4시 총 24시간 진행).

넷째, 프로그램을 지역사회의 관련기관과 연계하여 운영한다. 지역사회의 연계(방과 후 공부방, 지역아동센터, 지역청소년센터, 다문화교육기관, 평생교육기관, 사회복지관, 문화센터, 도서관 등)는 지역사회가 학습대상자의 계속적인 학습을 위한 환경으로 학습의 전이를 촉진하고, 지역사회의 자원을 활용함으로써 효과적인 학습이 발생하기 때문이다.

다섯째, 영어교육을 지원하는 교육재단과 정부산하 영어교육지원사업단의 후원과 연계협력을 통해 프로그램을 운영할 수 있다.

연구문제

1. 현장실습기관을 선정할 때 고려해야 할 내용에 대해 설명해 봅시다.

2. 실습기관의 주된 역할에 대해 설명해 봅시다.

3. 평생교육 현장실습생의 역할과 자세에 대해 설명해 봅시다.

4. 자신이 살고 있는 지역사회의 평생교육기관에 대해 설명해 봅시다.

5. 평생교육 프로그램 기획 시 고려해야 할 사항에 대해 토론해 봅시다.

CHAPTER 06

평생교육 현장실습 진행단계

제1절 양성기관의 역할

제2절 실습기관의 역할

제1절 양성기관의 역할

1. 지도교수

양성기관의 실습과목을 운영하는 실습지도교수의 역할과 책임은 사전교육으로 현장실습을 위한 오리엔테이션, 현장실습 방문지도, 중간 및 최종평가회 운영과 피드백, 실습최종평가 발표자료 분석·반영, 향후 평생교육 현장실습을 위한 제언 등이다. 실습지도교수의 책무는 평생교육사의 정체성 형성을 위해 평생교육사의 직업적 책무, 전문성 연마와 평생교육사의 교육적 감식안을 키우는 교육적 혁신과 가치에 헌신하며, 지속가능한 학습공동체와 공익적 문제해결을 위해 이해관계자 간 소통을 장려하는 것이다.

실습생의 현장실습 전, 실습지도교수는 '오리엔테이션'에서 평생교육사의 직무·실무 이해, 실습기관별 특성, 주요 실습내용 공유, 현장실습의 목적, 실습생의 자세·태도(예절지도 등), 실습일지 작성지도, 실습매뉴얼·실습 진행과정의 이해 및 절차 등을 더 비중 있게 다루어 주어야 한다.

1) 현장실습기관의 결정

평생교육시설 등록기관으로 확인되어 실습생의 실습기관이 결정되면 실습학생들의 서류를 갖추어 실습기관에 ① 실습의뢰서, ② 실습생 프로파일(수강과목 확인서 또는 성적증명서 포함), ③ 실습생 서약서, ④ 실습생 자기소개서를 각자 또는 행정부서에서 평생교육 실습기관으로 실습을 의뢰하도록 지도한다.

실습을 의뢰받은 평생교육 실습기관에서 실습수락을 결정한 후 ① 실습의뢰 결과 회보서, ② 평생교육 실습기관 등록증, ③ 실습지도자 프로파일, ④ 실습지도자 자격증사본을 보내오면 행정부서와 현장실습 협약서를 체결하도록 한다.

평생교육 실습기관과 현장실습 협약서를 체결하면 실습생들에게 ① 평생교육실습신청서와 ② 개인정보 수집, 이용 및 제3자 제공 동의서를 받는다.

해당 서류는 양성기관에서 평생교육사 자격증발급신청을 하기 위한 신청자의 개인정보 활용을 목적으로 제출받는 양식이다. 양식의 변경 및 활용이 가능하며 국가평생교육진흥원으로 제출이 아닌 양성기관에서 보관하도록 한다.

2) 현장실습 세미나 실시

양성기관과 실습기관의 연계로 이루어지는 평생교육 현장실습은 교육과정의 일부이다. 실습지도교수는 양성기관의 현장실습 행정관리자와 평생교육기관 실습지도자를 대상으로 현장실습의 의미와 목적, 과정, 실습생 지도관리, 평가 등에 대한 세미나를 실시하여 평생교육 현장실습에 대한 관계자들의 이해를 돕는 역할을 담당한다.

실습지도교수는 현장실습 예정인 실습생의 전반적이고 구체적인 상황의 이해와 관심이 필요하다. 실습 전 오리엔테이션과 4주간의 현장실습은 실습과목 과정운영에 필수적으로 포함되며, 실습세미나, 실습 최종평가회 등도 가능한 실시한다. 실습오리엔테이션은 수강생 전원 출석수업 1회는 필수적으로 진행해야 하며, 주요 내용으로 실습의 목적, 실습 진행절차, 현장실습과 관련된 전반적인 사항으로 구성한다.

또한, 실습오리엔테이션은 현장실습 참여 및 학점 이수의 필수조건으로 운영해야 한다. 이러한 교육은 혹시 발생할 수 있는 미연의 사고 등을 방지하고 실습기관과의 대외적 관계 유지를 위해서도 실습오리엔테이션은 필수적으로 운영해야 한다.

실습 지도교수의 오리엔테이션 주요 내용

- 실습기관별 사전 준비사항(관련서류, 지참물 등)
- 시간관리(출퇴근 등), 복장, 언어, 예절(인사, 직장 내 예절 등)에 관한 사항
- 실습기관 내 직장예절에 관한 사항
- 실습일지 작성에 관한 사항
- 실습 관련 지원 사항
- 양성기관이나 실습기관의 지원사항(교통비, 식대 등)이 있을 경우 내용과 절차 등을 자세하게 안내한다.

2. 행정기관

1) 실습기관 서류 관리

평생교육시설 등록기관으로 확인되어 실습기관을 결정하게 되면 실습의뢰서, 실습생 프로파일(수강과목 확인서 또는 성적증명서 포함), 실습생 서약서, 실습생 자기소개서를 받아 행정부서에서 평생교육 실습기관으로 실습을 의뢰하도록 한다.

실습을 의뢰받은 평생교육 실습기관에서 실습수락을 결정한 후 실습의뢰 결과회보서를 보내온다. 그 이후 실습의뢰 회보서를 받은 교육기관의 행정부서는 실습기관과 현장실습 협약서를 체결하도록 한다.

실습의뢰 결과 회보서가 오면 실습생은 평생교육실습신청서, 개인정보 수집, 이용 및 제3자 제공 동의서를 양성교육기관에 제출한다.

(1) 평생교육 현장실습의 협약 규정

「평생교육법」에 의한 평생교육현장실습기관 적용 법령은 「평생교육법 시행규칙」 제5조 제1항에서 제시하고 있다.

특히 평생교육실습은 평생교육사가 학습한 이론과 기술을 평생교육현장에 적용하여 실무능력과 자질을 함양하는 과정으로 선수과목, 이수기관, 실습시간, 실습기관 정보를 숙지하고 평생교육실습에 임해야 한다.

대학의 시간제 등록이나 학점은행기관에서 이수한 과목은 「국가평생교육진흥원 학점은행」에 학점인정 신청 후 처리가 완료되면 자격증 취득을 신청하기 위한 학점으로 활용할 수 있다.

평생교육실습 과목은 「평생교육법 시행령」 제69조 제2항에 따라 문자해득교육 프로그램으로 지정받은 기관, 「평생교육법」 제19조부터 제21조까지 규정되어진 평생교육기관(평생교육진흥원, 시·도 평생교육진흥원, 시·군·구 평생학습관, 민간 평생교육기관)에서 4주간 현장실습을 포함한 수업과정으로 이루어진다.

(2) 평생교육 현장실습의 협약 체결

평생교육실습생의 실습기관이 결과 회보서에 의해서 결정되면 현장실습 이전에 협약 또는 문서를 체결 또는 시행하여 협약서를 작성한다. 협약방법은 실습기관의 업무규정 및 상황에 따라 다르게 할 수 있으나, 현장실습협약은 상황에 따라 현장실습협약 내용이 포함된 공문서 등으로 대체할 수 있으며, 각 양성기관과 실습기관 간 체결한다. 협약체결이 용이하지 않을 경우, 실습의뢰서 및 실습의뢰 결과 회보서를 참고하여, 공문 등을 통해 현장실습을 운영한다.

현장실습 협약은 다음의 내용을 포함한다.

- 현장실습 실시기간 및 장소
- 현장실습생에 대한 평가관련 사항
- 현장실습기간 중 학생의 보건·위생 및 산업재해 예방 관련 사항
- 기타 현장실습교육에 필요한 사항을 기록한다.
- 상호 동의하에 평생교육실습 협약서를 작성한다.

현장실습의 실제운영과 개설에 대한 증빙으로 협약에 관한 문서 등을 구비하여야 한다. 매번 협약을 맺을 필요는 없다.

표 6-1 현장실습 협약서

현장실습 협약서

○○○○(이하 "갑"이라 한다)과 ○○대학교(이하 "을"이라 한다)는 "을"소속 학생들(이하 "실습생"이라 한다)의 진로 선택에 도움을 주고, 평생교육 현장에서 요구하는 전문지식과 경험습득을 목적으로 하는 평생교육 현장실습(이하 "현장실습"이라 한다) 운영과 관련된 지침을 준수하고, 상호간의 운영에 필요한 사항을 이행하기 위하여 다음과 같이 협약을 체결한다.

제1조 (현장실습운영기준)

① 현장실습은 최소 4주간, 20일(160시간) 이상 실시하여야 한다.

② 현장실습은 1일 8시간(9:00~18:00), 주 5회(월~금)의 통상근로시간 내 운영하되, 현장실습기관의 특성 및 실습생의 상황(직장인 등)을 고려하여 야간 및 주말시간을 이용한 현장실습을 운영할 수 있다.

제2조 ("갑"의 현장실습운영)

① "갑"은 실습생의 전문지식 함양과 경험습득을 위하여 현장실습내용에 맞는 이론 및 실습교육 내용을 수립한다.

② "갑"은 현장실습이 내실 있게 실시될 수 있도록 하기 위하여 실습생의 희망

진출분야 및 진로를 고려하여 배치함으로써 다양하고 폭넓은 현장경험을 쌓을 수 있도록 최선의 기회를 제공한다.

③ "갑"은 현장실습을 지도할 담당자를 배치하여 실습생이 성실히 현장실습을 수행할 수 있도록 지도하고 실습생에 대한 출결관리 및 평가를 실시한다.

제3조 ("을"의 현장실습운영)

① "을"은 현장실습운영계획 및 일정수립 후 "갑"과 실습생에 대한 안내 및 홍보를 실시한다.

② "을"은 "갑"으로부터 현장실습운영에 필요한 모집인원, 실습기간 등의 신청서를 접수, 검토 후 실습생 지원 및 모집 업무를 실시한다.

③ "을"은 "갑"의 실습생선발에 필요한 정보와 업무지원을 실시한다.

④ "을"은 선발된 실습생을 대상으로 다음 각 호의 사항이 준수될 수 있도록 사전교육을 실시한다.

1. 실습생은 실습기간 동안 주어진 과제를 성실하게 수행한다.
2. 실습생은 실습기간 동안 "갑"의 사규 등 제반 수칙을 준수한다.
3. 실습생은 실습을 위한 기계, 공구, 기타 장비가 파손되거나 분실되지 않도록 주의한다.
4. 실습생은 실습과정에서 알게 된 "갑"의 기밀사항을 누설하지 아니한다.

⑤ "을"은 현장실습 중 "갑"의 현장 방문을 통하여 "갑"과 실습생의 건의사항 및 애로사항이 개선될 수 있도록 조치를 취한다.

⑥ "을"은 "을"의 현장실습 관련 규정에 따라 현장실습 종료 후 "갑"과 실습생의 제출 서류 검토 후 실습생에 대한 학점인정 절차를 실시한다.

제4조 (현장실습시간 및 장소)

① 실습시간은 "갑"의 근로시간을 기준하여 1일 8시간 실습하는 것을 권장하되, 식사시간은 총 실습시간에서 제외한다.

② 실습 장소는 "갑"의 사업장 또는 사업과 관련된 장소로 하고, 실습생의 보건·위생 및 산업재해 등으로부터 안전한 장소로 지정토록 "갑"과 "을"이 협의한다.

제5조 (실습지원비) "갑"은 실습생에게 숙식비, 교통비, 실습보조금 등의 실습지원비를 별도로 정하여 지원할 수 있으며, 지원할 경우 "을"과 협의하여 지급한다.

제6조 (지도교수 지정 등) "갑"과 "을"은 현장실습의 효율적 운영과 실습생의 올바른 지도를 위하여 지도교수 및 실습지도자를 지정하여 운영할 수 있다.

제7조 (보험가입) "을"은 현장실습기간 동안 실습과 관련하여 실습생에게 발생할 수 있는 상해에 대비한 보험에 가입하여야 한다. 이와 별도로 "갑"은 "갑"의 필요에 따른 보험을 가입할 수 있다.

제8조 (협약의 효력 및 기간) 본 협약의 효력은 협약체결일로부터 발생하며 협약기간은 협약체결일로부터 1년으로 한다. 단, "갑" 또는 "을" 중 이의를 제기하지 않을 경우 자동 갱신되는 것으로 한다.

제9조 (기타) 본 협약에 명기되지 아니한 세부사항에 대해서는 당사자 간 협의하여 별도로 정한다.

본 협약의 성립을 증명하기 위하여 협약서 2부를 작성, "갑"과 "을"은 각각 서명날인 후 1부씩 보관한다.

20　년　월　일

"갑"		
기관명	:	○○○○
주소	:	
대표자	:	㉤

"을"		
기관명	:	○○대학교
주소	:	
대표자	:	㉤

3. 실습생

평생교육 전문가들은 평생의 의미를 되새겨야 한다. 평생은 생명으로 이 세상에 생성되어 생명이 소멸되는 때까지를 나타낸다. 살아 있음은 삶에 대한 기쁨이 있다는 것이고, 교육은 사람들에게 보다 나은 미래를 세우고 계획하고 보다 나은 삶을 추구하도록 돕는 도구이다.

매슬로우(A. H. Maslow)의 욕구 5단계는 자아실현의 욕구다. 그러나 사회적으로 누가 보아도 자아실현이 된 사람이라고 평가 받아도 그들은 앎에 대한 욕망을 멈추지 않으며 더욱 자신의 완성과 실현을 위하여 노력하고 최대한의 역량을 발휘하려고 한다. 이것으로 보아 인간 욕구의 마지막은 '배움에 대한 욕구'라고 생각한다.

평생교육은 전체적인 모든 교육을 뜻하면서도 통합적 형태를 갖춘 사회적 생명 시스템으로 연계되는 미래관점의 시냅스이다. 시냅스로 연결된 평생교육은 세계와 통합을 이루고 가치지향적, 인간적, 창조적, 진리탐구적, 의도적 가치탐구형 인간들의 마지막 욕구를 충족시켜줄 시스템이 바로 평생교육이다. 평생교육 예비전문가로서 평생교육에 대한 깊은 인식을 갖고 전문적인 시각을 갖추어야 한다.

1) 실습생의 준비

현장실습 신청자격은 지도교수에 의해 실습신청자의 신청자격(과목 이수 조건)과 실습 신청기간을 정확히 점검한 후 실습기관에 실습의뢰 서류를 보낸다.

1단계, 평생교육시설 등록기관으로 확인되어 실습기관을 결정하게 되면 지도교수님께 말씀드린 후 평생교육 양성기관에 실습생의 ① 실습의뢰서, ② 실습생 프로파일(수강과목 확인서 또는 성적증명서포함), ③ 실습생 서약서, ④ 실습생 자기소개서를 작성하여 각자 또는 행정부서에서 평생교육 실습기관으로 실습을 의뢰하도록 한다.

실습을 의뢰받은 평생교육 실습기관에서 실습수락을 결정한 후 실습의뢰 결과 회보서를 받은 양성기관의 행정부서는 실습기관과 현장실습 협약서를 체결한다.

2단계, 실습의뢰 결과 회보서가 오면 실습생은 실습생 양성기관에 ⑤ 평생교육실습신청서, ⑥ 개인정보 수집, 이용 및 제3자 제공 동의서를 실습생의 양성교육기관에 제출한다.

표 6-2 실습의뢰서

실 습 의 뢰 서

수　신 :
참　조 :
제　목 :

---

1. 항상 평생교육 현장실습을 위해 애써 주시는 귀 기관에 감사드리며 귀 기관의 무궁한 발전을 기원합니다.
2. 『평생교육실습』 과목을 수강하는 본교 학생의 현장실습을 의뢰하오니 아래를 참조하시어 협조하여 주시기 바랍니다.

------- 아　래 -------

1. 실습생명 :　　　　　　(연락처:　　　　　　　　)
2. 실습요청기간 :
3. 실습지도교수명 :
4. 실습담당조교 :　　　　(연락처:　　　　　　)

붙임 실습신청서 1부. 끝.

○○ 대학교(원)　　○○대학　교육학과장

담당자 ○○○　　　　　　　　　　　　　　　　학과장 ○○○
시행 ○○○-○○○(○○○○(년)○○(월)○○(일)) 접수 ○○○○-○○○○(○○○○.○○.○○.)
주소 :
전화 :　　　　　　　　　/ E-mail :

표 6-3 실습생 프로파일

실습생 프로파일

1. 인적사항

<table>
<tr><td rowspan="5">(사진)</td><td>실습생명</td><td></td><td>성 별</td><td></td><td>생년월일</td><td></td></tr>
<tr><td>소속</td><td colspan="5">○○사이버대학교 ○○복지전공 ○○학년</td></tr>
<tr><td>주소</td><td colspan="5"></td></tr>
<tr><td>전화번호</td><td colspan="5">집: 핸드폰:</td></tr>
<tr><td>E-mail</td><td colspan="5"></td></tr>
</table>

2. 이수 전공과목

교과목명	이수 완료	현재 이수	교과목명	이수 완료	현재 이수
평생교육론			평생교육방법론		
평생교육경영론			평생교육 프로그램개발론		
상담심리학			특수교육개론		
인적자원개발론			지역사회교육론		
성인학습 및 상담			평생교육실습		

표 6-4 평생교육실습생 서약서

평생교육 현장실습생 서약서

우리는 평생교육실습생으로서 다음 사항을 준수한다.

1. 평생교육실습의 목적과 중요성을 충분히 이해하고 현장실습을 이행하는 동안 반드시 법적 기준을 준수하여 최선의 자세로 실습에 임한다.
2. 실습교육기관의 구성원이라는 생각으로 타 구성원과 협력적 친화적인 태도를 취한다.
3. 실습교육기관 및 실습기관의 정책을 이해하고 수용하며 실습과정을 준수하도록 한다.
4. 실습기간 중 근무시간은 기관의 규정에 준하며 직원과 동일한 자세로 근무시간에 임하도록 한다.
5. 실습시작 최소 10분 전에 출근하여 출근을 확인하며, 업무에 관계된 사항을 사전에 준비하도록 한다.
6. 결근, 조퇴, 지각 등 근태와 관련된 사항은 반드시 실습지도자에게 사전에 보고하여 허락을 받도록 한다.
7. 실습지도자의 지시뿐 아니라 타직원의 지도를 잘 이행함으로 실습효과를 최대화하도록 한다.
8. 직무에 강한 책임감과 열의를 갖고 적극적으로 임하며 타인에게 책임을 전가하거나 태만하게 행동하지 않는다.
9. 실습지도자의 지도 혹은 타실습생의 실습을 견학, 관찰할 경우 배우는 자세로 진지한 태도를 취한다.
10. 실습기관의 직원, 학습 대상자 등에 대해 예의를 지킨다.
11. 복장, 소지품은 실습기관의 특성과 상황에 맞게 취하되 가능한 화려한 것을 피하고 검소하며 단정한 것으로 착용하도록 한다.
12. 안전사고에 만반을 기하도록 하며 안전사고와 관련된 기관의 규정을 사전에 숙지하여 그에 준해 처리하도록 한다.
13. 실습일지를 비롯한 각종 실습기록은 사실에 근거하여 정확하고 구체적으로 정리하여 최종 보고서를 ○○ 평생교육원에 제출하며, 실습 시 실습지도자와 실습지도교수의 지도를 받는다.
14. 과제에 관하여 연구하고 그 결과물에 대해 실습지도자의 지도를 받는다.
15. 실습과정 중 어떤 경우라도 사례금 등의 금품을 절대 주거나 받지 않는다.
16. 과제물은 정해진 기일에 제출한다.
17. 기관을 대표한다는 자세로 실습기관의 직원들과 동일한 업무 태도와 자세를 취한다.

상기에 사항에 대하여 지켜지지 않을 시에 교육기관, 실습지도교수, 실습기관 및 실습지도자의 해당 조치에 대하여 이의를 제기하지 않으며, 실습생 본인이 모든 책임을 질 것을 서약한다.

20 월 일

신청인(실습생 성명) : ________________ ㊞

표 6-5 자기 소개서

지원동기	※ 현장실습 참여 이유 및 목적 등 서술
전공 및 기술 능력	※ 참여 학생이 가지고 있는 전공 능력이나 기타 기술 능력을 서술
주요 경력 및 자격사항	※ 참여 학생 본인의 주요 경력, 자격(증)사항 정보를 서술
성격 및 강약점	

표 6-6 실습 신청서

실 습 신 청 서

○실습기관: ______________________________

1. 실습생 인적사항

<table>
<tr><td>이름</td><td></td><td colspan="2">생년월일</td><td colspan="2"></td></tr>
<tr><td>소 속</td><td></td><td>학과/
전공</td><td>사회복지계열/
휴먼복지전공</td><td>학번</td><td></td></tr>
<tr><td>현주소</td><td colspan="5"></td></tr>
<tr><td>전화번호</td><td colspan="5">집: 휴대폰:</td></tr>
<tr><td>E-Mail</td><td colspan="5"></td></tr>
</table>

2. 실습의뢰내용

기관 주소	/ (전화) (팩스)
실습 부서	
실습 분야	
실습내용	
실습기간	

* 상기 내용으로 귀 기관에 실습신청을 의뢰하며 실습생 프로파일을 동봉합니다.

신청인(학생명) : ______________ 인

실습지도교수 : ______________ 인

계열부장 : ______________ 인

표 6-7 개인정보 수집·이용 및 제3자 동의서

○○○대학교(○○○교육원)에서는 평생교육사 자격증 신청과 관련하여 귀하의 개인정보를 아래와 같이 수집·이용·제3자 제공을 하고자 합니다. 다음의 사항에 대해 충분히 읽어보신 후 동의 여부를 체크, 서명하여 주시기 바랍니다.

[개인정보 수집 및 이용 내역동의]

<table>
<tr><th>수집·이용하는 대상</th><th>수집 항목</th><th>목적</th><th>보유기간</th></tr>
<tr><td rowspan="3">평생교육사
자격증 신청서류</td><td>성명, 주민등록번호</td><td>본인실명확인</td><td rowspan="3">자격증
교부 시
까지</td></tr>
<tr><td>주소, 전화번호</td><td>자격증 교부</td></tr>
<tr><td>최종학력(학교명, 전공, 입학 및 졸업시기, 학위등록번호), 이수기관(기관명, 이수기간)</td><td>자격취득 요건 확인</td></tr>
<tr><td rowspan="3">평생교육사
자격관리
홈페이지</td><td>성명, 생년월일</td><td>본인실명확인 및 자격증 교부</td><td rowspan="3">준영구
보존</td></tr>
<tr><td>주소, 전화번호</td><td>자격증 교부</td></tr>
<tr><td>최종학력(학교명, 입학 및 졸업시기) 이수기관명</td><td>자격취득 요건 확인</td></tr>
</table>

※ 귀하께서는 개인정보 제공 및 활용에 거부할 권리가 있습니다.

○ 거부에 따른 불이익 : 위 제공사항은 평생교육사 자격증 신청에 반드시 필요한 사항으로 거부할 경우 평생교육사 자격증 신청이 불가능함을 알려드립니다.

□ 동의함 □ 동의하지 않음

[개인정보의 제3자 제공 동의]

제공 받는 자	제공 항목	제공 목적	보유기간
국가평생교육진흥원, 교육부	성명, 주민등록번호, 주소, 전화번호, 최종학력(학교명, 전공, 입학 및 졸업시기, 학위등록번호), 이수기관(기관명, 이수기간)	본인실명확인, 자격검정, 자격증 교부	준영구 보존

※ 귀하께서는 개인정보 제공 및 활용에 거부할 권리가 있습니다.

○ 거부에 따른 불이익 : 위 제공사항은 평생교육사 자격증 신청에 반드시 필요한 사항으로 거부할 경우 평생교육사 자격증 신청이 불가능함을 알려드립니다.

□ 동의함 □ 동의하지 않음

본인은 본 "개인정보의 수집·이용·제3자 제공 동의서" 내용을 충분히 숙지하였으며 이에 동의합니다.

20 년 월 일

생년월일 : 년 월 일

성명 : (인 또는 서명)

실습생은 평생교육 현장실습 시 양성기관과 실습기관 양쪽이 요구한 제반 서류를 준비하여 빠뜨린 사항이 없는지 확인한다. 특히 앞으로 실습 예정인 실습기관에 제출할 서약서를 미리 구비한 후, 실습생으로서의 기본자세를 숙지한다.

제2절 실습기관의 역할

현장실습의 목적은 교과에서 습득한 지식, 기술, 태도를 체계화되고 구조화된 실천적 경험을 통해 체험함으로써 평생교육 현장에서의 전문성을 높이는 것이다. 평생교육 전문가로서 역량을 높이는 실습을 통해서 실전에 바로 투입되어도 전문성을 발휘할 수 있도록 평생교육 전문가를 만드는 중요한 곳이 바로 실습기관인 것이다. 그러므로 그들의 역할은 평생교육 부분에서 매우 중요한 위치를 차지하고 있다.

따라서 평생교육 실습기관에서 이루어지는 업무를 알아보도록 한다. 평생교육실습 전 단계를 마친 후 진행단계에서는 선발된 실습 예정자에게는 사전면담 일정을 잡아 알려 준다. 실습예정자와 사전면담을 통해서 실습일정과 실습내용에 대해 협의한 후, 실습생과 실습기간, 실습시간에 대해 의논하고 실습일정을 확정한다.

1. 사전 서류 절차

실습생을 선발한 평생교육 실습기관에서는 실습수락을 결정한 후 ① 실습의뢰 결과 회보서, ② 평생교육 실습기관 등록증이나 신고필증, ③ 실습지도자 프로파일, ④ 실습지도자 자격증 사본을 실습생 소속 양성기관으로 보낸다.

1) 결과 회보서 작성

실습수락 결정에 의해 실습의뢰 결과 회보서를 작성하여 수락공문을 발송한다. 공문과 결과 회보서 작성 후 반드시 기관의 직인을 날인하고, 실습기관 평생교육시설 등록증 사본과 실습지도자 자격증 사본 각 1부를 첨부하여 공문을 발송한다. 등록증은 다음과 같은 양식으로 배포된다.

표 6-8 실습의뢰 결과 회보서

1. 실습의뢰 결과

□ 수락합니다(수락 시 하단의 내용 기재) □ 거절합니다

2. 실습 기본사항

1 실습기관 정보

<table>
<tr><td>기 관 명</td><td></td><td>기 관 유 형</td><td></td></tr>
<tr><td>전화번호</td><td></td><td>실습운영부서</td><td></td></tr>
<tr><td>주 소</td><td colspan="3"></td></tr>
</table>

2 실습지도자 정보

<table>
<tr><td rowspan="2">성 명</td><td rowspan="2"></td><td rowspan="6">평생교육사
자격소지</td><td>급 수</td><td></td></tr>
<tr><td rowspan="2">취득기관명</td><td rowspan="2"></td></tr>
<tr><td rowspan="2">생년월일</td><td rowspan="2"></td></tr>
<tr><td rowspan="2">취 득 일</td><td rowspan="2"></td></tr>
<tr><td rowspan="2">직 위</td><td rowspan="2"></td></tr>
<tr><td>자격번호</td><td></td></tr>
</table>

<table>
<tr><td colspan="4">평생교육 관련 경력</td></tr>
<tr><td>기관명</td><td>소속부서</td><td>경력기간(년 월)</td><td>담당업무</td></tr>
<tr><td></td><td></td><td>년 월~ 년 월(총 개월)</td><td></td></tr>
<tr><td></td><td></td><td>년 월~ 년 월(총 개월)</td><td></td></tr>
<tr><td colspan="2">총 경력 개월</td><td colspan="2">총 개월</td></tr>
</table>

3 요청사항

필요서류	
실습비	원(실습개시일 납부 요망)
참고사항	

상기 내용으로 귀 기관에서 의뢰한 현장실습의뢰 결과를 회보합니다.

실습기관의 장 직인

표 6-9 평생교육시설기관 신고증

평생교육법 시행규칙[별지 제15호서식] 〈개정 2014. 7. 28.〉

(　　) 평생교육시설 신고증

1. 명칭:

2. 설치자:

3. 위치:

「평생교육법」 제33조제2항(또는 제35조제2항, 제36조제3항, 제37조제3항, 제38조제3항), 같은 법 시행령 제49조제3항(또는 제64조제2항, 제65조제2항, 제66조제2항, 제67조제2항) 및 같은 법 시행규칙 제17조제4항에 따라 원격(사업장 부설, 시민 사회단체 부설, 언론기관 부설, 지식 · 인력개발사업 관련)평생교육시설로 신고하였기에 이 증서를 교부합니다.

년　　월　　일

(　　　) 교육감 직인

주: 1. 관계 규정을 준수하고 평생교육시설의 운영은 운영규칙이 정한 바에 따라 운영하시기 바랍니다.
2. 위 평생교육시설을 폐쇄하려는 경우에는 미리 관할 교육청에 통보하여 주시기 바랍니다.
3. 이 증서가 실효되는 경우에는 반환하여야 합니다.

표 6-10 평생교육시설 등록증

평생교육법 시행규칙 [별지 제10호서식] 〈개정 2016. 4. 20.〉

학교형태의 평생교육시설 등록증

1. 명칭:

2. 설치자:

3. 위치:

「평생교육법」 제31조제1항, 같은 법 시행령 제26조제3항 및 같은 법 시행규칙 제11조제3항에 따라 위와 같이 학교형태의 평생교육시설로 등록하였기에 이 증서를 교부합니다.

년　　　월　　　일

교육감 직인

주: 1. 관계 규정을 준수하고 위의 평생교육시설의 운영은 운영규칙이 정한 바에 따라 운영하시기 바랍니다.
2. 이 증서가 실효되는 경우에는 관할 교육청에 반환하여야 합니다.
3. 위 평생교육시설을 폐쇄하려는 경우 미리 관할 교육청에 통보하여 주시기 바랍니다.

표 6-11 실습지도자 프로파일

실습지도자 프로파일

1. 인적사항

성 명	㉠	성 별	
기관명/부서		이 메 일	
직 책		전 화	
담당 업무		팩 스	
최종 학력		최종학력의 전공	
평생교육사 자격 번호		자격취득후평생교육 총 실무경력기간	년 개월

2. 실습지도 및 실습분야 관련 주요 교육배경

교육명	주관단체	기간	수료/자격여부

3. 평생교육분야 근무경력(필요시 별첨 양식 참조)

기관명	기 간	직책	담당업무
	-		
	-		
	-		

4. 전공분야(현재 자신의 관심분야, 실천모델, 실천기술과 기법)

5. 실습지도자로서의 자신의 특성(강·약점)

6. 실습생에게 바라는 점

표 6-12 실습지도자 자격증사본

제 N2-18-　　호

평생교육사 자격증

1. 성　　명 :

2. 생년월일 :

3. 자격등급 : 평생교육사 2급

「평생교육법」 제24조에 따라 위와 같이 평생교육사 자격을 부여합니다.

2018년 2월 28일

교 육 부 장 관 교육부장관인

※ 평생교육사의 등급별 자격요건은 「평생교육법 시행령」 별표1에 규정되어 있습니다.

2) 현장실습 협약서 작성

평생교육실습생에 대하여 실습기관이 결과회보서를 양성기관에 보내주면 양성기관에서는 현장실습협약서를 작성하여 현장실습 이전에 체결 또는 시행한다.

3) 실습내용 확정

실습지도자는 실습생과 실습계획을 바탕으로 실습내용을 구체적으로 협의하여 확정한다. 실습내용은 실습필수내용을 포함한 실습기관의 일정과 실습예정자의 관심이나 요구에 따라 조정, 협의하여 확정한다. 실습생이 여러 명일 경우는 공통의 내용으로 하되, 역할분담이나 리포트 등을 실습생의 관심에 맞춰서 제공하고, 상호발표, 토론을 통해 배운 것을 공유하도록 한다.

실습예정자의 요구를 파악하여 요구에 맞는 프로그램을 실시하면, 실습만족도와 실습의욕을 향상시킬 수 있다. 실습예정자에게 평생교육 관련 과목을 공부하면서 특별히 관심 있었던 내용이나 본인이 실습을 통해서 배우고자 하는 내용이 무엇인지 물어서 요구를 파악한다.

4) 실습비

현장실습을 지도하는 현장실습기관은 양성기관 또는 실습생으로부터 실습을 시작하기 전에 실습비 징수가 가능하다. 실습비를 받고자 하는 현장실습기관은 실습비 관리 및 운영의 투명성을 제고하기 위하여 실습비 관련 회계규정을 마련한다.

2. 프로그램 실행과 운영

1) 프로그램 실행과 운영의 의미

프로그램 실행단계는 개발된 내용의 실제 프로그램을 운영하는 단계로 프로그램 실행과 운영은 개발된 프로그램의 의도대로 학습자들이 교육적 경험을 통해 행동의 변화를 일으키도록 도와주는 프로그램의 목표를 실현하는 핵심적인

과정이라 할 수 있다(전주성 외, 2016). 즉, 프로그램이 아무리 치밀하게 계획되고 잘 설계되었다 하더라도 제대로 실행되지 않으면 쓸모없게 된다. 또한 프로그램의 실행주체인 학습자, 교수자, 기관의 운영요원들이 수행해야 할 역할인 교수자 및 학습자관리, 프로그램 운영관리가 효과적으로 이루어지는 것이 중요하다.

프로그램 실행을 위해 우선 프로그램 운영계획과 체제에 따라 일회적·단발적 프로그램 운영이 아닌 효과적인 실행 매뉴얼 제작이 필요하다. 효과적 프로그램 운영은 운영계획에 대한 내용과 관리체제에서 다루게 될 프로그램 세부시간표, 역할분담, 장소선정, 강사선정, 재원확보, 위기사항에 대한 대응방안 등과 관련된 핵심 사항을 매뉴얼로 만드는 것이다(김진화, 2011).

표 6-13 프로그램 운영계획 체크리스트

항목	체크사항	확인
목적분석	교육목적 : 단합, 성과, 결과물 추출, 교육, 팀워크 등	
환경분석	강의장소 확인, 강의장소 관련 담당자 확인, 강의장소 약도 및 주소(소요시간), 강의장 주변 환경 확인, 강의장 내 환경(강의장 배치 확인, 마이크, 빔 프로젝트, 인터넷 등)	
대상자분석	전체 참여인원, 남녀 구성비, 분임조 형태	
강사확인	강사 사전섭외 확인, 강의 의뢰서 전송, 강의일정·장소·시간 확인, 강사료 확인, 강사교재	
교육내용	교육일정표, 교재, 교육보조 자료, 교육평가 자료, 교육결과 준비	
예산관련	숙박비 및 식비, 강의장 사용료, 강사료 및 과정진행비, 각종 문구비, 차량임차료, 교재비, 기타(보험료, 플래카드, 다과비, 간담회비 등)	
기타준비물	문구류, 교육매체, 진행 관련 준비물, 간식, 의약품	

표 6-13과 같은 프로그램 실행을 위한 교육 운영계획 체크리스트도 매뉴얼에 포함시키는 것이 좋다. 또한 프로그램을 성공적으로 실행하고 운영·관리하기 위해서 이해하고 실천해야 할 프로그램 기본 운영원칙을 살펴보아야 한다.

2) 프로그램 실행과 운영의 원칙

평생교육실습 프로그램을 실행하고 운영·관리하기 위해서 이해하고 실천해야 할 기본원칙은 다음과 같다.

첫째, 다양한 기법과 전략을 이용

설계된 프로그램을 실행하기 위해 필요한 제반 여건을 확보하고 마련하기 위하여 다양한 기법과 전략을 이용해야 한다.

둘째, 인적·물적 자원을 확보

프로그램 실행이 좀 더 효과적으로 이루어지도록 인적·물적 자원을 확인하고 동력화함으로써 이를 발전적으로 이용할 수 있어야 한다.

셋째, 학습자의 특성을 고려한 프로그램 운영

특히 프로그램 학습대상자 중 평생교육 바우처제도를 이용하여 수강하는 기초생활수급자 및 차상위 계층의 성인이 우선이 되어야 한다.

넷째, 자기주도학습이 되도록 분위기 조성

학습자 스스로가 즐거움 속에서 자발적, 적극적으로 프로그램에 참여할 수 있도록 유도하며, 결과에 대해서도 스스로 책임지는 분위기를 조성한다. 이런 분위기 조성을 위해서는 무엇보다 학습자 개개인의 학습요구, 선수학습수준, 교육경험, 생활방식, 가치관, 성격 등의 여러 가지 측면의 차이를 고려한 교육활동이 이루어져야 한다.

다섯째, 자발성과 역할 나눔

교수자들이 자발적으로 프로그램을 제안하고 역할을 나누고 운영을 책임질 때 프로그램의 질이 높아질 수 있다.

여섯째, 강화활동이 필요

프로그램 실행과정에 있어서 계속적인 강화요인을 제공해야 한다. 개별·집단 학습자나 지역사회와 같은 모든 체제에서의 행동변화가 목표에 대응하려면 상당한 투입요소가 필요하고 프로그램활동에 있어서 보상 등을 통한 강화활동이 필요하다.

일곱째, 지속적 노력 요구

지역연계·협력 강화를 위한 지속적인 노력이 요구된다.

여덟째, 감수성과 이해력

실행과정에 학습자의 경험을 적응시키고 재조정함으로써 학습자들의 반응을 수용할 수 있고 즐거움을 제공해야 한다. 프로그램의 효과성을 높이기 위해서 학습자의 변화상태를 파악하고 이해할 수 있는 공감적 감수성과 이해력이 있어야 한다.

성공적인 평생교육실습 프로그램의 실행과 운영은 위에서 제기한 원칙을 이해하고 실천하는 바탕 위에서 성립될 수 있다.

3) 현장실습운영의 서식 숙지

표 6-14 평생교육 현장실습 서식

내 용	서 식	작성기관
현장실습 신청서	현장실습 신청서	실습생(양성기관)
현장실습의뢰	실습의뢰서	양성기관(대학)
현장실습의뢰 회보	실습의뢰 결과 회보서	실습기관
실습수행	실습일지	실습생 & 실습기관
실습출결 확인	실습생 출근부	실습기관 & 실습생
실습지도	실습지도 기록서	실습기관
실습평가	실습생 평가서	실습기관
	평생교육 현장실습평가서	실습기관
실습결과 확인	평생교육 현장실습 확인서	실습기관
실습대장	평생교육 현장실습대장	실습기관

4) 프로그램실행과 운영관리의 유의사항

프로그램실행 및 운영관리의 유의사항은 첫째, 프로그램 편성 후 특히 실행안의 구상 시에 확정한 활동대상자의 수준 및 활동목표가 세웠던 것과 상당한 차이가 있다고 판단되면, 목표를 변경하거나 내용방법을 대체한다.

둘째, 프로그램은 예상외의 조건에 의해서 부득이하게 변경하지 않으면 안 되는 경우가 생기는데, 이때는 상황의 변화에 따라 유연하게 대처할 할 수 있어야 한다. 예를 들어, 강사의 사정, 기상조건, 참가상황 등 예상할 수 없는 사태를 미리 예측하고 만약을 대비하여 영화, 필름, VTR, 동영상 자료 등을 예비로 확보해 둔다. 특히 올해처럼 코로나19로 비대면 강의가 진행되어야 할 경우가 있기 때문에 온라인강의(ZOOM 등)시스템을 마련해 두어야 한다.

셋째, 프로그램 운영을 위하여 모든 조직들이 공통의 목표를 달성하기 위해 서로 상호역할을 분담하며 연락·협력을 효과적으로 할 수 있는 것이 필요하다.

넷째, 프로그램을 실행하기 전에 미리 점검해야 할 목록을 준비해 두고 이를 철저히 지키도록 한다.

다섯째, 프로그램은 실시기관의 모든 사람들(평생교육사, 교수자, 경영자, 운영자 등)이 협력하여 실시하는 것이라는 것을 염두에 두어야 한다.

연구문제

1. 평생교육 현장실습 시 실습생이 준비해야 할 서류에 대해 설명해 봅시다.

2. 실습지도교수가 현장실습 방문지도에서 해야 할 업무에 대해 토론해 봅시다.

3. 평생교육 프로그램을 실행·운영하는 데 요구되는 원칙을 제시해 봅시다.

4. 평생교육사 자격관리 홈페이지에서 전국 실습기관의 실습기관정보, 실습정보, 실습지도자정보를 살펴보고 각 실습기관의 특성에 대해 토론해 봅시다.

5. 평생교육 바우처 제도란 무엇이며 평생교육에서 어떻게 활용되는지 의견을 나누어 봅시다.

CHAPTER 07

평생교육 실습기관 실행단계

제1절 양성기관의 역할

제2절 실습기관의 역할

제3절 실습생의 할 일

제1절 양성기관의 역할

1. 지도교수

1) 현장실습의 학습목표

평생교육 현장실습의 목표는 다음과 같다.

첫째, 양성기관에서 배운 평생교육 이론을 실습현장에 적용 및 실천.

둘째, 평생교육사의 전문적인 지식과 기술, 올바른 태도와 자질 함양.

셋째, 실습현장의 조직 내 인간관계가 갖는 역동성 이해.

넷째, 다양한 이해 관계자의 요구들을 이해할 수 있는 공감능력 함양.

다섯째, 평생교육현장에 따른 다른 구체적인 직무를 이해하고, 수행방법습득.

여섯째, 평생교육사로서 실습생 스스로 삶의 준비와 소질과 적성이 갖춰졌는지 평가·검증.

일곱째, 실습생 자신의 직업적 적성을 확인하고, 본인의 구체적인 경력개발 계획수립 기회를 제공하는 것이 목표가 된다.

2) 현장실습기관 방문확인

평생교육 현장실습 진행단계에서 양성기관의 실습지도교수의 핵심역할은 실습현장점검, 실습중간보고(2차 실습세미나)를 실시하는 것이다.

첫째, 학생들이 실습을 잘 마칠 수 있도록 실습기관을 방문하여 실습지도자에게 감사를 표하고, 학생관리방법, 실습지도교수의 실습목표 등을 확인한다.

둘째, 실습기관 방문 전에 미리 방문일자를 알려 실습기관이 준비할 수 있는 여지를 제공하며 동시에 학생들이 실습과정 중 의문사항 및 애로사항 등을 미리 정리하여 실습지도교수에게 질의할 수 있도록 해야 한다.

셋째, 실습기관 방문 시에 실습지도교수는 실습기관에서 실습생에게 요구하는 사항에 대해 질의하고 그 부분을 자세히 기록해 두며, 실습생들에게 방문지도내용, 협의사항, 현장실태의견(실습내용, 실습환경, 학생면담 등), 기타 실습과정 중 애로사항 등을 질의응답하고 '현장실습 방문지도 확인서'에 기록해 둔다.

넷째, 실습지도교수는 실습기관의 요구사항과 실습생에 대한 평가 등을 기록해 두어 실습생의 실습참여에 도움을 줄 수 있어야 한다.

다섯째, 실습생들이 실습과정 중 문제가 발생하였을 경우, 실습지도자에게 직접 말하기 곤란한 경우도 있다. 예를 들어, 실습업무가 너무 많아 도저히 따라가기 힘든 경우, 학생들은 먼저 실습지도교수에게 상담을 한 후 실습지도교수가 실습지도자와 협의하여 실습업무를 조절할 수 있다.

여섯째, 그 이외에 다른 문제들을 예방·해결하기 위해 반드시 중간보고(실습과정 중)때 실습세미나를 실시하는 것이 좋다. 실습지도교수는 실습기관의 요구사항과 실습생에 대한 평가 등을 기록해 두어 실습생의 실습참여에 도움을 준다.

표 7-1 현장실습 방문지도 확인서 예시

<table>
<tr><th colspan="6">현장실습 방문지도 확인서</th></tr>
<tr><td>실습기관명</td><td colspan="2">한국평생교육사 안양협회</td><td>방문일자</td><td colspan="2">2021.4.21</td></tr>
<tr><td>실습지도자</td><td>직위</td><td>회장</td><td>성명</td><td colspan="2">○○○</td></tr>
<tr><td rowspan="2">실습생</td><td colspan="2">성명</td><td>학번</td><td>학년</td><td>전공/학과</td></tr>
<tr><td colspan="2">○○○</td><td>○○○○○○○○</td><td>4</td><td>지역사회과학과</td></tr>
<tr><td>방문지도내용</td><td colspan="5">실습과정 중 애로사항과 궁금한 점 질의응답 및 남은 실습기간의 진행계획 확인, 평생학습축제와 타 기관방문 시 유의사항, 프로그램개발 방법</td></tr>
<tr><td>협의사항</td><td colspan="5">매 실습 시 5분 스피치로 발표력 향상과 타 실습생들의 생각을 공유함으로써 즐겁게 실습을 한다.</td></tr>
<tr><td>현장조사 실태의견</td><td colspan="5">실습내용: 기관 내·외 프로그램 강의 참관(성교육, 안양 시민인성교육, 본 기관 및 타 기관 방문 분석, 각자 주제를 정해 프로그램 개발 등)
실습기관환경: 기관의 규모는 크지 않지만 알찬 교육 프로그램을 갖추고 있으며 타기관 방문, 서울시 교육청 주최 평생학습 축제(안양시 시민축제 포함) 등을 통해 많은 실습경험을 할 수 있다.
학생면담: 실습을 하면서 평생교육에 대한 다양한 프로그램도 접해보고 새로운 것들을 배울 수 있었다. 평생학습축제를 참가하고 느낀점은 노인을 위한 프로그램들은 많았는데, 청년들을 위한 프로그램들이 많이 개발되었으면 한다.</td></tr>
<tr><td colspan="6">위와 같이 실습기관을 방문하여 업무협의 및 학생들에 대한
지도를 하였음을 확인합니다.
2021년 4월 21일
기관명: ○○대학교 직위: 실습지도교수 성명: ○○○ (서명)</td></tr>
</table>

○○○ 실습생 개별 면담 결과 주요 내용
- 평생교육 범위가 넓고, 실습업무 많아 배워야 할 것이 많지만 적응하려고 노력하고 있다. - 컴퓨터활용능력이 낮고 타이핑(독수리타법)도 느려 일지 쓰기, 자료검색, 특히 조별작업 때는 동료에게 미안하다. - 실습과정 중 취업이 되어 160시간 채우기가 어려웠지만 실습지도교수 배려(야간과 주말 시간 할애)로 잘 마칠 수 있었다. - 실습을 두 사람 이상하면 좋겠다(혼자 실습을 하고 있음). - 기관에서 진행하는 교육 프로그램 참여는 현재 자신이 봉사하고 있는 "외국인을 위한 한국어 강의"에 교수방법을 활용할 수 있어 좋다. - 실습기관 주차 공간 한계, 유료주차 이용 부담 - 집과 기관과의 거리가 멀어 불편 (인천-광명/일산-광명/경기도가평-서울 영등포구) - 기관과 역이 멀어 밤이면 안전문제 우려 - 나이(60대)가 많아 체력도 약하고 몸이 별로 안 좋아 실습이 힘들지만 최선을 다하겠다. - 실습시작 전 5분 스피치, 처음은 부담이었지만 시간이 지나면서 발표력도 늘고 좋았다. - 평생학습축제 참가 후 느낀 점(청년들을 위한 프로그램들을 많이 개발하면 좋겠다).

2. 행정기관

평생교육 현장실습양성기관의 행정부서는 실습과목이 운영되면서 발급한 서류나 실습생으로부터 받은 자료와 실습기관으로부터 받은 자료를 모두 소정의 기간 동안 보관해야 한다.

1) 자료보관

- 실습과목 운영 관련 증빙자료(전자문서화 3년 보관): 오리엔테이션, 실습세미나, 실습평가회, 수업운영 자료(운영규정, 출석부 등), 실습 방문지도 확인서
- 실습의뢰 증빙자료(전자문서화 3년 보관): 협약서(협약관련 서류, 공문, 실습의뢰서 등), 평생교육기관임을 증빙하는 서류
- 현장실습수행 증빙자료(원본 5년 보관): 평생교육현장실습 확인서, 평생교육현장실습 확인서, 실습일지
- 평생교육 현장실습평가서와 평생교육 현장실습 확인서는 학생이 평생교육

사 자격증 발급신청 이전까지 원본보관

2) 평생교육사 자격증 발급 신청

평생교육사 자격증 교부 신청·접수는 연 4회 실시한다. 양성기관의 접수기간은 양성기관의 사정에 따라 다를 수 있고, 대학(원)졸업예정자는 제1차·제3차 접수기간에만 신청이 가능하다.

제2절 실습기관의 역할

1. 실습기관

1) 현장실습기관의 학습목표

평생교육 현장실습의 필수항목은 오리엔테이션, 행정업무, 모의 프로그램 기획을 실습평가의 항목으로 국가평생교육진흥원에서 제시해주고 있다.

첫째, 실습내용을 구성한다.

현장실습 프로그램 내용은 국가평생교육진흥원에서 제시한 내용을 현장실습의 목적과 목표에 부합하도록 구성한다. 실습내용은 필수항목 및 선택항목의 내용을 포함한다. 그 이외는 자율적으로 내용을 구성하여 운영한다.

둘째, 행정업무를 구성한다.

공문서, 보고서, 기획서 작성 및 서류처리 및 관리방법을 배울 수 있는 내용으로 한다.

셋째, 모의 프로그램 기획을 구성한다.

기관의 현황분석 또는 주민요구분석 자료를 기반으로, 기관에서 필요한 프로그램이나 새로운 아이디어로 접근할 수 있는 프로그램을 기획해보도록 한다. 모의 프로그램 기획은 기획서 형식으로 작성해 제출을 받도록 한다. 실습생에게 기획서의 형식을 설명하거나, 기존의 기획서를 견본으로 참고해서 틀을 배울 수 있도록 한다.

넷째, 선택항목 3개 중 최소 1개 내용 이상을 구성한다.

① 실습기관 관련 법 및 정책의 이해, 기관분석

② 교육 프로그램의 운영지원

③ 유관기관 방문 및 평생교육 관련 행사참석을 3개 내용 중 최소 1개 내용 이상을 선택하여 구성한다. 선택항목은 기관에서 수행하는 사업이나 시기적으로 추진하는 업무에 따라 실습내용으로 포함시킬 수 있다.

다섯째, 관련 법 및 정책이해 부분을 구성한다.

실습내용으로 「평생교육법」과 국가평생교육진흥 정책 또는 해당 지역의 평생교육진흥 정책을 다운받아서 검토하게 할 수 있다. 또한 법 또는 정책에 기반 한 사업이 어떠한 것들이 있으며, 해당 사업을 조사하도록 할 수도 있다.

여섯째, 교육 프로그램 운영지원 부분을 구성한다.

실습기관의 교육 프로그램 운영을 위한 강의실 세팅, 학습자 지원, 홍보, 학습자 상담, 평생교육 자료관리 등의 업무를 실습내용으로 할 수 있다.

일곱째, 유관기관 방문 및 관련 행사참석을 구성한다.

실습기관과 네트워크가 되어 있는 기관을 방문하거나 행사에 참석시키는 것을 말한다. 실습생 실습 시 실습기관에서 체험하지 못한 부분이나, 평생교육기관마다 다른 색깔을 체험해 볼 수 있는 기회를 제공함으로써 다양한 평생교육 현장을 알 수 있도록 한다.

여덟째, 실습평가 부분을 구성한다.

실습생과 실습지도자, 실습 관련 직원 등과 함께 평가기회를 갖는 방법이 있다.

2) 현장실습기관 수행내용

첫째, 실습생 맞이하기.

실습생을 맞이하기 위하여 실습생 명찰과 실습 파일철을 준비한다.

둘째, 기관 안내서와 각종 사업자료, 안내 자료를 준비한다.

실습생이 기관의 현황 및 기관에서 수행하는 사업을 파악할 수 있도록 기관 안내서와 각종 사업자료, 안내 자료를 준비한다. 기관소개서, 연간운영백서 또는 사업결과보고서, 사업자료집 등을 준비하여 실습생에게 제공하고, 실습생이 실습하는 내용에 해당하는 업무를 미리 파악할 수 있도록 한다.

셋째, 실습생에게 문자나 이메일로 출근일정을 확인한다.

실습 시작일 2~3일 전에 실습일정과 출근일시와 장소, 기타 유의 사항 등을 실습생에게 문자나 이메일로 보내고 출근일정을 확인한다.

넷째, 실습생에게 실습에 대한 오리엔테이션을 실시한다.

실습생을 기관장 및 직원들에게 소개한다.

① 실습기관현황 및 비전, 조직, 주요 사업

② 실습생이 배치되는 팀의 주요업무 및 담당자

③ 실습일정에 따른 실습 세부 프로그램 및 실습목표 설정

④ 실습생의 자세와 실습기간에 지켜야 할 규칙

⑤ 기타 유의 사항 등 실습 전반적인 사항에 대해 오리엔테이션을 한다.

다섯째, 실습일정을 확정한다.

주간별, 일자별 실습일정을 실습생과 조율하고 확정한다.

① 실습일정은 담당자의 업무는 물론 팀, 기관의 행사 등을 고려하여, 실습생이 다양한 평생교육 현장을 참관하거나 체험할 수 있도록 구성한다.

② 당일 업무가 없을 때를 고려하여, 실습생이 스스로 정보를 찾아보거나 이론적인 부분을 정리할 수 있는 내용을 포함하여 일정을 조율한다.

여섯째, 실습생에게 당일 해야 할 업무를 지시한다.

① 실습운영 시 실습지도자는 실습생에게 지시할 업무에 대해 실습생에게 적합한 업무인지 확인한다.

- 예비 평생교육사에게 업무 능력 향상에 도움을 줄 수 있는 업무인가?
- 실습계약에 의한 내용이 반영된 업무인가?
- 실습생이 감당해 낼 수 있는 정도의 업무인가?
- 실습내용 중 필수 실습내용이 포함되어 있는가?

② 실습 지도자는 실습생에게 수행해야 할 일의 분량, 기한, 일의 진행방식을 정확하게 자세히 알려 준다.

예를 들어, 당일 진행되는 강의에 대해서는 교육종료 전 실습생의 할 일이 학습자를 대상으로 교육평가에 대한 설문조사와 조사결과를 분석하는 것이라고 할 경우, 학습자들에게 설문조사가 있을 것이라는 안내를 미리 할 수 있도록 한다. 또한 현장실습생이 조사를 실시하는 데 어려움이 없도록 배려한 후 다음의 업무를 세부적으로 지시해야 한다.

- 실습지도자는 설문조사의 일정, 목적, 방법에 대한 내용을 해당 강의 강사에게 안내하고, 수업을 10분 전에 종료할 것을 부탁한 후 실습생에게 설문조사 목적과 대상, 방법을 설명한다.
- 먼저 실습생이 설문지를 읽고, 이해할 수 없는 것이 있는지 확인하여, 실습생이 모르는 내용에 대해 설명한다.
- 당일 해당 강의 일정을 파악하게 한다. 강의실 시간표를 출력하여, 설문조사할 강의 시간을 확인하도록 한다.
- 강의별 학습자 수를 체크하여 여분의 설문지와 펜을 준비하게 한다.
- 실습생에게 설문조사 시 주의 사항을 인지시킨다.
- 실습생이 설문조사 시간 전에 강의실 앞에서 기다리다가, 강사가 수업을 종료 한 후 입실하도록 안내한다.
- 실습생이 학습자들에게 자신을 소개하고, 설문목적을 설명한 뒤, 설문지를 배부하도록 안내한다.
- 설문조사 후 분석방법과 분석결과를 어떻게 정리할 것인지 설명한다.
- 실습생이 수행해야 하는 내용을 명확하게 하기 위하여 실습생에게 분석결과 샘플을 제공해준다.
- 수행의 효율성을 높일 수 있는 방안을 제시하여, 처음 하는 일이라도 자신감을 갖고 실행할 수 있도록 한다.
- 실습생은 현장실습수행에서 일에 대한 중간보고나 문제점이 생겼을 때 어떻게 처리할 것인지, 실습지도자에게 보고한 후 처리하도록 안내한다.
- 평생교육 프로그램에 의해서 실습을 진행한다.

일곱째, 보안 서약서를 작성한다.

실습과정에서 알게 되는 기관의 기밀 사항에 대해 보안을 지키도록 안내해야 하며, 보안 서약서를 작성한다.

표 7-2 실습생 보안서약서 예시

실습생 보안서약서

본인은 (   )기관에서 평생교육 현장실습을 하면서 다음 사항을 준수할 것을 엄숙히 준수할 것을 서약합니다.

1. 본인은 (   )기관에서 실습 중 업무와 관련하여 알게 된 정보 특히, 개인정보 보호법 등 관련 법규에 의거하여 국가 정보 사항 등에 대하여 일체 누설하지 않을 것을 서약합니다.
2. 본인이 정보 사항을 누설할 때에는 동기 여하를 막론하고 엄중한 처벌을 받을 것을 서약합니다.

본인은 위와 같이 내용을 충분히 숙지하였으며 이에 동의합니다.

년 월 일

서약자
성 명: (인 또는 서명)
생년월일:

서약집행자
부 서 명:
성 명: (인 또는 서명)

기 관 명

여덟째, 개인정보동의서(개인 정보 보호법)를 받는다. 실습을 위해 필요한 개인 정보 수집에 따른 개인정보동의서(개인 정보 보호법)를 받는다. 개인정보에 해당하는 사항은 다음과 같다.

① 일반 정보 : 성명, 주민 등록 번호, 주소, 연락처 등
② 경제 정보 : 소득, 재산 상황, 신용, 부채 등
③ 사회 정보 : 학력, 성적, 병역, 직업, 자격 등
④ 통신 정보 : 전자 우편, 통화 내용, 인터넷 접속 IP, 로고(logo) 등
⑤ 민감 정보 : 사상, 신념, 노동조합·정당의 가입탈퇴, 정치적 견해, 건강

3) 현장실습기관의 실습계획표

평생교육기관의 업무일정에 따라 실습을 할 수 있는 내용이 다르다. 따라서 실습기간에 할 수 있는 업무를 기반으로 실습내용을 편성한다.

실습예정자의 요구를 파악하여 요구에 맞는 프로그램을 실시하게 되면, 실습 만족도가 향상되며 실습생의 실습의욕도 향상시킬 수 있다. 실습예정자에게 평생교육 관련 과목을 수강하면서 특별히 관심 있었다거나, 본인이 실습을 통해서 배우고자 하는 분야가 무엇인지를 물어서 요구를 파악한다.

교수방법은 평생교육기관에서 추진하는 주요기능, 평생교육사의 직무, 평생교육사의 역량 등은 강의법으로 설명한다. 그리고 평생교육기관의 사업은 검색하여 분석하도록 지도하고, 기관별 평생교육사의 주요업무가 무엇인지는 인터뷰를 통하여 작성하도록 한다.

평가자가 실습현장의 평생교육사 업무를 분석하기 위해서는 실습현장에서 수행되는 평생교육사의 업무를 분석할 수 있는가를 평가한다. 실습 프로그램 개발 평가를 하기 위해서는 현장실무능력을 배양하기 위한 실습 프로그램을 개발할 수 있는가와 현장실습의 목표와 실습생의 요구에 맞춘 프로그램을 제시할 수 있는 것을 평가하여, 학습자가 학습목표를 성공적으로 달성하였는지를 알아보아야 한다.

국가평생교육진흥원에서 2015년 평생교육실습지침으로 고시한 평생교육 현장실습 필수항목과 선택항목을 표 7-3에서 제시하고, 그에 따른 평생학습센터 실습계획표의 예시를 표 7-4, 표 7-5, 표 7-6의 3가지로 제시하였다.

표 7-3 평생교육 현장실습, 필수항목

<table>
<tr><th colspan="2">구분</th><th>실습내용</th></tr>
<tr><td rowspan="4">필수항목</td><td>1. 오리엔테이션</td><td>① 기관소개 및 평생교육 관련 업무소개
- 기관별 현장실습운영규정 안내자료 포함
② 실습기관별 유형대비 기관특성 소개
- 주요 학습대상자 및 프로그램 소개 등
③ 실습기관 실습생의 자세 및 역할
④ 구체적 실습목표의 설정과 실습 지도자와의 일정별 세부계획 수립</td></tr>
<tr><td>2. 행정업무</td><td>① 기안 및 공문서 모의작성
② 사업예산(안) 편성 안내</td></tr>
<tr><td>3. 모의 프로그램 기획</td><td>① 실습기관의 진행 프로그램 조사 및 분석
② 실습기관의 요구분석 실시
③ 평생교육 프로그램 개발
④ 평생교육 프로그램 홍보 및 마케팅 전략</td></tr>
<tr><td>4. 실습평가</td><td>실습평가회: 실습생의 실습수행에 대한 평가 등</td></tr>
<tr><td rowspan="3">선택항목</td><td>1. 실습기관 관련 법 및 정책이해, 기관 분석</td><td>① 평생교육법 및 정책 파악하기
② 실습기관의 전략 도출(SWOT 분석활용)</td></tr>
<tr><td>2. 교육 프로그램 운영 지원</td><td>① 프로그램 학습자 관리 및 지원
② 강사, 학습동아리 등 인적 DB 관리 및 지원
③ 학습 정보 DB 관리 및 지원
④ 학습 시설·매체 관리 및 지원
⑤ 프로그램 관리 및 운영, 모니터링
⑥ 프로그램 만족도 조사와 결과분석 수행지원(결과분석 수행 등)
※ 다른 프로그램 2개 이상 수행</td></tr>
<tr><td>3. 유관기관 방문 및 평생교육 행사 참석</td><td>① 유관기관 방문(프로그램 조사 및 분석)
② 평생학습 행사 참석(지역축제, 박람회 등)
※ 실습 목적에 맞는(2~5개) 기관을 방문한다. 총 방문 기간은 3일을 넘지 않는다.
※ 각 기관 방문 시 출장 및 결과 보고서 제출권장</td></tr>
</table>

출처 : 국가평생교육진흥원 홈페이지(교육부 2015 평생교육실습 지침).

표 7-4 평생교육 현장실습계획표(예시1)

주차		주요내용	세부사항
1주	1	오리엔테이션	교육일정 안내 및 실습기관의 이해 (실습일지 작성법 등)
	2	평생교육 업무흐름 파악	프로그램 기획, 진행, 분석, 평가, 관리, 홍보 등 전체적인 흐름 파악
	3	행정실무 (문서처리 절차 교육)	기안 및 공문서 작성 사업회계예산 편성방법
	4	평생교육 프로그램 숙지	학습자 상담 및 접수 안내
2주	1	평생학습 러닝숍(SOAP) 이해	평생학습 러닝숍(SOAP) 이해 *숍(SOAP: Studio of Arts Pace)
	2	러닝숍(SOAP) 분석	평생학습 러닝숍(SOAP)프로그램 분석 프로그램 기획
	3	평생학습센터 이해	평생학습센터 프로그램 분석
	4	평생학습센터 이해	평생학습센터 프로그램 참관
3주	1	학습등대 이해	학습등대 이해
	2		평생학습 인적자원 (평생학습 매니저, 시민강사)
	3	학습동아리 이해	평생교육기관 조사 및 지역 네트워크
	4		학습동아리의 이해
4주	1	성인학습자 이해	성인학습자 특성 이해
	2	평생교육 프로그램 기획	대상선정 및 설문지 작성
	3		프로그램 수요조사, 프로그램 기획
	4		평가방법 홍보방안 및 홍보지 작성
5주	1	평생학습도시1	타 학습도시 조사
	2	평생학습도시2	평생학습도시 이해
	3	평생교육사 비전 수립	평생교육사로서의 사명과 비전 수집
	4	실습평가	종합평가, 실습일지 및 과제물 점검

표 7-5 ○○평생학습센터 실습계획표(예시2)

실습기간: 20 년 월 일 ~ 월 일(160시간)

연번	월	일	학습내용	
1	4	5	오리엔테이션, 센터소개, 직원 소개, 기관시설시찰	실습 안내 실습일지작성법
2	4	6	자아발견을 위한 여행(나 그리고 너 이해) 인간에 대한 이해(HTP)	인간관계 대인관계
3	4	7	평생학습센터 조사 발표 및 현황 파악 지역 평생학습 분석	민원응대방법 전화응대방법
4	4	8	자아분석 Self-Analysis 나누기 생애주기별 강점 그래프 그리기, 나의 인생 목표	행정업무 안내 업무 보조
5	4	9	실습기관 SWOT 분석 실습생 SWOT 분석	각종 민원응대 행정업무
6	4	12	평생학습자 분석방법, DISC, 에니어그램	각종 민원응대 행정업무
7	4	13	평생교육사 소양 셀프리더십의 이해 진성리더십의 이해	각종 민원응대 행정업무
8	4	14	HRD와 평생교육, 기업강의 학교 강의, 복지관강의	PPT작성법 강의 스킬 방법
9	4	15	사티어 의사소통 유형검사 분석 가족이해	E러닝 녹화실 관리 업무보조관리
10	4	16	평생교육기관 이해 인터넷 원격교육 운영 분야별 직업능력 직무교육 유관기관 방문 및 관련 행사참석	각종 민원응대 행정업무
11	4	19	평생학습프로그램개발을 위한 타당성분석 지역의 프로그램 분석, 지역 인구특성분석	각종 민원응대 행정업무
12	4	20	평생학습프로그램개발을 위한 요구조사	각종 민원응대

연번	월	일	학습내용	
			학습자 특성 및 요구조사·분석 평생학습 SWOT 분석	행정업무
13	4	21	평생학습프로그램개발 조사발표 평생학습 통계데이터 분석 지원세력 확보 및 설득	각종 민원응대 행정업무
14	4	22	평생학습프로그램개발 초안개발 설문지작성 및 인터뷰	각종 민원응대 행정업무
15	4	23	평생학습프로그램개발 자료정리 및 분석 마케팅 계획짜기	평생학습계좌제 현황 숙지
16	4	26	평생학습프로그램개발 발표 및 평가	각종 민원응대 행정업무
17	4	27	평생교육에서 e-learning을 성찰하다 스마트러닝 디지털 교과서	각종 민원응대 행정업무
18	4	28	공모사업 기획서 작성 제안서 작성하기 단위 사업계획 수립	각종 민원응대 행정업무
19	4	29	교수법, 강의법의 특징 강의법의 장단점 알아보기	각종 민원응대 행정업무
20	4	30	프리젠테이션 스킬 익히기 퍼실리테이터 스킬 익히기	실습종합평가회 및 정리

표 7-6 평생교육 현장실습계획표(예시3)

구분	실습내용
오리엔테이션	① 평생교육기관 및 주요업무 소개 - 기관소개 및 평생교육 관련 주요업무 소개 - 실습목표설정 및 세부계획 수립
일반교육	① 교육운영 지원 - 교육홍보 및 마케팅(게시 및 리플릿 제작 등) - 기자재 준비, 강의장 세팅, 수강생 안내, 사진 촬영 - 학습정보 DB 관리 등

구분	실습내용
	② 교육평가 - 프로그램 기획, 참관, 진행, 평가 - 프로그램 만족도 조사 및 결과 분석 - 교육 모니터링 등 ③ 조사 분석 - 평생교육기관 사례조사 - 학습자 요구분석, 각종 통계, 데이터분석 등 ④ 실습일지 작성
모의 프로그램 기획	① 평생교육사 역량강화교육 - 모의 프로그램기획 및 현장실무 - 평생학습 상담 및 컨설팅 ② 행정업무 - 기안 및 공문서 모의작성 및 행정업무
실습평가	실습생의 실습수행 내용에 대한 평가

4) 평생교육 현장실습 오리엔테이션

실습기관 소개 및 직원에 대한 오리엔테이션을 한다. 실습희망자가 필수과목 미 이수와 학점 미달로 실습 참여 준비가 되어있지 않은 경우는 준비사항을 안내해주고, 실습희망자를 다 받을 수 없는 경우는 다른 기관을 소개하여 주어야 한다.

실습기관 오리엔테이션 내용 사례

- 기관의 연혁 및 세부적인 내용 소개
- 기관에서 진행 중인 프로그램과 대상 집단 소개
- 기관의 연간 주요행사 소개
- 기관시설, 조직도와 직원 소개
- 지역사회와 다른 기관들, 조직과의 관계
- 실습 프로그램 소개
- 기록보관 체계의 구조 및 내용
- 스케줄 변화 및 결근 시 통보체계 설명
- 평가체계 소개

2. 실습지도자

1) 실습생 지도

실습지도자는 실습생과 4주 동안 교육적 관계를 맺게 된다. 효율적 지도를 위해 그동안 개념적 의미의 평생교육사의 역할과 현장의 사례를 제시해서 설명함으로써 구체적, 체계적인 수준까지 체험할 수 있도록 안내해 주도록 한다. 실습생의 현장체험을 촉진하고, 평생교육사로서의 사명감 고취와 효과적인 지도를 담당해야 한다.

(1) 모델링과 관찰기회 제공

모델링과 관찰의 본질은 다른 사람들의 행동을 관찰하는 것에서부터 시작하는 사회적 학습에 있다. 실습기관 내에서 실습생은 실습지도자와 다양한 업무를 하고 있는 직원들의 업무현장을 관찰하면서 간접 경험해 볼 수 있는 기회를 갖게 된다. 그러므로 실습지도자는 실습생에게 각 영역의 업무 담당자를 관찰하고, 모델링할 수 있도록 지도편달해야 한다(평생교육진흥원, 2009).

(2) 보조진행 기회 제공

보조진행은 관찰이나 참여관찰의 수준이 아니다. 실습생에게 직접 실습지도자와 함께 현장업무를 수행해 볼 수 있는 적극적 기회를 제공하는 것이다

실습지도자는 업무계획과 실행, 평가에 이르기까지 실습생과 전 과정을 공유할 수 있도록 환경을 조성해주도록 하는 것이다. 현장업무의 전 과정에 실습생이 보조자로서 참여할 수 있게 하여 평생교육 현장업무를 한층 쉽게 학습될 수 있도록 해주어야 한다.

(3) 녹화 및 녹음, 기록에 대한 피드백

실습생이 학습자와 면담업무나 학습동아리를 지원할 경우, 실습지도자는 실습생의 활동장면을 녹화하거나 녹음하여 실습생에게 활동에 대한 기록을 남기도록 지도해야 한다.

실습지도자는 이런 자료들을 분석하여 학습자 면담과 학습동아리에 대한 자

문을 한 실습생의 실전수행능력을 분석하여 조언을 해 주어야 한다. 조언을 할 때 실습지도자는 실습생의 수행에 대한 평가는 긍정적인 측면을 우선적으로 강조하여 당황하지 않도록 조언을 시작해야 한다.

(4) 각종 문제해결에 대한 자문

실습과정 도중 예기치 못했던 문제로 인해 실습생은 곤란을 겪게 되는 경우가 종종 있다. 그러므로 실습지도자는 실습과정도중 겪게 되는 실습생의 문제해결에 도움을 주는 자문역할을 하거나, 실습생이 겪게 된 문제에 초점을 맞추어 미리 실습내용을 유연하게 조정하여 운영한다.

2) 교수·학습 방법

① 평생교육 현장실습 목적 및 운영기준과 실습절차를 강의법을 통해 설명하며, 양성기관과 실습기관, 실습생의 역할분담을 강의법으로 설명한다.
② 조별로 평생교육기관을 조사하고, 평생교육사 양성기관 목록과 현장실습이 가능한 기관을 기관 유형별로 작성한다. 실제 실습운영에 대한 사례를 조별로 발표하도록 하고, 피드백을 제공한다.
③ 실습계획서 작성사례를 보여 주며, 실습계획 수립방법을 설명한다. 학습자가 실습기관의 실습담당자(평생교육사)라고 가정하고, 실습 계획서를 작성해본다.
④ 공문서 및 실습에 따른 필수 양식목록을 제시하고, 각 양식에 맞춰 서류를 작성해 작성방법을 강의법으로 설명한다.

3) 실습수행 내용 피드백

실습지도자는 실습생에게 실습활동의 수행과정과 결과에 대한 성과와 효과성을 인식시키고, 수행과정에 있어서의 실습생의 문제점 또는 개선을 위해 구체적이며 명료하게 피드백 해준다. 예를 들어, 교육결과에 대한 설문조사와 결과분석이 실습수행내용일 경우 다음과 같이 피드백을 할 수 있다.

① 수행목표 측면에서 설문조사와 분석 완료 여부를 확인하고 기간 내 완료 또는 미완료에 대한 칭찬, 격려를 통해 성취감을 느낄 수 있도록 한다.

② 수행과정 측면에서 어려운 점이 무엇이었는지를 물어보거나 실습지도자로서 수행과정의 개선사항을 파악하여 피드백한다. 피드백을 통해 실습생이 수행방법이나 수행태도 등을 개선할 수 있도록 한다.

③ 수행역량 측면에서 설문조사 결과를 분석·해석하는 데 있어 예비 평생교육사로서 어떠한 역량이 부족하고 무엇이 필요한지 피드백해서 실습생 자신의 강점과 약점을 파악하도록 도와준다. 또 어떠한 방법으로 해당 역량을 향상시킬 수 있는가를 제시한다.

피드백은 실습생의 수행에 대한 평가에 목적이 있는 것이 아니라, 학습과 개선에 있다는 점을 고려한다. 현장에서 일어나는 것을 이론에서 배운 것과 연관지어 생각할 수 있는 질문, 토론 등의 시간을 제공하도록 한다.

4) 실습지도 기록서 작성

실습지도 기록서는 실습생의 실습수행에 대한 의견을 총 4회에 걸쳐 기록하는 것이다. 실습내용, 실습생의 자질, 실습지도자로서의 의견을 작성한다. 주요 실습내용과 실습일지에 기록된 실습생의 의견이나 건의 사항, 의문점 등에 대한 답변으로 적어 넣을 수도 있다. 실습생이 예비 평생교육사로서의 자질과 역량이 있는지에 대해 실습생의 장단점을 객관적으로 인식하여 실습자로서의 학습향상에 기여할 수 있게 된다.

표 7-7 실습지도 기록서(사례)

실습지도자: (서명 또는 인)

주차	실습지도자 의견
1주차	기관소개 및 오리엔테이션시간에 차분히 메모하며 열심히 공부하는 책임감 강한 모습이다. 팀에서 발표를 맡았다. 다양한 수업 활용과 문제해결학습 등 다양한 시도에 대한 긍정적인 생각을 가지고 있으며 조직원들과의 화합을 위하여 노력하는 모습은 보기 좋았다. 글로벌 수학 디지털 스토리텔링 전자책 콘텐츠에 대하여 흥미와 관심을 가지고 더 자세히 알아보고 가능하다면 직접 활용해 볼 생각이라는 취지의 발표가 인상적이다. 진로에 대한 콘텐츠로 학생들에게 진로에 대한 중요성에 대해 관심이 많은 실습생이다.
2주차	평생교육사의 역할과 조건에서 성격유형검사실시에서 자신의 리더십 방향까지도 연관 시키는 메타인지가 높은 실습생이다. 평생교육 관련 요구분석·개발·운영·컨설팅 업무·평가, 학습자에 대한 평생학습정보 제공 업무에도 융통성을 발휘하는 행동가가 되리라고 생각되었다. 동영상 기기 작동법에서 차츰 적극적 자세로 바뀌었다. 실습을 통한 게임교수법에 정말 재미있게 참여하였다. 학습자들의 특성과 수업 내용을 고려하여 적절한 게임을 활용한다면 흥미 있게 학습목표를 효과적으로 달성할 수 있다는 발표와 함께 교수자의 표현스킬 분야에 관심이 크고 장점이 많은 실습생이다.
3주차	평생교육 실제 행정 및 운영법과 학습자의 생애 능력발달 상담·교수 업무, 평생교육 진흥 관련 사업계획 등 준비를 잘해 왔다. 다양한 프로그램 방법 중 재미와 학습목표 도달의 두 가지 목적을 동시에 달성할 수 있는 게임교수법에 특히 관심이 많은 실습생이다. 프로그램 요구분석의 다양한 방법 중 서베이 단계에 대한 요점 발표를 잘하였고 산업안전교육은 프로그램 요구분석을 정확히 인지하고 있으며, 다양한 사례나 기법을 통해 학습자들에게 충분히 학습하는 방법에 대한 관심이 많다.
4주차	평생교육 실제 행정 및 운영법에서 교육생 과정 종료 프로그램 피드백 분석에 대한 행정 업무를 실습했다. 상황적 변화에 적절히 대처를 잘하는 실습생이다. 몸이 아파도 빠지지 않고 열심히 헌신하는 모습이다. 프로그램 홍보 전략에서 뛰어난 아이디어와 간결한 문구로 설득력을 주는 프로그램 홍보 전단지는 모든 면에서 적극적이고 우수한 모습이다. 진로적성개발 프로그램 "꿈을 찾아가는 여행"을 진단을 통한 자기 이해와 직업세계의 이해를 연구하여 발표를 잘 해 주었다. 모든 면에서 열심히 하고 성실하고 유능한 평생교육사가 될 자질이 충분하다.

※ 총 160시간의 실습시간 중 40시간을 1주로 산정하여 작성

5) 실습일지 작성지도하기

실습일지작성 목적은 실습의 진행사항을 매일 기록하는 것으로 일반적으로 어떠한 점을 학습했는지에 대한 당일의 실습활동 내용 및 영역, 실습지도자와의 협의사항 및 자기평가로 구성되어야 한다. 실습을 통해서 느낀 점, 실습지도자와의 협의사항 및 자기평가, 다음 할 일 등을 기재하도록 지도한다. 실습생은 실습일지의 작성으로 자신이 한 업무, 경험, 관찰 등을 모니터링할 수 있으며, 예비 평생교육사로서 자신의 장단점을 인식하여 학습할 수 있는 기회가 된다. 실습지도자는 다음과 같은 실습일지 작성지도를 해야 한다.

① 평생교육 현장실습일지는 실제로 했던 내용을 객관적으로 정확히 기록하도록 지도한다.

② 실습일지는 당일수행 업무영역 및 내용, 목적을 적고, 실습생으로서 어떤 것을 학습했는지에 대한 내용을 적도록 지도한다.

③ 실습내용이 기관방문, 행사참관, 세미나참석 등과 현장을 담아야 하는 활동일 경우는 실습 프로파일을 작성하도록 지도한다. 이 경우는 행사의 개요(일시, 장소, 대상, 내용 등)를 적고, 현장사진을 첨부하도록 지도한다.

④ 실습일지의 사진첨부는 8장 정도를 넣는 것이 적정하다. 사진은 본인의 얼굴을 포함하여 촬영하고, 타인 얼굴은 모자이크 처리를 해야 하고, 반드시 실습일지 내용과 일치해야 한다.

⑤ 평생학습센터 프로그램 참여 및 분석과 유관기관 방문을 할 경우는 보고서를 첨부하여 작성하도록 지도하고, 학습자의 성향 및 특성을 학습자 성향 및 특성분석으로 작성하도록 지도한다.

⑥ 평생교육 진흥원에서 제시한 모의 프로그램 개발을 하도록 지도하여야 한다. 하고자 하는 프로그램의 적절성을 위하여 충분한 요구분석이 이루어져야 한다. 프로그램명을 학습자의 관심을 끌 수 있는 것으로 선정하고, 교육기관, 장소, 교육시간과 교육기간, 차수별 교육활동 등이 명시되어야 하며, 예산을 어디서 충당할 것인지도 결정되어야 한다.

⑦ 프로그램 운영에 있어서 투입될 강사나 운영지원에 필요한 자원봉사자의 활용 등 세부사항과 좋은 프로그램도 홍보가 이루어지지 않으면 사장되므로 대상자에 맞는 홍보 전략이 필요하고, 프로그램 실행 후 어떤 방법으로 평가를 할 것인지도 결정하여 프로그램 기획안에 모두 나타나도록 지

도해야 한다.

⑧ 실습일지의 실습내용, 소감, 자기평가를 읽어 보고 실습지도자로서 피드백할 내용이나 참고해야 할 사항을 파악하여 실습생에게 조언을 하거나, 실습내용에 대한 토론을 통해서 깊이 있는 실습이 될 수 있도록 한다.

⑨ 실습종료 1시간 전 시간을 당일 실습일지를 쓰는 시간으로 배정하여, 실습생이 실습일지 작성을 미루지 않도록 관리하며, 당일 제출한 일지를 읽어 보고, 실습내용에 대한 피드백은 당일에 하도록 하는 것이 좋다.

⑩ 실습소감 및 평가부분에는 실습생이 당일 실습을 통해서 느낀 점, 실습지도자와의 협의사항 및 자기평가, 다음 할 일 등을 기재하도록 지도한다.

⑪ 특히, 실습일지를 시간대별로 자신이 한 일을 기술하는 방식으로 쓰지 않도록 지도한다.

6) 실습생 출근부 확인

출근시간, 퇴근시간을 기록하고, 퇴근 시 실습생은 반드시 자필성명으로 사인을 날인하도록 지도하고 실습지도자는 날인 또는 서명으로 확인한다. 결근, 조퇴, 지각 시 그 사유를 함께 기재한다. 실습일지와 실습일은 반드시 일치해야 하며, 출석부는 당일 기록하게 하고, 일과 전에 제출해서 실습 담당자가 확인란에 날인한다.

7) 실습 시 발생된 문제점 해결

실습 시 다양한 문제가 발생한 경우 각 상황에 적절하게 대응하고 문제점을 해결할 수 있다.

① 실습생의 실습활동으로 인한 신체상의 안전(상해 등) 또는 건강에 문제가 있을 경우 반드시 지정병원 또는 인근병원에서 처치를 받을 수 있도록 한다. 관련 부서에 문의하여 기관에서 가입한 보험 등으로 혜택을 볼 수 있는지, 사후관리를 어떻게 하는지 절차를 알아보고 처리한다. 상해로 인해 출석을 하지 못하는 경우, 출석처리(공가 또는 출석)를 어떻게 할 것인지는 기관에서 판단하고 실습생과 협의한다.

② 실습 필수내용을 실습현장에서 경험해야 하나 실습현장이 프로그램을 직접 운영하지 않거나 실습담당자의 업무가 한정적일 경우, 현장을 폭넓게

체험할 수 있는 방안을 마련한다. 그 방안으로는 인근 평생교육기관 방문, 타기관 평생교육 프로그램 참관, 평생교육 관련 행사참석 등이 있을 수 있다. 실습생이 타 기관을 방문하게 될 때에는, 실습담당자가 타 기관의 평생교육 담당자와 협의를 마친 후 방문하도록 한다.

③ 갑자기 발생한 일, 장기간의 출장, 기관의 행사 등으로 실습지도자가 실습지도를 할 수 없는 경우, 실습생에게 자신의 일정을 설명하고, 실습생이 해야 할 일을 목록화 하거나 안내해 주고, 스스로 할 수 있도록 한다. 실습지도는 여유가 생겼을 때 목록을 보거나 실습일지를 보고 지도한다. 또는 동료에게 사정을 이야기하고 실습생을 부탁하여, 실습생이 무엇을 할지 모르거나, 기관에서 무관심하다는 생각이 들지 않도록 해야 한다.

④ 하루 일정 중 실습생에게 지시할 업무나 일거리를 줄 수 없는 경우는 실습생에게 평생교육에 관련된 책, 보고서 등을 보거나, 자신이 해야 하는 공부를 해도 된다는 것을 미리 안내한다. 이때 무조건 '하고 싶은 것을 해라, 읽고 싶은 것을 읽어라'라고 하기보다는 실습생이 관심 있는 평생교육 관련 주제 또는 실습계획에 포함된 내용과 관련된 책이나 보고서, 논문, 인터넷 자료 등을 보도록 하는 것이 좋다. 이처럼 자기주도 학습을 한 후에는 내용에 대해 토론하는 시간을 갖도록 한다. 실습생의 학습내용을 공유하고, 실습지도자로서 해당내용에 대한 피드백을 해 주도록 한다.

⑤ 실습생이 개인사정으로 단기간 또는 장기간 결석을 해야 하는 경우, 실습담당자는 실습생과 상담을 통해서 실습 진행 여부를 판단하도록 한다. 결석한 일수만큼 연장해서 실습이수 시간을 채울 수 있도록 배려할 수 있다. 하지만 너무 장기간이거나 실습생의 무단결석 등이 반복될 경우, 실습생에게 실습 진행을 중단할 수 있음을 알리고, 행정처리를 할 수 있다. 실습을 중단하는 경우, 실습을 의뢰한 기관에 중단사유를 명시하여 공문으로 통보한다.

제3절 실습생의 할 일

1. 현장실습생의 자세 및 예절

평생교육현장실습기관을 선정하고 실습을 진행하기 전에 현장실습생은 기본적인 자세 및 태도, 예절을 익혀 실습의 주체자로서 효율성 및 만족도를 높이기 위하여 적극적이고 능동적인 자세로 실습에 임해야 한다.

1) 현장실습생의 자세

- 기관 내에서 이름표를 지참한다.
- 평생교육 준전문가로서 품위 있는 단정한 복장과 용모를 한다.
- 자신이 적극적이고 능동적인 자세로 실습에 임해야 한다.
- 자신의 경력 및 역량을 입증할 수 있는 자료를 준비해야 한다.
- 실습기관의 내부 규정과 규칙에 따라 모든 실습내용을 운영한다.
- 실습기관의 모든 규칙을 위반하는 일이 없도록 한다.
- 기관의 모든 내부사항은 대외적으로 비밀을 지킨다.
- 업무처리 및 협조와 관련하여 조력할 수 있는 자세가 필요하다.
- 근무시간은 실습기관의 근무시간과 동일하게 근무한다.
- 출근부 날인과 실습일정에 맞는 모든 준비를 한다.
- 결근·조퇴·지각은 사전에 실습지도자에게 보고한다.
- 기관 또는 실습지도자의 허락 없이 개인행동은 하지 않는다.
- 기관 내 직원들과 실습생 간에는 존칭을 사용한다.

2) 실습 예절

현장실습은 실습기관에서 기관의 실무자, 조직 구성원, 실습지도자와 함께 진행되므로 현장실습생은 이들과의 원만한 관계가 중요하다. 현장실습에서 이러한 원만한 관계가 되기 위해서는 관찰을 통해 실무자들의 관습과 업무수행방식, 현장에서의 규칙을 빨리 익히는 것이 필요하다.

• 인사예절

- 인사는 인간관계를 부드럽게 하는 윤활유 역할을 한다.
- 실습기관의 모든 구성원에게 정중하고 예의 바르게 인사한다.
- 즐겁고 원만한 관계를 위해서 인사예절이 중요하다.

• 언어예절

- 실습자는 기관 내에서 인간관계의 가장 기본이 되는 언어예절이 중요하다.
- 부정적 의미가 포함되어 있는 말을 해서는 안 된다.
- 자리에 없는 사람을 악평해서는 안 된다.
- 확실하지 않은 단정적 표현도 안 된다.
- 현장실습 시 관계자들과의 대화 시 정중한 표현을 하도록 주의한다.
- 사적인 대화나 전화사용을 자제한다.
- 말을 예의 바르게 한다.

• 전화예절

- 전화는 기관의 얼굴이다. 전화응대방법에 따라 기관의 이미지가 좌우된다.
- 상대 얼굴을 안보고 대화하기 때문에 예절을 지키는 데 자칫 소홀하기 쉽다.
- 전화는 직접적인 경비만이 아니라 귀중한 시간도 소비한다.
- 전화를 걸 때
  (a) 전화를 건 목적에 대해 미리 준비한 후 전화를 건다.
  (b) 첫인사와 함께 자신과 기관을 먼저 소개하고 상대방의 반응을 기다린다.
  (c) 전화를 건 목적을 간략하게 이야기하고, 통화내용을 요약·정리하고 다음 할 일에 대하여 약속한다.
  (d) 메모를 부탁할 때는 상대방의 이름을 꼭 확인한다.
  (e) 감사의 인사를 하고 상대방이 끊은 것을 확인하고 전화기를 내려놓는다.
- 전화 받을 때
  (a) 기관의 첫 수화로 시작하여 소속과 이름을 밝힌다.
  (b) 그 다음 용건을 경청하고 전화내용을 메모하면서 중요사항을 확인

한다.

(c) 자신이 처리 불가능한 내용은 빨리 다른 담당자를 바꿔 준다.

(d) 통화내용 마무리 후 감사의 끝 인사와 이름을 이야기하고 상대방이 전화 끊은 것을 확인한 후 전화기를 내려놓는다.

• 시간관리

- 실습 진행 시 무단으로 결근·조퇴·지각·외출을 해서는 안 된다.
- 따라서 부득이한 경우에는 사전에 반드시 양해를 구하도록 해야 한다.
- 다른 직원들보다 먼저 출근하여(10~20분) 업무를 준비한다.
- 시간관리를 효율적으로 하기 위해서는 실습목표의 명료화가 중요하다.
- 할 일들을 시간대별로 적어두고 실천해 나가도록 해야 한다.

2. 현장실습생의 업무

1) 실습생 출근부 작성

- 출근시간, 퇴근시간을 기록하고, 퇴근 시 실습생은 반드시 자필서명을 날인하고 실습지도자의 날인 또는 서명을 받는다.
- 결근, 지각, 조퇴 시 그 사유를 함께 기재한다.
- 점심, 저녁 등의 식사시간은 총 160시간의 실습시간에는 포함되지 않는다. 점심, 저녁 시간에도 실습을 진행해야 할 경우에는 [점심 /저녁 시간] 란에 '해당 없음'을 기재한다.
- 실습일지와 실습일은 반드시 일치해야 한다.
- 하루 8시간이 초과되면 안 된다.
- 일주일에 40시간을 초과해서 실습할 수가 없다.

표 7-8 실습생 출근부

결재	실습생	지도자

실습생 출근부

실습생 성명		연락처	

월/일	출근시간	퇴근시간	실습시간 (1일)	실습생 확인	실습지도자 확인	지각, 조퇴, 결근 여부 및 사유
/						
/						
/						
/						
/						
/						
/						
/						
/						
/						
/						
/						
/						
/						
/						

총 실습시간 합계	시간 / 총 일/ 1일 실습평균 시간

2) 실습일지 작성 방법 및 사례

실습일지 작성 시 유의사항

- 실습내용을 글씨는 정자로 충실하게 기록하고, 깨끗하게 기록한다.
- 실습일지는 그날그날 기록한다.
- 실제로 했던 내용을 정확히 기록한다.
- 일과 종료 전에 제출해서 실습담당자가 확인란에 날인한다.
- 실습일지 기록 이외에 학습자, 실습운영담당자, 기관운영 및 업무추진과 관련된 사례연구, 기관관리 등도 성실하게 기록한다.
- 실습과정상에 있었던 내용들은 실제로 했던 내용만을 정확하게 기록한다.
- 실습생의 주관을 배제하고 객관적인 사실에 근거하여 기록한다.
- 은어나 속어는 자제하고 오탈자가 없도록 주의하여 작성한다.
- 내용은 간결하고 명확하게 서술한다.
- 실습소감 및 평가부분에는 실습생이 당일 실습을 통해서 느낀 점과 지도자와의 협의사항 및 자기평가 등을 기록하도록 한다.
- 실습일지를 일관성 있게 워드로 칠 경우 같은 글씨체를 사용하는 것이 좋다.
- 실습일정 또는 실습내용이 기관방문, 행사참관, 세미나참석 등과 현장을 담아야 하는 활동일 경우는 실습 프로파일을 작성한다. 이 경우는 행사의 개요(일시, 장소, 대상, 내용 등)를 적고, 그에 따른 사진을 첨부한다.
- 사진첨부는 본인 얼굴을 포함하여 촬영하고, 타인 얼굴은 모자이크 처리를 해야 한다.
- 사진 내용과 실습일지 내용이 일치해야 하고 8장 정도가 적정하다.
- 지도교수의 실습지도를 직접 받은 경우에도 사진을 첨부한다.

표 7-9 실습 일지(사례 1)

<table>
<tr><td>실습일</td><td colspan="3">2021년 3월 19일(금요일)</td><td>실습지도자 확인</td><td>(서명 또는 인)</td></tr>
<tr><td rowspan="2">실습시간</td><td>출근일시</td><td>퇴근시간</td><td>식사시간</td><td>지각/조퇴결근여부
(사유)</td><td>실습시간</td></tr>
<tr><td>09:00</td><td>18:00</td><td>12:00-13:00</td><td></td><td>8시간</td></tr>
<tr><td>실습내용</td><td colspan="5">◆ e-learning 살펴보기
e-learning에 대하여 자료를 조사하고 스터디함
1. Smart Learning ㈜ 위두커뮤니케이션즈
- 글로벌 수학 교육과정 분석 후 초등 500개 수학 개념을 도출하여 모듈방식으로 구성한 디지털 스토리텔링 전자책을 개발함
- 학습 내용과 판타지 스토리를 연결하는 스토리텔링 수학 학습을 구현, 전자책의 지식을 반복훈련하고 내면화되도록 게임을 결합 구성함
- 다국어 지원과 영어로 배우는 수학 만화를 구성함
- 학생의 학습활동, 인지전략, 학업 성취 수준을 종합적으로 분석하는 Learning Analytics를 활용해 개인별로 최적화된 학습 콘텐츠를 큐레이션해 주는 글로벌교육 서비스 플랫폼을 제공함
2. KBS 미디어 온라인 평생교육원
- 취업연계 및 자기계발을 위한 온라인 무료 학습운영, 교육재능기부를 신청하여 선정이 되면 온라인교육 사이트를 제작/개설 후 무료 지원해주는 시스템임. 온라인으로 쉽게 학습 및 자격증을 취득할 수 있는 민간자격과정을 제공함
- 국가공인 민간자격인 학생, 일반인, 기업임직원 대상으로 정보활용능력을 측정하는 인터넷 기반의 실무능력 평가 시험(e-test)
3. 디지털 교과서
- 기존 교과 내용에 멀티미디어 자료, 평가문항, 보충심화학습내용, 용어사전 등 풍부한 학습 자료와 학습지원, 관리기능이 부가되고 교육용 콘텐츠 등 외부 자료와의 연계가 가능한 교재
- 현재 에듀넷을 통해 제공되고 있으며 뷰어 설치 후 인터넷을 통해 사용 가능함</td></tr>
<tr><td>실습소감
및
자기평가
(협의사항 포함)</td><td colspan="5">온라인으로 학습과 자격증을 취득할 수 있는 교육 사이트를 무료로 제공해주는 KBS 미디어 온라인 평생교육원에 대한 정보를 얻게 되어 좋았고, 향후 활용해봐야겠다는 생각이 들었다. 또한 이 정보를 들으면서 '홍보'의 중요성을 다시 한 번 생각하게 되었다. 보다 적극적인 홍보를 통하여 많은 사람들이 활용하고 모든 국민이 평생교육에 참여하는 대한민국이 되었으면 한다. 스터디 내용 중 '디지털 교과서'는 교과내용 외에 다양한 학습자료 및 학습지원과 관리기능이 부가되어 학습장면에서 폭넓게 활용될 수 있는 장점이 있다. 현재 학교현장에서도 '디지털 교과서' 시범연구학교를 운영하고 있고 가까운 미래에 디지털교과서를 활용한 학교가 늘어날 것으로 예상된다.</td></tr>
</table>

표 7-10 실습 일지(사례 2)

<table>
<tr><td>실습일</td><td colspan="3">2021년 3월 25일(목요일)</td><td>실습지도자 확인</td><td>(서명 또는 인)</td></tr>
<tr><td rowspan="2">실습시간</td><td>출근일시</td><td>퇴근시간</td><td>식사시간</td><td>지각/조퇴결근여부
(사유)</td><td>실습시간</td></tr>
<tr><td>9:00</td><td>18:00</td><td>12:00-13:00</td><td></td><td>8시간</td></tr>
<tr><td>실습내용</td><td colspan="5">[보이스피싱 - 전화사기에 속지 않아요.]
1. 학습자 분석
가. 일반적 특성
• ○○동은 어르신이 밀집된 곳이며 홀로 사시는 할머니와 조부모 가정도 흔히 볼 수 있음
나. 구체적 출발점 능력
• 사기 사건에 휘말린 경우가 있음 → 피해자 발생하지 않도록 교육하기로 함
• 노인복지관, 관할 주민자치센터 등 공문으로 도움 요청
• 교육 기획하여 일정을 잡아 교육 실시
2. 목적진술
• 교육 후 문자나 전화를 받아도 합리적인 의심을 갖고 대응 가능함
3. 방법, 매체, 자료의 선택
• 동영상 자료(경찰청, 금융감독원 등), PPT 등
4. 교수매체의 자료와 활용
• 복지관 강의실 테이블 및 정원 지정(한 테이블당 4명), 보조교사, 복지사 배치, 컴퓨터 및 프로젝터 등 사전점검, 준비물 배치 확인
5. 학습자 참여
• 교육완료 후 학습자 경험담 등 사례 이야기 → 보이스피싱은 내 주변에서 흔히 일어나는 범죄피해라는 것을 자각시킴
6. 피해구제 신청
• 피해자는 피해금을 송금·이체한 계좌를 관리하는 금융회사 또는 사기이용계좌를 관리하는 금융회사에 피해구제 신청을 한다.
• 피해구제 신청을 받은 금융회사는 다른 금융회사의 사기이용계좌로 피해금이 송금·이체된 경우 해당 금융회사에 지급정지 요청을 한다.</td></tr>
<tr><td>실습소감
및
자기평가
(협의사항 포함)</td><td colspan="5">보이스피싱과 관련하여 ASSURE 모형으로 학습자 분석, 목적 진술, 방법·매체·자료의 선택, 교수매체의 자료와 활용, 학습자 참여 부분으로 나눠 분석하였더니 이 모형에 대해서 이해도 잘 되었고 어떻게 사용하면 효율적인지 알게 되었다. 앞으로 더 연구를 해야 하겠다.</td></tr>
</table>

표 7-11 실습 일지(사례 3)

<table>
<tr><td>실습일</td><td colspan="3">2021년 3월 29일(월요일)</td><td>실습지도자 확인</td><td>(서명 또는 인)</td></tr>
<tr><td rowspan="2">실습시간</td><td>출근일시</td><td>퇴근시간</td><td>식사시간</td><td>지각/조퇴결근여부
(사유)</td><td>실습시간</td></tr>
<tr><td>09:00</td><td>18:00</td><td>12:00-13:00</td><td></td><td>8시간</td></tr>
<tr><td>실습내용</td><td colspan="5">◆ 산업 안전·보건법 열람
1. 산업안전·보건법
가. 산업안전·보건에 관한 기준을 확립하고 그 책임의 소재를 명확하게 하고 산업재해를 예방하고 쾌적한 작업환경을 조성함으로써 근로자의 안전과 보건을 유지·증진함을 목적으로 하는 법
나. 정부는 산업안전·보건에 대한 제반사항을 성실히 이행할 책임을 갖는다.
다. 사업주는 산업재해의 예방을 위하여 기준을 준수하며, 사업장의 안전·보건에 관한 정보를 근로자에게 제공하고 적절한 작업환경을 조성함으로써 근로자의 생명보전과 안전 및 보건을 유지·증진하도록 하고, 국가의 산업재해 예방시책에 따라야 함
라. 근로자는 산업재해 예방을 위하여 기준을 준수하며, 국가와 사업주의 산업재해의 방지에 관한 조치에 따라야 함
2. 산업안전보건정책심의위원회
가. 노동부에 산업안전보건정책심의위원회를 둠
나. 노동부장관은 산업재해예방에 관한 중장기기본계획을 수립해야 함
다. 사업주는 사업장의 유해 또는 위험한 시설 및 장소에 안전·보건표지를 설치·부착하여야 함
라. 사업주는 안전보건관리책임자와 산업보건의를 두고, 근로자·사용자 동수로 구성되는 산업안전보건위원회를 설치·운영하여야 함
3. 산업안전 보건법 제32조에 의한 안전 보건관리 책임자
가. 신규교육: 선임된 후, 3개월 이내 대상자
나. 보수교육: 신규교육 또는 보수교육 이수 후, 매 2년 기준 3개월 이내 자</td></tr>
<tr><td>실습소감
및
자기평가
(협의사
항 포함)</td><td colspan="5">산업안전보건법은 산업재해를 예방하기 위한 법률로서 사업주에게 산업재해를 예방하기 위한 여러 가지 의무를 부과하는 산업재해를 예방하기 위한 법률이다. 법을 위반하였을 때는 단순하게 과태료가 부과되는 것이 아니라 법을 위반한 사업주 및 담당자를 형사처벌 하도록 되어 있다. 위반죄는 근로자가 다치거나 사망하였을 때 성립되는 것이 아니라 사업주가 예방조치를 하지 않았다는 그 사실 자체만으로 위반죄가 성립된다는 것도 새롭게 알게 되었다. 또한 산업안전보건법의 이와 같은 특징이 노동조합과 근로자들이 단체협약이나 임금협상 등에서 중요한 협상도구로 활용될 수 있다는 것도 알게 되었다. 법으로 인하여 근로자들이 안전을 보장받으며 행복하게 일할 수 있는 사회가 되기를 바란다.</td></tr>
</table>

표 7-12 실습 일지(사례 4)

<table>
<tr><td>실습일</td><td colspan="3">2021년 3월 30일(화요일)</td><td>실습지도자 확인</td><td>(서명 또는 인)</td></tr>
<tr><td rowspan="2">실습시간</td><td>출근일시</td><td>퇴근시간</td><td>식사시간</td><td>지각/조퇴결근여부(사유)</td><td>실습시간</td></tr>
<tr><td>09:00</td><td>18:00</td><td>12:00-13:00</td><td></td><td>8시간</td></tr>
<tr><td>실습내용</td><td colspan="5">◆ 프로그램 홍보 전략 구상
1. 홍보 팜플렛 제작 콘테스트, 마케팅 홍보 전략
가. 전단지 제작
- 외식업체 안전과 식당이 연계된 모양을 넣어 안전성 강조
- 홍보용 팜플렛 각자 발표
- 멀리서도 잘 보이도록 뚜렷한 디자인 색상과 글씨크기 등 조절
나. 팜플렛 제작 콘테스트 및 우수 팜플렛 선정
다. 홍보전략 구상 및 수립 : 외식업체에 교육 안내 메일링
2. 발표 및 평가
가. 프로그램 마케팅 개념
- 평생교육기관이 개발된 프로그램에 학습고객들의 참여를 유도하기 위해 취해지는 여러 가지 조치를 포괄적으로 지칭하는 개념
- 홍보, 진흥, 광고, 리크루팅보다는 광의적인 개념으로 평생교육 프로그램을 알리고 학습자들의 참여를 적극적으로 유도하고 촉진시키는 방법에 대해 연구, 분석, 판단하는 포괄적인 개념
나. 프로그램 마케팅 기법
- 홍보, 광고우편물, 신문, 잡지, 방송매체, 전화, 구두, e메일, 팜플렛 등
다. 프로그램 마케팅 사례
- 눈을 끄는 홍보내용이 필요, 효과적인 홍보카피 작성, 학습자들의 요구를 충족할 수 있도록 돕는 목표작성, 교육에 참여하면서 얻을 수 있는 혜택 강조, 처음 3~4초 내에 독자의 관심을 포착, 독자가 즉각 참여하도록 하기, 독자의 참여를 독려하는 단어들과 강력한 메시지 사용, 시험하기!</td></tr>
<tr><td>실습소감 및 자기평가 (협의사항 포함)</td><td colspan="5">지난 학기에 평생교육 프로그램 마케팅에 대하여 학습하였다. 이번 실습기간을 통하여 마케팅이 광의의 개념이며 홍보는 마케팅 영역에서 하나의 기법이라는 것을 다시 한 번 확인하였다. 잠재적 학습자들의 참여를 유도하고 촉진시키는 프로그램 마케팅 기법으로는 최근 들어 활발히 사용되는 SNS를 통해서도 할 수 있겠다는 생각을 하였다. 평생교육사는 프로그램 마케팅에 대해서도 전문인이 되어야하며, 효과적으로 홍보를 할 수 있어야 하나, 무엇보다도 중요한 것은 프로그램의 질적 제고라고 생각한다. 입소문이 가장 중요한 홍보이기 때문에 질적으로 우수한 프로그램을 기획하고 운영하여 학습자 스스로 찾도록 유도하는 것이 가장 먼저 주력해야 하는 일이라고 생각한다.</td></tr>
</table>

표 7-13 실습 일지(사례 5)

<table>
<tr><td>실습일</td><td colspan="3">2021년 4월 1일(목요일)</td><td>실습지도자 확인</td><td>(서명 또는 인)</td></tr>
<tr><td rowspan="2">실습시간</td><td>출근일시</td><td>퇴근시간</td><td>식사시간</td><td>지각/조퇴결근여부
(사유)</td><td>실습시간</td></tr>
<tr><td>09:00</td><td>18:00</td><td>12:00-13:00</td><td></td><td>8시간</td></tr>
<tr><td>실습내용</td><td colspan="5">[09:00-12:00] 모의 평생교육프로그램 홍보 및 마케팅계획
- 프로그램 홍보 및 예산 계획 작성
프로그램의 목적과 목표 훈련기간 커리큘럼 평가방법, 계획을 세운 교육프로그램에 참여할 훈련생을 모집하기 위한 홍보계획을 세웠다. 평생교육프로그램을 아무리 잘 계획해도 훈련생을 모집하지 못하면 소용이 없기 때문에 타겟으로 설정한 훈련생 모집을 촉진할 수 있는 온라인 오프라인, 홍보계획을 세웠다. 성인학습자임을 고려하여 출퇴근 시간 전단지 홍보와 평생교육 바우처를 이용한 교육 프로그램이기 때문에 국가 지원사업 공고가 잦은 교육기관 근처의 동사무소를 이용한 홍보계획을 작성했다. 다음으로 평생교육프로그램 계획에 따라 필요한 예산을 지출과 수입부분으로 나누어 편성해 보았다. 평생교육 바우처 범위 내에서 훈련생이 지불할 수 있는 교육비만으로 교육프로그램에 필요한 전체 예산을 충당할 수 없어 영어교육을 지원하는 교육재단과 정부 산하 영어교육지원사업단에 후원을 요청하여 필요한 비용을 충당하는 것으로 예산 계획을 수립했다.

[13:00-18:00] 종강서류 정리
- 종강서류 정리
이번 주 종강하는 훈련과정의 종강서류를 준비했다. 훈련과정, 종강 일에 훈련생들이 작성해야 하는 시험지와 소감문 작성, 훈련생들에게 발급 할 이수증에 본 기관의 직인을 날인하여 준비하였다.
훈련과정이 끝난 후 수강 평을 작성할 수 있도록 HRD 수강평 작성 요청문을 함께 준비했다.
[3: 필수 모의 프로그램 기획]
[2: 선택 교육프로그램 운영지원]</td></tr>
<tr><td>실습소감
및
자기평가
(협의사
항 포함)</td><td colspan="5">평생교육 바우처로 교육비를 지원하고 있지만 정해진 한도 내에서 자기부담금으로 진행하고자 하는 교육프로그램의 지출예산을 모두 충당할 수 없어 교육프로그램 계획을 일부 수정해야 했다. 커리큘럼에 포함되어 있는 부가학습 콘텐츠 비용을 줄이거나 계획된 예산의 일부를 지원받는 스폰서를 발굴하는 방안 중 선택이 필요했는데 교육효과를 높이기 위해 교육프로그램의 일부를 줄이는 대신 후원 스폰서를 발굴하는 방안을 선택하고 후원이 가능한 기관을 찾아보았다. 평생교육기관에서 평생교육사로 근무하려면 기본적인 이론과 소양은 더불어 많은 이해관계의 사람들과 접하는 기회가 많다 보니 발 빠른 임기응변의 감각도 필요하다는 느낌을 받았다.</td></tr>
</table>

표 7-14 실습 일지(사례 6)

<table>
<tr><td>실습일</td><td colspan="3">2021년 3월 30일(화요일)</td><td>실습지도자 확인</td><td>(서명 또는 인)</td></tr>
<tr><td rowspan="2">실습시간</td><td>출근일시</td><td>퇴근시간</td><td>식사시간</td><td>지각/조퇴결근여부(사유)</td><td>실습시간</td></tr>
<tr><td>09:00</td><td>18:00</td><td>12:00-13:00</td><td></td><td>8시간</td></tr>
<tr><td>실습내용</td><td colspan="5">[실습생 개발 프로그램 상호 의견 교환]
○ 진로전담교사 역량 개발 프로그램
- 진로교육정책 변화, 진로교육법, 진로교육목표, 교과통합 진로교육 방안을 포함하여 지역사회연계 진로체험 프로그램을 개발하여 프로그램 영역을 확대시켰다는 점에서 의의가 있을 것으로 평가됨
- 독서토론 기법을 활용하여 성인들의 창의성 향상으로 자신이 맡고 있는 분야나 희망하는 분야에서 역량을 발휘할 수 있도록 하며, 나아가 올바른 문제해결 능력을 갖도록 사회적 배려 등의 인성교육 프로그램 개발
- 성인을 대상으로 한 창의·인성 분야도 새롭고 독서토론을 활용하여 성인들에게 관심이 많은 인문학 분야에 대한 니즈를 충족시킬 수 있을 것임
○ 이웃 커뮤니케이션 능력 향상 교육 프로그램
- 이웃 커뮤니케이션 능력 향상 교육 프로그램, <완벽한 이웃이 되는 법>은 수강 희망자를 대상으로 하는 오프라인 프로그램으로 3주간 진행된다. 이웃 간 효율적인 소통 방법 모색, 의사소통 기법 학습(전문가 특강), 소통 부족이 초래하는 문제점 인식 및 해결방안 도출, 이웃 공동체의 중요성 인식 및 실천방안 도출 등을 목적으로 한다.
○ 부모-교사 코칭 프로그램
- 아이의 마음을 읽어주는 능력, 감정을 발견하는 능력, 최대의 에너지를 발휘할 수 있도록 동기부여 해주는 능력, 아이와 함께 목표를 설정하고 실행할 수 있는 능력 등 부모나 교사의 잠재 능력을 일깨워 역량을 최대화할 수 있는 프로그램 개발로서 학교와 가정이 연계할 수 있는 실질적인 방안을 제시해 주고 아이의 성장을 위해 함께 노력해야 하는 부모와 교사의 역량을 개발할 수 있는 프로그램임
○ 직장인을 위한 걷기 운동 프로그램
- 운동 시간이 부족한 직장인을 대상으로 걷기운동을 통한 운동실천 향상, 올바른 걷기 방법과 영양교육으로 건강증진에 기여하고 건강생활을 실천하는 기회제공으로 삶의 질 향상할 수 있는 프로그램 개발</td></tr>
<tr><td>실습소감 및 자기평가</td><td colspan="5">○ 평생교육기관의 역할을 혁신적으로 하는 사례를 본 기관을 통해 학습하는 시간이었다. HRD 프로그램 운영가로서의 역할은 프로그램을 기획하고, 운영하며, 평가하는 전반적인 영역을 담당하게 되므로, 전문가로서의 역량을 갖추는 것이 매우 중요하다. 프로그램 운영자의 기획, 운영, 평가</td></tr>
</table>

(협의 사항 포함)	전반의 전문성이 필요하다는 것을 크게 느끼게 되었다. ○ 평생교육기관 실습활동은 실제 평생교육기관에서 평생교육사가 하는 역할에 대하여 체험적으로 익힐 수 있는 시간이었다. 에듀인컴 평생교육기관의 철학과 현재 이루어지고 있는 다양한 프로그램, 시스템을 통해 기관의 철학을 기반으로 프로그램 기획을 하고 관리하는 전체 과정을 직접 실습하는 내용을 익힌 부분이 가장 기억에 남는다.

표 7-15 실습 사진 첨부

실 습 사 진	
해당 사진 날짜/내용	해당 사진 날짜/내용
해당 사진 날짜/내용	해당 사진 날짜/내용

3) 유관기관 방문 보고서

평생학습센터 프로그램 참여 및 분석과 유관기관 방문을 할 경우는 보고서를 첨부하여 작성하고, 학습자의 성향 및 특성을 분석하여 작성한다.

표 7-16 기관사업 및 프로그램 참여(사례1)

검토항목	참여관찰 결과
프로그램 주제	2020 청소년 문화예술교육 지원사업 '상상(相翔) 학교'
대 상	문화예술활동에 관심 있는 만13세~18세 청소년
홍보방법	지역신문, 벽보, 인터넷 클럽 이용
시 간	2020-08-01~10-31 토요일 오후(15:00~19:00)
프로그램 과정명 (프로그램의 내용구성)	**1단계(1~2월)** 청소년수련시설 운영기관 모집·선정 **2단계(2~3월)** 교육운영단체 공모·선정 **3단계(3월)** 운영기관 희망 프로그램 및 지역을 토대로 교육운영단체 매칭 **4단계(4~10월)** 운영기관별 청소년 모집 및 교육 실행 **5단계(10~11월)** 필요시 시설별 결과발표회 개최
강 사	지자체에 있는 문화예술교육단체와 연계하여 지도
운영상의 문제점	또래 청소년들이 함께 마주보며 날개를 펴 꿈을 향해 높이 날 수 있게 응원하고, 문화감수성 및 자기이해 증진의 기회를 제공하는 문화예술지원사업이나 단계별 관리를 위해서 교사가 더 필요하다. 학생들이 교육시간 이외의 연습할 공간이 부족하다.
보완점	**참여방법** 프로그램 검색 → 프로그램 운영기관 확인 → 운영기관으로 되는 개별 문의를 다문화 청소년이나 탈북자 청소년을 위하여 개별 검색이 아닌 기관별 홍보와 접수가 필요하다. 홍보 방법의 다양화와 지역 기관 및 학교의 협조를 끌어내어 보다 많이 알려야 한다.
프로그램의 효과	문화예술교육을 지원함으로써 청소년의 문화예술 재능 및 소질을 발견할 수 있는 기회를 제공
교육비	'21년 기준 16개 운영기관(청소년수련시설)/1기관당 20만 원 지원, 누구나 전액 무료

출처: 문화예술활동, 청소년활동정보서비스(2021).

표 7-17 유관기관 특성화사업 프로그램 참여

물적 자원 네트워크는 어떤 형태로 이루어져 있는가?	
시설활용	
기자재	
재정적 지원	
인적 자원 네트워크는 어떤 형태로 이루어져 있는가?	
강 사	
자원봉사자	
실무자들 간의 네트워크	

출처: 평생교육 현장실습 평가서, 단국대학교(2014).

표 7-18 학습자 성향 및 특성 분석

학습자명 :		- 수강강좌(명) :					
연령대/성별 :		- 타 강좌 수강경험 :					
비 고 :							
(5: 매우만족, 4: 만족, 3: 보통, 2: 불만족, 1: 매우불만족)							
번호	**질문내용**	**5**	**4**	**3**	**2**	**1**	**comment**
1	강좌의 기초계획에 따른 체계적 진행						
2	학습내용의 양과 수준의 적합성						
3	강사의 수업진행 능숙함						
4	강사의 수업시간 약속수행 여부						
5	학습자들의 수업시간 약속수행 여부						
6	수강한 강좌의 강의방법 적절성						
7	수강한 강좌의 실용성의 정도						
8	수강한 강좌의 교육시설의 적합성 여부						
9	수강한 강좌의 내용과 홍보 내용의 일치도						
10	본 강좌의 재등록 의향						
11	수강한 강좌에의 적극적 참여의 정도						
12	수강한 강좌에 대한 전반적인 만족도						
13	수강한 강좌의 개선사항	비고:					

출처: 평생교육 현장실습 평가서, 단국대학교(2014).

4) 모의 프로그램 개발 참여

평생교육기관에서 하고자 하는 프로그램의 적절성을 위하여 충분한 요구분석이 이루어져야 한다. 요구조사에서 가장 많이 활용되고 있는 SWOT기법을 사용한 요구분석, 요구조사, 요구사정은 프로그램 개발의 핵심으로 평생교육을 기획하는 중요한 요소이다.

프로그램명을 학습자의 관심을 끌 수 있는 것으로 선정하고, 교육기관, 장소, 교육시간과 교육기간, 차수별 교육활동 등이 명시되어야 하며, 예산을 어디서 충당할 것인지도 결정되어야 한다.

프로그램 운영에는 대상자에 맞는 홍보 전략과 프로그램 실행 후의 평가까지 프로그램 기획안에 모두 나타나야 한다.

(1) SWOT 분석(매트릭스 양식)

기업의 강점과 약점을 발견하기 위하여 내부환경을 분석하고, 기회와 위협을 찾아내기 위하여 외부환경을 분석한다. SWOT 분석은 이를 토대로 강점을 살리고 약점은 줄이고, 기회를 활용하고 위협은 억제시키는 마케팅 전략을 수립하는 것이다.

표 7-19 SWOT분석

	Strength(강점)	Weakness(약점)
Opportunity (기회)	**SO전략 : 미래의 대응강화전략** 시장의 기회를 활용하기 위해 강점을 사용하는 전략	**WO전략 : 약점보완전략** 약점을 극복하기 위해 시장의 기회를 활용하는 전략
Threat (위협)	**ST전략 : 시너지 창출전략** 시장의 위협요인 극복을 위해 조직 강점을 활용하는 전략	**WT전략 : 위협 최소화전략** 시장의 위협을 회피하고 약점을 최소화 하는 전략

표 7-20 코로나시대의 이러닝교육 SWOT분석

	Strength(강점)	Weakness(약점)
Opportunity (기회)	- 장소·시간에 구애받지 않아서 좋다. - 비대면 수업으로 코로나 전염성을 줄일 수 있다. - 비대면 수업으로 컨텐츠사업이 늘어나고 있다 - 안전하게 공부할 수 있다.	- 질의응답을 즉각적으로 할 수 없다. - 학업집중력이 떨어진다. - 열띤 토론방식으로 할 수 없다. - 전인교육의 필요성을 느낀다. - 공부에 흥미를 잃을 우려가 있다.
Threat (위협)	- 비대면 수업으로 시간에 구애받지 않아서 틈새 시간에 다른 자격증에 도전할 기회가 주어진다. - 프로그램을 다양하게 연구할 수 있는 기회가 주어졌다.	- 코로나사태 장기화로 자기주도학습이 떨어진다. - 다양한 이러닝사업체의 난립으로 경쟁이 심해진다.

표 7-21 실습기관(Y평생교육원)의 SWOT분석 및 전략도출

Strength	Weakness
• 온라인 쇼핑몰 창업 운영 전반에 밀접하게 구성된 전문 커리큘럼 • 성공사례를 보유한 실무 중심의 특화된 강사진과 컨설팅방식의 교육 • 메이저 B2B 사업자 제휴를 통한 교육 창업-원스톱 지원 서비스 • SNS 채널에서 쇼핑몰 창업 전문 셀러 양성 등 핵심 키워드 선점 • 무료 세미나교육 상시 진행	• PC 등 기반 훈련 기자재 노후 • 과정 수강 인원 증가 시 강의실 부족
Opportunities	**Threats**
• 부업 희망 수요자 확대에 따른 온라인 쇼핑몰 창업 관심 확대 • 1인 가구 증가에 따른 온라인 쇼핑몰 수요 및 매출 증가 • 쿠팡, 11번가, 스마트스토어 등 플랫폼 기반 오픈마켓의 성장	• 감가상각에 따른 훈련 기자재 비용 • COVID-19로 인한 집체교육 자제정책 • Edu-tech 확대에 따라 집체교육에서 원격교육으로의 전환 변곡점
SWOT 분석에 따른 전략도출	
• **SO전략(강점으로 기회 살리기)** : 온라인 쇼핑몰 창업(그중에서도 비교적 적은 초기자본으로 접근 가능한 B2B 오픈마켓의 창업·운영 마케팅에 특화된 커리큘럼을 바탕으로 구성된 훈련과정을 제공하는 동시에 과정 이수 후 실제 창업이 가능한 B2B 셀러 판매 사이트까지 원스톱 서비스를 제공함으로써 쇼핑몰을 창업하고자 하는 훈련생들이 교육과 창업에 쉽게 도전하도록 함) • **ST전략(강점으로 위협 피하기)** : COVID-19로 인해 집체교육은 자제하고 온라인(원격)교육과 병행하여 실시 • **WO 및 WT전략(약점보완으로 기회살리기 및 위협피하기)** : 강의실 부족은 집체교육과 온라인교육 혹은 인터넷 및 모바일 강의반 운영	
※ **Y평생교육원** : IT NCS 기반 사무행정 직무분류(02020302) 코드에 해당하는 컴퓨터 활용능력 취득과 특히 쇼핑몰 창업 및 운영 마케팅, 전반에 걸친 실무능력을 배양할 수 있는 평생교육시설	

출처: 서울G대학교 평생교육원(2020).

(2) 모의 프로그램 기획

표 7-22 모의 프로그램 기획(안)

<table>
<tr><th colspan="2">구 분</th><th>내 용</th></tr>
<tr><td rowspan="3">사전 조사</td><td>개발 필요성</td><td></td></tr>
<tr><td>기존 프로그램 분석</td><td></td></tr>
<tr><td>학습자 요구분석</td><td></td></tr>
<tr><td colspan="2">프로그램명</td><td></td></tr>
<tr><td rowspan="2">목표 설정</td><td>학습목표</td><td></td></tr>
<tr><td>목표학습자</td><td></td></tr>
<tr><td colspan="2">교육기간</td><td></td></tr>
<tr><td colspan="2">교육장소</td><td></td></tr>
<tr><td colspan="2">소요예산</td><td></td></tr>
<tr><td rowspan="5">프로그램 세부 계획</td><td>홍보계획</td><td></td></tr>
<tr><td>강사 선정기준</td><td></td></tr>
<tr><td>차수별 교육활동</td><td></td></tr>
<tr><td>운영지원활동</td><td></td></tr>
<tr><td>평가활동</td><td></td></tr>
</table>

출처: 평생교육 현장실습 평가서, 단국대학교(2014).

5) 기타 행정업무

(1) 제안서

표 7-23 프로그램 제안서

2021년

부모교육 프로그램 운영계획 제안서

1 개 요

■ 프로그램 진행 개요

1. 과 업 명 : 2021년 나도 부모는 처음이라 「**학부모교육 프로그램**」

2. 운영기간 : 2021년 5월(일정 조율 가능)

3. 교육대상 : 학부모 및 예비학부모

4. 기대효과

- 양육경험이 부족한 현대 젊은 부모들에게 어린이의 성장 및 발달과정에 대한 과학적 정보 및 지식에 대한 정보를 제공해 줄 수 있다.
- 자녀의 성장 및 발달과정에 부모참여 및 개입에 대한 전문성이 요구됨에 따라 부모 자신의 여건 및 상황에 적합한 자녀양육 및 교육을 선택할 수 있다.
- 부모와 자녀의 요구를 조화시킬 수 있는 전문적 역량을 향상시킬 수 있다.
- 부모는 아동의 발달과정에서 가장 중요한 영향을 미치므로 자녀양육에 대한 지식 및 부모로서의 철학을 확립할 수 있다.

■ 운영기관 소개 - OOO교육 (인천 OOO 프로그램실)

1. 진로 프로그램과 연계된 **다양한 교구 개발**로 아이들이 보다 즐겁고 재미있게 참여할 수 있도록 설계하여 운영하여 활동형 프로그램 개발이 가능함
 *진로 프로그램과 연계된 교구 : 크래프트 블록 및 교재
2. 부모교육, 청소년진로교육, 기업교육을 진행하고 있는 교육 전문 회사
3. 아동발달심리상담, 청소년심리상담, ADHD아동상담, 청소년진로상담, 한부모가정상담 등 진행

2 프로그램 제안

■ '나도 부모는 처음이라' 프로그램

구 분	프로그램 주제	프로그램 내용
1	우리가족이 함께 할 21세기 인재상	21세기 인재상이 왜 창의성과 인성인가? 창의력과 인성을 키울 수 있는 다양한 방법 인성과 창의성으로 리더십 발휘하기
2	우리가족만의 강점 찾기	장점과 단점의 차이는? 우리가족만의 강점 알아보기 우리가족을 위한 필요한 강점 찾아보기
3	노래로 풀어보는 인문학	요즘 아이들은 무슨 생각을 하고 있나? 시대별 노래로 알아보는 아이들의 마음읽기 왜 아이돌인가?
4	가족의 마음에 문을 여는 대화법	부모와 자녀 사이에 의사소통이 잘 되는 자녀가 대인관계와 사회성도 좋아진다. 사랑하기와 가르치기에 적절한 사용방법 알기
5	교류분석을 통한 나, 너 그리고 우리	건강한 가정을 만드는 자기혁신 프로젝트를 완성할 수 있다. 자녀의 마음에 신뢰감을 저축하는 방법을 터득할 수 있다.
6	이웃에게 물어보살	서로의 걱정거리 나누기 서로의 고민을 나누고, 틀린 것이 아니라 다름을 인식할 수 있다. 소통에 대한 주제로 서로 토론하기
7	우리가족 진로 도와주기	BEST-ONE이 아닌 ONLY-ONE에 집중할 수 있는 방법을 알 수 있다. 우리자녀를 성격과 기질에 따른 올바른 진로교육의 길로 안내할 수 있다.
8	공부가 즐거워지는 자기주도 학습법	모든 과목을 아우르는 언어학습의 중요성을 터득할 수 있다. 가정에서 학습을 도와주는 실제적인 방법들을 익힐 수 있다.

구 분	프로그램 주제	프로그램 내용
9	우리가족에게 딱 맞는 공부 환경	자녀의 성격과 기질에 맞는 각자의 공부환경을 인식할 수 있다. 공간, 집중력, 색상, 소음 등 공부환경에 미칠 수 있는 여러 가지 요인을 파악할 수 있다.
10	정리의 나비효과	정리가 인생에 미치는 영향력은 얼마나 될까? 정리의 효과성에 대해 인지할 수 있다. 실생활에서 적용할 수 있는 방법에 대해 익히고 실천할 수 있는 방법을 터득할 수 있다.
11	당신의 지갑은 부자입니까?	왜 돈을 모으고 싶은가? 지갑정리를 통해 나의 소비습관을 알아보고 개선할 수 있는 방법을 찾아볼 수 있다.
12	스마트폰으로부터 우리가족 지키기	스마트폰이 뇌에 미치는 영향력을 분석할 수 있다. 스마트폰 사용을 줄이기 위한 가족들과의 규율을 만들 수 있다.
13	올바른 성 가치관 심어주기	우리 아기에게 언제 성에 대해 말해줄 것인가? 성에 대한 질문하는 우리 아이에게 어떻게 대응할 것인가? 애착에 대한 이해와 유형을 알아보고 지금 우리 아이의 애착정도에 대해 알 수 있다.
14	나, 너 더불어 우리	차이와 차별에 대해 알 수 있다. 너와 나의 차이를 알아보고 차이가 있음을 인정할 수 있다. 우리 자녀에게도 차별을 하고 있는지 알아본다.
15	난, 프라다를 입는다	3초 안에 일어날 수 있는 일들에 대해 알아보고, 내가 할 수 있는 것을 찾을 수 있다. 어떻게 하면 프라다를 입을 수 있는지 알아보고 나에게 맞는 이미지메이킹을 위해 노력할 수 있다.
16	세상을 담는 창의융합	4차산업혁명시대에 걸맞는 문제해결력과 창의력 향상에 도움을 준다. 자아실현을 목표로 다중지능 속에서 협업과 분업을 통해 공동체 능력을 향상시킨다.

교육생들의 피드백

- 실질적으로 자녀를 키우는 방법에 대해 도움을 많이 받았다.
- 우리 자녀의 발달 단계에 대해 알 수 있는 기회가 되어 좋았고, 이해할 수 있는 시간이어서 유익했다.
- 자녀마다 다른 성격과 기질이 있음을 알고는 있었지만, 왜 다르냐며 아이만 야단쳤는데 그것이 잘못되었다는 걸 알게 되었네요. 부모역할 정말 중요하네요.
- 부모가 변하면 자녀도 변한다는 것은 알고 있었지만, 어떻게 변해야 하는지 몰랐는데 조금 알 것 같아요. 고맙습니다.
- 행복한 가정에서 행복한 자녀가 있음을 알게 되었다.
- 모든 것은 나로부터 시작이라는 말이 귓가에 맴돌아요. 나를 찾고, 부부를 찾고, 부모를 찾아야 한다는 말이 인상적입니다.
- 나와 남편이 달라도 너무 달라서 힘들었는데 왜 그런지 이해할 수 있을 것 같다.
- 나의 잘못된 습관들에 대해 다시 한번 생각해 볼 수 있었다.
- 자녀의 진로뿐만 아니라 나의 진로에 대해서도 생각해 볼 수 있는 기회가 되었다.
- 성에 대해 아이들과 이야기하는 것이 부끄럽기만 했는데 어떻게 접근해야 하는지 방법을 배우게 되어 조금은 도움이 될 것 같다.
- 성에 대해 아이들과 이야기할 수 있을 것 같다.
- 매일 스마트폰 때문에 아이와 싸웠는데, 싸움을 줄일 수 있는 방법에 대해 배웠다.
- 이미지 메이킹이 왜 중요한지 알 수 있었고, 나에게 어울리는 이미지에 대해 고민하는 시간이 되었다.
- 남편도 자식도 내가 하기 나름이다.
- 아이에게만 변해야 한다고 했는데 내가 먼저 변화해야 함을 느낄 수 있었다.
- 유아용 블록만 있다고 생각했는데 블록으로 우리 아이의 창의성을 엿볼 수 있을 것 같아 기대가 된다.

3 예산안 편성

■ **예산안 편성 양식**

항목	내용	내용	산출기준	금액(원)	총액(원)
수입	수강료	학부모 교육 프로그램	50,000원 × 50명	2,500,000	16,500,000
	보조비	지자체 지원금	시 지원금	10,000,000	
	후원비	후원회 모금	50,000원 × 80명	4,000,000	

항목	내용	내용	산출기준	금액(원)	총액(원)
지출	강사비	외래 강사	100,000원 × 20회 × 5	10,000,000	16,500,000
	교재비	교재 제본	10,000원 × 57부	570,000	
	홍보비	현수막	50,000 × 10회	500,000	
		전단지	100,000 × 2연	200,000	
	운영비	소모품	50,000 × 60명	3,000,000	
		간식, 음료	12,000 × 60명	720,000	
		기타소품		100,000	
	예비비			1,410.000	

(2) 홍보 계획

표 7-24 예산안 편성 양식

홍보 시기	홍보 방법	
프로그램 개발 직후	- 게시물 부착(현수막, 포스터)	- 인터넷 광고
접수 일정 당일~ 2일 전	- 관공서 및 지역 연계 기관 인쇄물 배포 - 개별 SMS 발송	- 개별 우편물 - 이메일(e-mail) 발송
접수기간	- 개별 SMS 발송	
상시	- 기관에 안내책자, 리플릿 배치, 교육상담	

(3) 사업 및 홍보계획 예시

표 7-25 평생교육사업 및 프로그램 홍보계획(성동구)

평생교육사업 및 프로그램 홍보계획

성 동 구

(교육지원과)

사전 검토사항

::: 해당사항에 ☑ 표시하시기 바랍니다.

항 목	검 토 여 부
사업구분	신규사업 ☐ 공약(약속)사업 ☐ 계속사업 ☐ 인센티브/공모사업 ☑
소통분야 고려사항	● 구 민 : 유 ☐ ( ) 무 ☑ ● 전 문 가 : 유 ☐ ( ) 무 ☑ ● 이해당사자 : 유 ☐ ( ) 무 ☑
여성친화 도 시	성평등 ☐ 안전·편의 ☐ 가족·공동체회복 ☐ 여성참여 ☐
기 타 고려사항	일자리 ☐ 환경영향 ☐ 안전 ☐ 유지비용 ☐ 바른 공공언어 ☑ 성인지 ☐ 취약계층 ☐ 장애인 ☐ 디자인 ☐ 갈등발생 요인 ☐
타자원 활용	● 중앙부처 : 유 ☐ ( ) 무 ☑ ● 서 울 시 : 유 ☐ ( ) 무 ☑ ● 기 업 : 유 ☐ ( ) 무 ☑ ● 민간단체 : 유 ☐ ( ) 무 ☑
언론홍보 계 획	기획보도 ☐ 보도자료 ☐ SDTV ☐ 성동뉴스레터 ☐ 성동구소식지 ☑ 기고문 ☐ 전자행정서비스 ☑ SNS ☑ 기타(리플릿 등) ☐ 없음 ☐

● 홍 보 제 목:

● 중점홍보사항:

-

-

※ 우리 구만의 차별화된 사업내역과 중점 부각하여 홍보할 사항을 중심으로 '홍보제목'을 선정하여 간결하게 기재하시기 바랍니다.

평생교육사업 및 프로그램 홍보계획

우리 구에서 추진하는 평생교육 프로그램을 보다 적극적이고 다양한 방법으로 홍보함으로써, 많은 주민이 참여하여 평생학습 활성화와 삶의 질을 향상시키고자 함

Ⅰ 추진근거

○ 성동구 평생학습 지원 조례 제3조

○ 2015년도 자치구 인센티브 평가계획(시 평생교육담당관-3339호)

Ⅱ 추진목적

○ 적극적이고 다양한 홍보방법으로 평생교육 프로그램을 적기에 필요한 대상자에게 제공

○ 온라인 미디어, 언론, SNS 등 다양한 매체 활용, 종합적·효율적 홍보

Ⅲ 상반기 홍보 실적

연번	사업명	기간	홍보 내용	비고
1	성동명사특강 (90~92회)	**2015. 3. ~ 5. 월 1회**	성동소식지(3회), 신문(3회), 문자전송(대상: 10,000명, 8회), 배너기(60개), 현수막(12개), 포스터(1,000장), 전단지(8,000장), 성동구 홈페이지 게시(4회)	
2	**2015년 평생학습 우수 프로그램-동아리 지원사업**	**2015. 3. ~ 12.**	성동구평생학습포털 게시(15. 3. 4)	
3	성동구 원어민 화상영어	**2015. 3. 16. ~ 계속**	성동소식지(1회), 신문(1회), 성동구 홈페이지 게시(2015. 3. 3.) 각 학교 및 아파트 홍보물 배부 및 게시	
4	**2015년 상반기** 성동-한양 평생대학	**2015. 4. 15. ~ 7. 1.**	성동소식지(1회), 성동구 홈페이지 게시	

연번	사업명	기간	홍보 내용	비고
			성동구평생학습포털 게시(15. 3.23)	
5	허준 약초학교	**2015. 4. 29. ~ 8. 26.**	성동소식지(1회), 보도자료(1회), 현수막, 성동구평생학습포털 게시(15.3.25)	
6	주요 질환과 관련된 해독 프로그램	**2015. 5. 8. ~6. 26.**	현수막(1개). 성동구평생학습포털 게시(15. 5.14)	
7	영화와 함께하는 지적인 향연	**2015. 5. 14. ~ 7. 2.**	현수막(1개). 성동구평생학습포털 게시(15. 5.13)	
8	금융감독원과 함께하는 알기 쉬운 금융강좌	**2015. 6. 8. ~ 6. 22.**	성동소식지(1회), 보도자료(1회), 현수막(3개) 성동구평생학습포털 게시(15. 5.19)	
9	재능나눔학교	**2015. 7. 9. ~ 10. 21.**	신문(1회), 소식지(2회)	
10	평생학습 매니저 양성과정	**2015. 8. 10. ~ 8. 16**	홍보용 부채 제작(1000개), 성동소식지(1회)	
11	**2015년 하반기 성동-한양 평생대학**	**2015. 9. 23. ~ 12. 9.**	성동소식지(1회), 성동구홈페이지 게시(1회) 성동구평생학습포털 게시(15. 8.20)	

IV 하반기 홍보계획

운영개요

1 행복학습센터 운영

○ 운영기간: 2015. 4. ~ 12.

○ 운영기관: 4개소

- 거 점 기 관: 성동구청 교육지원과
- 행복학습센터: 왕십리도선동 주민센터, 행당2동 주민센터, 금호1가동 주민센터

○ 내　　용: 행복학습센터 매니저 배치, 인문학, 건강, 취미 등 분야별 교육 프로그램 운영

2 성인문해교육

○ 운영기간: 2015. 6. ~ 11.

○ 사업내용: 저학력·비문해 성인학습자를 위한 문해교육 프로그램 운영

○ 대　　상: 관내 비문해 성인 160명

○ 운영기관: 성동문화원, 성동구립용답도서관, 성동구립용답도서관

3 온라인 평생교육과정 지원

○ 협약기관: 성동구·한국지역사회교육협의회·(주)신언서판 간 업무

○ 협약기간: 2015. 9. 9. ~ 2017. 9. 8.

○ 내　　용: 성동구민 대상 국가공인자격증(2개) 및 민간자격증(12개) 과정 온라인학습 지원

4 성동명사특강 운영

○ 운영기간: 2015. 9. ~ 11.(3회)

○ 장　　소: 구청 3층 대강당 및 고등학교 강의실

○ 내　　용: 사회 각계각층의 명사를 초청하여 구민에게 전문지식과 삶의 지혜 배울 수 있는 기회 제공

○ 대　　상: 구민 및 학생 등

5 정리수납 자원봉사단 운영

○ 기　　간: 2015. 9. ~ 계속

○ 내　　용: 재능기부프로그램 정리수납 교육을 통한 봉사단 구성, 관내 사회배려계층 주거환경 개선활동 추진

○ 방　　법: 봉사단 구성(3개팀), 팀별 5개 내외 가정방문(월 1회, 동별 1가구 추천)

홍보방법

○ 성동구홈페이지 및 성동소식지, 성동구평생학습포털 게재

○ 직능단체 회의 및 반상회시 홍보

○ 성동구 IPTV 및 지역방송 이용 홍보

○ 포스터, 배너기, 플래카드, 전단지 등 제작 게첨

○ 성동구청 트위터 등 SNS, 전자소통, 핸드폰 문자 전송, 학교공문 발송 등

V 소요예산

○ 홍보물 제작

포스터, 전단지, 현수막, 배너, 홍보부채 제작 등 : 800만원

○ 예산과목

- 평생학습체제 구축, 평생학습 활성화, 평생학습프로그램 운영, 일반운영비, 사무관리비(201-01)
- 평생학습체제 구축, 평생학습 활성화, 평생학습 우리동네 아카데미 운영, 일반운영비, 행사운영비(201-03)

VI 행정사항

○ 보도자료(소식지, 언론사), IPTV, SNS 홍보 등 : 공보담당관

○ 핸드폰 문자전송, 홈페이지 팝업창 자료 게시 : 전산정보과

(4) 기안문 작성하기(공문서)

표 7-26 평생교육 프로그램

우편번호○○○○/[서울시○○○구○○○ ○○] 전화[02-○○○-○○○○/FAX [○○-○○○-○○○○]

문서번호	한국○○평생교육원 2022,3,5	결재	원장	본부장	팀장	기안자
발송일자	2021.03.05					
기안자	김○○					
기안부서	교육인력자원개발부					

제목 : 다문화 지도사 양성과정 개설

다문화 지도사 양성과정 프로그램을 자격취득과정과 병행하여 다음과 같이 개설코자 합니다.

-다 음-

1. 프로그램명: 다문화 지도사 양성과정 개설 / 자격취득반
2. 프로그램 목적
   가. 다문화 사회의 통합을 이루기 위해서 다문화 지도사 자격 과정을 운영하여 전문가를 배양
   나. 중도 입국청소년의 사회적응을 돕기 위한 전문적인 자격증 배양
   다. 일자리 창출 지원 (취업이나 개인 사무소 창업)
3. 참가대상자: 정부기관 및 공공기관 전직예정자, 일반인, 대학생
4. 프로그램운영기간 2021.09.01-2021. 11. 30
5. 장소: 한국○○평생교육원
6. 강사: 한국○○교육원 원장○○○, ○○○, ○○○ 등
7. 프로그램 상세내용
   가. 한국다문화 이해, 다문화 상담, 다문화사회복지론
   나. 국제 이주, 이민법, 지역사회와 다문화
   다. 우리나라 다문화개념 현황 정책 문제점 및 개선방안
8. 예산: 1,000,000원 × 50명 = 50,000,000원
9. 기대효과: 다문화 지도사 자격취득으로 다문화 시설에 시설관리나 운영자로서의 취업이나 개인 사무소 창업을 돕는다.

첨부: 사업계획서 1부. 끝.

한국○○평생교육원

연구문제

1. 평생교육사 양성기관의 학습목표를 설명해 봅시다.

2. 현장실습기관의 학습목표를 설명해 봅시다.

3. 실습생이 실습기관과 보안서약서를 작성하는 이유를 설명해 봅시다.

4. 예비평생교육사로서 현장실습에서 갖추어야 할 소양에 대하여 설명해 봅시다.

5. 평생교육 실습기관에서 하는 오리엔테이션에는 어떤 내용이 포함되어야 하는지 설명해 봅시다.

PART 04

뉴노멀시대의 평생교육 현장실습 평가 및 미래전망

CHAPTER 08

평생교육 현장실습평가

제1절 평생교육 현장실습평가

1. 현장실습 프로그램 평가 이해

1) 프로그램 평가 개념 및 목적

프로그램 평가란 프로그램의 가치를 판단하고 프로그램의 효과나 영향을 확인하며, 프로그램에 관한 제반 의사결정 및 가치판단을 위하여 자료를 수집하여 분석하는 체계적인 가치판단 활동이다(장덕호 외, 2015).

프로그램 평가목적은 프로그램 평가에 대한 개념의 연장선상에서 파악될 수 있으며, 프로그램 목표달성 측정 및 평가, 프로그램의 효과성과 효율성 측정 등을 통하여 프로그램을 개선하고, 보다 적합한 프로그램을 개발하기 위함이다(김진화, 2011). 프로그램 평가의 목적을 좀 더 구체화하여 제시하면 다음과 같다(전주성 외, 2016).

첫째, 개발하려는 프로그램이 관련 문제를 해결해 줄 수 있는 최선의 솔루션인지 확인한다.

둘째, 프로그램의 개발에 관여하는 이해관계자 및 이들의 역할과 권한, 이해를 파악한다.

셋째, 프로그램 이해관계자의 프로그램에 대한 요구가 제대로 분석되었는지 검증한다.

넷째, 프로그램이 실행되는 동안 프로그램활동들에 대한 개발, 전달방법, 관리, 평가과정 등을 수정한다.

다섯째, 프로그램이 효과성 및 효율성 측면에서 성공적이었는지 검증한다.

여섯째, 프로그램의 지속여부를 결정한다.

일곱째, 향후 개발될 필요가 있는 프로그램에 대한 요구 및 아이디어를 제공한다.

2) 프로그램 평가 영역

프로그램 평가 영역은 평가하고자 하는 범위와 대상을 말한다. 커크패트릭(Kirkpatrick, 1959)은 평가 영역을 네 가지로 제시하고 있다. 그에게 있어서 '평가'는 조직화된 지식(개념, 이론, 원리, 테크닉 등)을 의미하는 과학이며 그 조직화된 지식을 실제상황에 적용하여 바람직한 현실적인 결과를 얻기 위한 기예이다(Kirkpatrick & Kirkpatrick, 2006). 이후 그의 제자인 필립스(Phillips, 1997)가 커크패트릭(Kirkpatrick)의 4수준 평가 모델에 투자수익률(ROI, Return On Investment)을 더 추가한 5단계 평가로 투자수익률(ROI) 평가 모델을 제시하였다.

표 8-1 커크패트릭의 4단계 평가 모형과 필립스의 5단계 평가 모형

커크패트릭의 4단계 평가		필립스의 5단계 평가	
평가단계	평가내용	평가단계	평가내용
1. 반응	학습자(참여자)가 이 프로그램에 대해 느낀 바를 평가	1. 반응과 계획된 행동	프로그램에 대한 학습자의 반응 측정과 구체적인 실행계획 수립
2. 학습	학습자가 프로그램을 통해 제시된 학습을 어느 정도 이해했는가 평가	2. 학습	지식, 기능, 태도 변화의 정도 측정
3. 행동	학습결과로써 학습자의 행동변화가 있는지 평가	3. 현업 적용	현업에서 행동변화와 배운 내용의 적용도 측정
4. 결과	프로그램의 교육결과 조직과 개인의 산출물의 변화 유무 평가	4. 경영성과	프로그램이 사업에 미치는 영향 측정
	.	5. 투자회수 효과	프로그램에 투입된 비용과 결과에 대한 금전적 가치 측정이다.

출처: 윤옥한(2014).

커크패트릭(Kirkpatrick)과 필립스(Phillips)의 평가단계 및 내용은 다음과 같다.

첫째, 프로그램에 대한 학습자 만족도 평가로 학습자들이 참여한 프로그램의 교육내용, 강사, 강사가 이용한 교육방법, 교육기자재 및 시설(환경), 교육시간(일정), 교육지원 서비스, 기타 등에 얼마나 만족했는가를 묻는 평가이다.

둘째, 프로그램의 효과성 평가로 프로그램을 통해 학습자가 어떠한 태도의 변화, 지식의 증가, 기술의 향상을 가져왔는지 등 프로그램 목표달성 여부를 평가한다.

셋째, 현업 적용도(현장 활용도) 평가로 프로그램 수료 후 학습자들이 프로그램을 통해 배운 내용을 현장에서 얼마나 활용하고 있는지 아울러 실제 적용할 수 있도록 지원하는지의 여부를 평가한다.

넷째, 프로그램의 교육결과 조직과 개인의 산출물의 변화 유무를 평가한다.

다섯째, 프로그램의 효율성 평가, 즉 투자회수 효과로서 프로그램에 투입된 비용과 결과에 대한 금전적 가치를 측정한다.

그리고 위의 다섯 가지 평가 영역 중 학습자의 교육만족도 평가(반응평가)를 위한 11가지 종류의 평가범주와 현업적용도 평가(행동평가)내용은 다음의 여덟 가지 내용이 포함되어야 한다.

- 학습자들은 학습한 지식·기능·태도를 현장에서 활용하는가?
- 직무환경이 이러한 지식·기능·태도를 활용하는데 지원적인가?
- 교육의 현업적용도를 향상시키기 위하여 프로그램을 어떻게 재구성할 수 있는가?
- 어떤 기능과 행동들이 현업에서 가장 자주 또는 적게 사용되는가?
- 학습된 기능과 행동이 현업에 적용되지 않는 이유는 무엇인가?
- 학습된 기능과 행동의 현업적용 정도에 영향을 끼치는 요인은 무엇인가?
- 교육 프로그램을 향후 지속적으로 개설할 것인가?
- 직무수행에 있어 교육의 효과를 기타 영향으로부터 분리할 수 있는가?

표 8-2 교육만족도 평가의 범주와 목적

범주	목적
프로그램 목적과 내용	참가자의 기대, 적절성, 구조, 수준, 내용 최신성 등의 측면에서 프로그램 내용이 프로그램 목적 달성에 미치는 영향 평가
프로그램 자료	교육 프로그램에서 사용한 인쇄 자료와 기타 학습 보조 자료의 효과성, 효율성 및 유용성 판단 평가
교육방법과 매체활용	프로그램 내용 교수·학습에 사용된 방법 및 매체활용과 첨단기술에 기반한 수업의 적절성과 효과성 판단 평가
교(강)사, 학습촉진자	프로그램을 주도한 교·강사, 학습촉진자의 능력, 준비 정도, 효과성 평가
교수·학습활동	교육 프로그램에서 전개된 교실 내·외활동의 적절성과 도움의 정도 평가
프로그램 시기와 기간	프로그램 시기와 기간의 계획변경과 고려사항을 위한 전체 교육 프로그램 기간, 단의 강좌의 기간 평가
교육환경	교실, 숙박시설, 여가활동시설을 포함한 물리적 교육환경의 적절성 평가
계획된 행동, 전이에 대한 기대	교육에서 학습한 내용을 직무에서 활용하기 위한 참가자의 계획·기대와 전이를 위한 장애 요소 파악에 관한 평가
방법론적 전략과 행정지원 사항	교육 프로그램을 위한 시간계획, 등록, 기타 방법론적 전략과 행정사항의 유연성과 효과성 평가
종합평가	교육 프로그램에 관한 학습자의 만족과 느낌에 대한 종합평가
프로그램 개선의 건의 사항	미래교육 프로그램 개선을 위한 건의 또는 제안사항을 수렴하는 평가

출처: 윤옥한(2014).

3) 프로그램 평가준거 및 방법

프로그램 평가를 위해서는 반드시 준거가 필요하다. 프로그램 평가준거는 대체로 효과성, 효율성, 적정성, 형평성, 대응성, 적절성으로 구성된다.

프로그램 평가방법은 프로그램 참여자는 물론, 동료, 상사, 부하 직원 등을 통한 설문, 인터뷰 및 관찰 자료, 프로그램 실시 결과로 참여자들이 성취한 결과를 보거나 보고서와 문서를 바탕으로 이루어진다.

표 8-3 프로그램 평가준거

평가기준	구분	예시적 준거
효과성 (effectiveness)	프로그램의 목표(가치로운 산출)가 성취되었는가?	교육효과 평가
효율성 (efficiency)	교육을 통해 어느 정도의 노력이 투입되었는가?	교육비용/수익률
적정성 (adequacy)	교육결과에 의해 문제해결이 어느 정도 이루어졌는가?	문제해결 능력 평가
형평성 (equity)	비용과 효율이 개인 혹은 집단 간에 공평하게 배분되었는가?	교육기회 및 자원배분 근거 평가
대응성 (responsiveness)	조직의 목표, 집단의 필요 등을 프로그램을 통해 만족할 수준으로 달성했는가?	조직체의 교육목표 달성 여부
적절성 (appropriateness)	기대된 산출이 실제로 가치로운가?	적정성을 제외한 모든 준거 검증

출처: 김진화(2011).

2. 현장실습 프로그램 평가 실행

1) 실습현장 평가항목 및 평가방법

실습지도자는 실습현장의 실습생 업무분석을 위해서는 실습현장에서 수행하는 실습생의 업무를 분석할 수 있는가를 평가하고, 실습 프로그램개발 평가를 하기 위해서는 현장 실무능력을 배양하기 위한 실습 프로그램을 개발할 수 있는가와 현장실습 목표와 실습생의 요구에 맞춘 프로그램을 제시할 수 있는 것을 평가하여 학습자가 학습목표를 성공적으로 달성하였는지를 알아보아야 한다. 평가척도는 2점, 3점, 5점, 7점 척도 등 다양하게 평가할 수 있는데, 3점 척도 평가항목 및 평가방법(포트폴리오와 서술형 시험)은 다양하다.

표 8-4 실습현장 평가항목

학습 내용	평가 항목	성취수준		
		상	중	하
실습현장의 평생교육사 업무 분석하기	실습현장에서 수행하는 평생교육사의 업무를 분석할 수 있다.			
실습 프로그램 개발하기	현장 실무능력을 배양하기 위한 실습 프로그램을 개발할 수 있다.			
	현장실습의 목표와 실습생의 요구에 맞춘 프로그램을 제시할 수 있다.			

표 8-5 평가방법 포트폴리오

학습 내용	평가 항목	성취수준		
		상	중	하
실습 현장의 평생교육사 업무 분석하기	평생교육기관 분석			
	평생교육기관별 평생교육사 업무 비교 분석			
	평생교육기관 현장 탐방			
실습 프로그램 개발하기	실습생 요구 조사지 개발			
	실습 프로그램 개발			

표 8-6 평가 방법 서술형 시험

학습 내용	평가 항목	성취수준		
		상	중	하
실습현장의 평생교육사 업무 분석하기	평생교육사의 직무를 설명할 수 있다.			
	실습기관 및 사업을 분석할 수 있다.			
	실습 현장의 직원 및 평생교육사의 업무를 분석할 수 있다.			
실습 프로그램 개발하기	실습 프로그램 내용 구성 요건을 설명할 수 있다.			
	실습생의 실습 요구를 파악할 수 있다.			
	실습 프로그램을 개발할 수 있다.			

2) 프로그램 평가척도

이해당사자(실습생, 실습지도교수, 실습지도자, 관리자)기반 평생교육실습 프로그램 평가척도는 평생교육실습 프로그램의 효과적인 운영과 가치를 평가하기 위한 도구이다.

표 8-7 평생교육실습 프로그램 평가척도 체계

이해관계자	사전준비	실습실행	사후 평가
실습생	**실습준비** -실습 OT 및 세미나 -실습 전 준비 **실습기관 선정** -실습기관정보 확보 실습 의뢰	**실습기관** -실습기관의 환경 **실습지도자** -실습지도역량 **실습수행** -실습수행 자세 -실습내용 **실습일지 관리** -실습일지 작성	**실습에 대한 평가** -실습수행 평가 -실습보고/평가회 -실습 정책/체계 평가 **실습의 개인적 성과** -진로관련 역량 -진로관련 정보획득
실습지도 교수	**실습 전 안내** -실습신청 지원 -실습 프로그램 안내 **실습 전 교육** -실습 OT/세미나	**실습 현장방문/모니터링** -실습기관 환경 모니터링 -실습내용 모니터링 -실습생 모니터링	**실습 프로그램/정책 평가** -실습보고 및 평가회 -실습 정책/체계 평가 **실습생 평가** -실습수행의 평가 **최종평가** -결과물 확인/학점부여
실습 지도자	**실습지도 준비** -행정적 준비 -지도계획/내용 구성	**실습지도** -실습지도 수행 -실습지도 태도	**실습에 대한 평가** -실습 정책/체계 평가 -실습생 평가 -실습지도 평가
관리자	**양성기관** -자격요건 -실습협약 -실습 OT/세미나 **실습기관** -자격요건 -실습협약 -실습지도준비	**양성기관** -실습상황 모니터링 **실습기관** -실습지도의 적절성	**양성기관** -보고/평가회 -사후 평가 -행정적 업무 **실습기관** -사후 평가 -행정적 업무 -관리감독기관 -이해관계자지원 -요구/평가 반영

출처: 구경희(2018).

3) 프로그램 만족도 평가

첫째, 실습지도자는 설문조사, 평가회, 실습종료보고서 중 만족도 조사방법을 선정한다.

둘째, 실습만족도 조사로서 설문조사와 실습평가회를 실시한다. 특히 실습평가회는 실습 종료 하루 전이나 종료 당일 실습생과 실습지도자 및 실습 관련 직원들과 약 1시간 정도 간단한 토론회나 티타임 시간을 가진다. 실습과정의 만족도 평가를 위해 실습내용과 이론에서 배운 내용의 차이점, 평생교육 현장에 대한 소감 등을 물을 수 있다. 실습생과 실습기관이 상호 피드백이 중요하며 실습지도자는 실습생이 예비 평생교육사로서 가진 장단점, 예비 직장인으로서의 태도 등에 대한 내용을 피드백하도록 한다.

셋째, 실습 종료 보고서를 받아 실습기관이나 실습지도에 대한 제안사항 등을 다음 기관운영과 평생교육사 현장실습운영에 반영하도록 한다.

제2절 평생교육 현장실습기관의 평가

1. 현장실습기관의 평가 기준 및 요소

1) 평가 기준

현장실습평가기준은 네 가지로 요약할 수 있다.

첫째, 실습과정 및 업무편성의 현실성은 실습계획이 현실적으로 실습할 수 있는 업무였는지, 과도하게 책정된 것이 아닌지, 실습지도가 가능한 영역의 실습 편성이었는지에 대한 평가가 필요하다.

둘째, 실습생에게 필요한 교육제공의 정도이다.

- 실습생에게 제공되는 실습내용이 실습계약내용에 반영된 업무인가?
- 실습생이 감당할 수 있는 정도의 업무인가?
- 실습내용 중 필수 실습항목이 포함되어 있는가?
- 현장실습의 교육내용이 체계적으로 구성되어 순차적으로 이루어지고 있는가?

- 현장실습생은 현장실습을 통해서 전공교육에 많은 도움이 되고 있는가?
- 현장실습지도는 현장실습생의 능력에 맞게 실습업무의 배정이 되어 있는가?

셋째, 실습생과 실무 담당자 간의 의사소통 활성화 정도이다. 실습지도자는 실습생 간의 업무전달과 보고, 실습내용에 대한 피드백, 사회생활 면에서 선후배로서의 교감 등이 원활하게 진행되었는지 평가하고, 의사소통이 어려운 원인이 무엇인지를 확인할 수 있다.

넷째, 실습과정 운영상의 개선사항으로 실습운영에서 개선해야 할 점이 무엇인지를 발견하도록 한다.

2) 평가 요소

현장실습평가는 특히 갈등을 유발하는 핵심요소가 이해관계자에게 있다는 것을 깨닫고 그것을 어떻게 공유하고 토론하는지 핵심평가 요소를 파악하는 것이 중요하다.

첫째, 이해관계자로서 현장실습과 밀접한 관계를 맺고 있는 이해관계자의 속성을 통한 관점을 비교하는 것이다. 이해관계자란 평생교육실습평가결과에 의해 영향을 받거나 직접적인 관심을 갖는 개인이나 집단으로 볼 수 있으며, 실습생, 실습지도자 및 실습기관의 직원, 실습지도교수, 양성기관의 행정관리자 등이 포함된다.

둘째, 법체계로서 법과 제도 및 윤리강령 준수이다. 평생교육실습평가 이해관계자들이 자신들의 역할을 충실히 이행하는 것도 여기에 포함될 수 있다.

표 8-8 평생교육실습평가 이해관계자 역할

이해관계자	사후 평가(보고 및 평가)
실습생	현장실습일지 제출, 실습평가회 참여
실습지도자	실습내용 평가, 실습생 평가, 실습지도기록서 작성, 실습평가서 작성 및 발송
실습지도교수	실습일지 및 현장실습 관련 평가서 확인, 실습평가회/세미나 실시, 향후 비전설정, 최종 평가(학점부여)
행정관리자	현장실습확인서 심사, 현장실습 증빙 서류의 관리, 자격증 취득을 위한 행정적 절차 수행

셋째, 관계와 사고구조 시스템 만들기(오명숙, 2019)로서 전달하고자 하는 핵심 가치를 만들고 이해관계자와 공유한다. 관계를 파악하기 위해 학습자들이 공유한 속성을 유형으로 구분한다. 관련자와 인터뷰를 하고 행동을 관찰한다. 서로 다른 경험과 관점을 회의에 포함시킨다. 유의미한 생각을 재구성하기 위한 방법으로 은유(암시적)와 유추를 사용한다.

2. 실습생의 관점에서 평가

실습생의 관점에서 평가는 4주간(160시간) 실습을 통해 배운 것과 함께 자신의 관점에서 자기평가뿐만 아니라 실습지도자 및 실습기관에 대해 평가한다.

1) 실습생 자기평가

실습생의 자기평가는 '현장실습을 통해 무엇을 얻을 것이라고 기대하는가? 현장실습을 위해 세운 개인적인 목표는 무엇인가?'에 대한 내용을 스스로 제시해보고 실습종결 후 평가를 한다. 즉, 실습생 스스로가 현장실습 전에 실습에 대한 자기진단과 목표를 세우고 실습종결 후 실습목표에 대한 자기평가를 하는 것이다.

또한 실습생은 실습 종료 시점에 160시간의 실습에 대한 현장실습 최종평가 보고서를 작성하여 실습기관에 제출하고 발표를 통해 실습지도자와 다른 실무자들의 실습 피드백을 받는다.

표 8-9 실습에 대한 자기진단과 목표세우기

실습에 대한 자기진단과 목표 세우기
• 나는 대학교 졸업 이후 원격교육기관에서 서비스기획자로서 직장생활을 시작한 것을 계기로 학습자에게 더 나은 교육 환경과 학습자 경험을 제공하는 것에 대한 고민을 했다. • 하지만 IT 배경지식으로만 학습 서비스를 고려하다 보니 학습자의 학습효과를 극대화하고 동기를 부여하는 부분에 있어서 미흡한 부분이 있다고 판단되었고 교육 프로그램 설계에 접목할 수 있는 다양한 이론을 습득하고자 평생교육사 과정을 이수하고 있다. • 지금까지 학습한 이론을 현장실습에 접목해 볼 수 있는 능력을 기대한다.

출처: 서울G대학교 평생교육원(2020).

표 8-10 실습생의 자기평가(사례)

1. 자기평가					
평가내용	나쁨	←	보통	→	좋음
• 실습생 사전준비사항 및 보고서 과제물					5
• 출석상황				4	
• 실습자세 및 태도, 적극성, 사명감, 책임감					5
• 개인의 실습목표에 대한 평가				4	
• 실습지도자와의 관계					5
• 실습생간의 관계					5
계					

2. 평생교육사로서 나의 자질과 비전

오랜 시간 동안 현업으로 원격교육시설에서 재직한 경험에 따라 교육기관에서 진행하는 과정(개강과 운영, 종료)의 전반적인 프로세스가 낯설지 않았다. 개설된 훈련과정만의 특징과 행정제도에 대하여 조금 더 숙지를 한다면 평생교육사로서의 긍정적인 자질을 갖출 것으로 기대한다.

3. 현재까지의 실습에서 발견한 자신의 강점과 약점

훈련과정 운영상에서 꼼꼼함과 효율적인 임기응변이 필요하다고 생각되었다. 매사에 미리 설정한 계획대로 행동하고 마지막까지 확인해야 직성이 풀리는 본인의 성격이 훈련과정을 오류 없이 운영하는 데 있어서 큰 강점이라고 생각하며 다만 비효율적인 훈련과정 운영 프로세스를 표준적으로 따라야 하는 데서 오는 내적 갈등을 잘 참아야 할 것 같다.

4. 현재까지 실습하면서 내 자신이 변화되고 성장된 점

원격교육 프로그램과는 다르게 오프라인에서 진행되는 훈련과정의 특징에 대하여 많이 배울 수 있었으며 실무적으로 국비지원과정을 통해 교육을 받는 훈련생들과 접하며 국가에서 운영하는 평생교육 제도와 행정지원시스템에 대하여 많은 것을 경험해 볼 수 있었다.

5. 실습총평 및 건의사항

본 교육기관에서 주간의 실습을 통해 국비지원 교육과정 전반에 대해 이해하고 향후 기회가 있을지도 모르겠으나 평생교육시설을 개설 운영하기 위해 필요한 내용들을 직접 체험할 수 있었다. 훈련과정 운영으로 바쁜 와중에도 실습생의 실습조건을 고려하여 미리 계획된 실습 프로그램을 유동적으로 운영하며 실습기회를 제공해 준 본 교육기관에 깊은 감사를 드린다.

표 8-11 평생교육 현장실습 최종평가보고서(사례)

평생교육 현장실습 최종평가보고서

실습생명	(인)	실습기관명	
실습기간	~	실습지도자명	

1. 기관평가

1) 운영면 : 실습진행 운영을 교육원장님, 실습지도자, 직원분들이 체계적으로 진행해 주었으며, 기관의 운영목적에 맞게 실습생을 대상으로 활성화된 프로그램들이 운영되었다.

2) 조직면 : 교육원의 분야별로 조직적인 체계로 실습이 진행되었다.

3) 프로그램면 : 청소년 상담에 대한 프로그램들이 주를 이루었으며 질 높은 프로그램들이었다.

2. 실습평가

1) 실습목표달성도 : 실습생들이 어려워하는 부분을 잘 해결해주었고, 원하는 자료 등을 제공하여 실습목표는 거의 달성되었다. 기관의 평생교육 프로그램에 대한 기획, 운영, 강사관리, 홍보방법에 대해 습득할 수 있었다.

2) 실습운영면 : 실습지도자의 양질의 지도로 실습을 쉽고 편하게 배울 수 있도록 운영되었다.

3) 실습내용면 : 강의실에서 배웠던 전반적인 평생교육과 평생교육실습 이론들을 실습현장에 접목할 수 있었다.

4) 실습을 통해 배운 점 : 실습을 통해 예비 평생교육사로서의 자질과 능력이 향상되었고, 특히 프로그램의 기획, 운영, 관리의 방법과 학습자들을 위한 상담기법을 배울 수 있었다.

첨부 1) 평생교육 실습기관의 연혁
첨부 2) 평생교육 실습기관의 조직 및 역할

출처: 서울G대학교 평생교육원(2020).

2) 실습지도자 및 실습기관 평가

실습생은 실습지도자 및 실습기관 평가 시 평가항목을 현장실습내용의 실효성, 실습환경, 실습지도자의 실습운영 능력으로 구분하여 평가할 수 있다. 또한 평가항목을 직무책임, 문제진단, 문제해결, 보고, 평가 등으로 구분하여 평가할 수 있다.

표 8-12 실습지도자(기관)평가

평가항목 및 내용	
직무책임	1. 전문 실습지도자를 배정하여 실습교육 및 업무부여 등 원활한 실습운영
	2. 실습계획 및 일정에 따라 운영
	3. 실습환경(시설, 기자재, 안전 등)은 현장실습교육장으로 적절
	4. 실습기관의 실습내용은 전공과 관련된 내용으로 구성되어 실무지식을 습득하는 데 도움
	5. 평생교육사 직무특성 및 정체성에 대한 인식
	6. 평생교육현장에 대한 문제인식의 수준
	7. 핵심직무책임을 위한 윤리강령 준수
	8. 평생교육의 과제 및 실천의 목표설정 수준
문제진단	9. 평생교육정책에 대한 성과 및 한계의 이해도
	10. 지역평생교육 특성 파악의 조사 및 분석정도
	11. 평생교육기관의 핵심사업 평가기준 설정
	12. 지속가능한 평생교육을 위한 현실적 대안제시 타당성
	13. 일상의 사고과정에 대한 심층지식과 면담방법
	14. 학습자 행동과 사고과정에 대한 심층지식과 면담방법
문제해결	15. 관련 이해관계자 명시와 조정자로서의 역할
	16. 주제에 대한 가치 및 개념 정립과 학습공동체 구성
	17. 일정한 기준에 의해 문제를 분류하고 분석
	18. 시뮬레이션 계획, 관찰, 통찰을 얻는 능력
	19. 포스트코로나 언택트시대, 비대면(온라인) 실습 진행능력
보고	20. 결과 요약하고 토론하며 이해관계자 공유 능력
	21. 관계자의 사고과정과 맥락을 통합하고 편집하는 능력
	22. 핵심적인 원칙개발과 종합적인 지식으로 통찰
	23. 패턴·관계로 커뮤니티 구조형성

	평가항목 및 내용
평가	24. 실습생평가서를 공정히 평가
	25. 전체적인 특성과 가치 발굴을 통한 교육적 문제해결력
	26. 이해관계자 간 공유와 조정을 통한 맥락적 정책개선안
	27. 과정과 결과 문서화, 개념의 의미 창출 능력
	28. 향후 실습기관에서 실습·입사 제의가 들어온다면 실습생추천 의사정도

3. 실습지도자의 관점에서 실습생 평가

실습기관의 실습지도자는 실습생의 현장실습이 종료되면, ① 실습생 평가서의 항목에 맞게 평가를 실시한다. 또한 실습생 평가서의 평가내용을 바탕으로 ② 평생교육 현장실습평가서를 작성하고, ③ 평생교육 현장실습 확인서, ④ 실습지도기록서, ⑤ 실습생이 작성하는 실습일지, ⑥ 현장실습 최종평가보고서 등의 서류를 양성기관으로 제출한다.

실습생 평가서에 대한 구체적인 평가 영역과 세부 항목별 평가는 다음과 같다.

1) 실습생 평가 영역

실습생 평가 영역은 다섯 가지로 구분된다. 근무 태도, 자질, 학습 지도 능력, 연구 조사 활동 업무수행, 사무 처리 능력이다. 필수항목 중 배점이 가장 높은 중요도 순으로 보면, 모의 프로그램 개발(Ⅰ, Ⅱ)이 35점으로 가장 높다. 그다음으로 행정업무인 사업예산안 편성과 기안서 작성 등이다. 다시 말해 모의 프로그램 개발과 사업계획서가 실습의 핵심요인이다. 이는 현장실습평가 시 핵심평가요소가 된다.

2) 평가 영역의 세부항목과 항목별 점수

평가 영역의 세부항목과 항목별 점수는 실습생 평가서를 기준으로 한다.

첫째, 근무태도 평가는 실습시간 준수, 적극적인 자세, 배우려는 태도, 업무수행의 책임감, 예절 등을 고려해서 평가한다.

둘째, 자질 평가는 실습생의 실습목표설정 및 계획수립, 평생교육에 대한 가치관 및 신념, 실습생으로서 자세와 역할, 동료실습생과의 관계, 직원들과의 의사소통 및 관계 형성, 평생학습 네트워크체제 이해 등을 고려하여 평가한다.

셋째, 학습지도 능력 평가는 실습 필수항목과 선택항목에 해당하는 영역을 평가한다.

(1) 필수항목

- 오리엔테이션(기관이해): 실습기관의 평생교육 관련 주요업무 이해, 실습기관의 주요 학습자 및 프로그램 이해, 구체적 실습목표설정 및 일정별 세부계획 수립 정도를 평가한다.
- 모의 프로그램개발(II): 평생교육 프로그램 개발과 프로그램 홍보 및 마케팅 정도를 평가한다.
- 연구 조사 활동: 모의 프로그램개발(I)로서 실습기관의 주요 프로그램 조사 및 분석, 학습자 요구분석(실습기관 학습자 대상) 등에 관련한 지식과 기술의 정도를 평가한다.
- 사무 처리 능력(행정업무): 기안 및 공문서 모의 작성, 사업예산(안)편성 등의 처리 능력 정도를 평가한다.

(2) 선택 항목

- 실습기관 관련 법 및 정책이해와 기관 분석: 「평생교육법」 및 관련 정책 파악, 실습기관의 SWOT 분석을 통한 전략도출에 대한 이해 정도를 평가한다.
- 교육 프로그램 운영지원: 학습자, 강사, 학습동아리 등 인적DB 관리 및 지원, 학습정보DB 관리 및 지원, 프로그램 관리운영 및 모니터링, 프로그램 만족도 조사 지원(결과분석 수행 등), 학습 시설(강의실 등) 관리 등 교육 프로그램 운영을 위해 지원하는 업무에 대한 실습결과를 평가한다.
- 유관기관 방문 및 관련 행사참석: 유관기관 프로그램 조사 및 분석, 평생학습 관련 행사(지역축제, 박람회 등)에 대한 이해 정도를 평가한다.

표 8-13 실습생 평가서

<table>
<tr><th>평가 영역
(배점)</th><th colspan="3">평가항목</th><th>배점</th><th>점수</th></tr>
<tr><td rowspan="2">근무태도
(10)</td><td colspan="2">근무사항</td><td>• 출석, 결석, 지각, 조퇴 등</td><td>5</td><td></td></tr>
<tr><td colspan="2">태도</td><td>• 성실성, 근면성, 친절성, 적극성, 예절 등</td><td>5</td><td></td></tr>
<tr><td rowspan="3">자질(15)</td><td colspan="2">목표설정 및 계획수립</td><td>• 실습목표설정
• 실습세부계획 수립 등</td><td>5</td><td></td></tr>
<tr><td colspan="2">가치관</td><td>• 평생교육에 대한 가치관 및 신념
• 실습생으로서의 자세와 역할 등</td><td>5</td><td></td></tr>
<tr><td colspan="2">관계형성</td><td>• 기관 내 직원들과의 협조적인 대인관계
• 동료실습생과의 관계
• 평생학습 네트워크체제 이해 등</td><td>5</td><td></td></tr>
<tr><td rowspan="5">학습지도
능력(50)</td><td rowspan="3">필수
항목</td><td>기관이해
(오리엔테이션)</td><td>• 실습기관의 평생교육 관련 주요업무 이해
• 실습기관의 주요 학습자 및 프로그램 이해
• 구체적 실습목표설정 및 일정별 세부계획 수립</td><td>10</td><td></td></tr>
<tr><td rowspan="2">모의프로그램개발
(II)</td><td>• 평생교육 프로그램 개발</td><td>15</td><td></td></tr>
<tr><td>• 평생교육 프로그램 홍보 및 마케팅</td><td>5</td><td></td></tr>
<tr><td rowspan="2">선택
항목
(택1)</td><td>실습기관 관련 법 및 정책이해와 기관 분석</td><td>• 평생교육법 및 관련 정책 파악하기
• 실습기관의 SWOT 분석을 통한 전략 도출</td><td rowspan="2">20</td><td rowspan="2"></td></tr>
<tr><td>교육
프로그램
운영지원</td><td>• 학습자 관리 및 지원
• 강사 학습동아리 등 인적DB 관리 및 지원
• 학습정보DB 관리 및 지원
• 학습시설 매체 관리 및 지원
• 프로그램 관리 운영 및 모니터링
• 프로그램 만족도 조사 지원
(결과분석 수행 등)</td></tr>
</table>

평가 영역 (배점)	평가항목			배점	점수
		유관기관 방문 및 관련행사 참석	• 유관기관 프로그램 조사 및 분석을 위한 방문 • 평생학습 관련 행사 (지역축제, 박람회 등)		
연구 조사 활동(15)	필수 항목	모의 프로그램 개발(Ⅰ)	• 실습기관의 주요 프로그램 조사 및 분석 • 학습자 요구분석 (실습기관 학습자 대상)	15	
학급경영 및 사무 처리능력 (10)	필수 항목	행정업무	• 기안 및 공문서의 모의작성 여부 • 사업예산(안) 편성	10	
총점				100	

※ 「평생교육 현장실습 프로그램」의 실습내용을 바탕으로 실습생을 평가하고, 「평생교육 현장실습평가서」에 평가점수를 반영하시기 바랍니다.

* 선택항목 부분은 실습내용으로 택1하여 실시한 항목만을 기재하고 평가하도록 합니다.

표 8-14 평생교육 현장실습평가서 사례

평생교육 현장실습평가서

1. 실습기관명: Y평생교육원
2. 실습기간: 2020년 4월 8일~2020년 5월 14일(4주, 총 160시간)
3. 실습지도자: ○○○

직명	성명	담당	내용	비고
회장	○○○	교육팀팀장	평생교육업부	평생교육사 2급

4. 실습내용

1주	2주	3주	4주
기관소개 및 오리엔테이션, 개강 문서준비 보조, 국민내일배움카드 등록 방법 및 사용 규정, 진행프로그램 세부 파악, 실습기관 관련 법 및 정책이해와 기관 분석	진행 프로그램 모니터링, 교육 프로그램 운영지원, 기관 프로그램 분석. 종강 문서 취합 및 분석, 평생교육 바우처 신청 및 사용방법, 강의실 환경 개선, 심층면접 체크리스트 내용 파악	홈페이지 및 블로그 홍보 파악, 개설 및 운영교육, 행정업무 보조, 훈련과정 교안 준비, 산업재해자 학습관리 방법, 학습자 모집 상담진행, 실습기관 관련 법 및 정책 이해와 기관 분석	공문종류 및 문서결제 종류 파악, 온라인 홍보물 제작, 모의기안 및 모의 공문서 작성, 모의 평생교육 프로그램 개발, 모의 평생교육 프로그램 홍보 및 마케팅계획, 종강서류 정리, 실습평가

5. 실습상황

실습생 성명	학과명	근무태도 (10)	자질 (15)	학습지도 능력 (50)	연구조사 활동 (15)	학급경영 및 사무처리능력 (10)	총평 (100)	비고
○○○	지역사회개발	10	15	49	14	10	98	

위 사실을 증명함

2020년 5월 28일

실습기관의 장

표 8-15 평생교육 현장실습 확인서

<table>
<tr><th colspan="7">평생교육 현장실습 확인서</th></tr>
<tr><td colspan="2" rowspan="4">실습생정보</td><td>성명</td><td>○○○</td><td colspan="2">생년월일</td><td>1995. 4. 30</td></tr>
<tr><td>학교/학과</td><td>○○대학교</td><td colspan="2">실습지도교수명</td><td>○○○</td></tr>
<tr><td>실습기간</td><td colspan="4">2021년 3월 15일~2021년 4월 9일까지(총 20일)</td></tr>
<tr><td>실습시간</td><td colspan="4">총 160시간(매주 월요일부터 금요일까지)</td></tr>
<tr><td rowspan="12">실습기관정보</td><td rowspan="3">실습기관</td><td>기관명</td><td>한국
행정교육원</td><td colspan="2">기관유형</td><td>5유형:
언론기관부설</td></tr>
<tr><td>전화번호</td><td></td><td colspan="2">실습운영부서</td><td></td></tr>
<tr><td>주소</td><td colspan="4"></td></tr>
<tr><td rowspan="9">실습지도자</td><td>성명</td><td></td><td rowspan="4">평생
교육사
자격
소지</td><td>급수</td><td></td></tr>
<tr><td>생년월일</td><td></td><td>취득
기관명</td><td></td></tr>
<tr><td rowspan="2">직위</td><td rowspan="2"></td><td>취득일</td><td></td></tr>
<tr><td>자격번호</td><td></td></tr>
<tr><td colspan="5">실습지도자 평생교육 관련 경력</td></tr>
<tr><td>기관명</td><td>소속부서</td><td colspan="2">기간(년월)</td><td>담당업무</td></tr>
<tr><td></td><td></td><td colspan="2">년 월~년 월
(총 개월)</td><td></td></tr>
<tr><td></td><td></td><td colspan="2">년 월~년 월
(총 개월)</td><td></td></tr>
<tr><td colspan="2">총 경력개월</td><td colspan="2">총 (　)개월</td><td></td></tr>
</table>

위와 같이 실습내용을 확인합니다.

2021년 4월 20일

실습지도자: (서명 또는 인)

년 월 일

실습지도교수: (서명 또는 인)

국가평생교육진흥원장 귀하

3) 현장실습 종결 및 평가단계에서의 체크리스트

실습이 종결되면 실습기관에서 확인해야 할 사항은 다음과 같다.

- 실습평가를 위한 별도의 평가회를 마련하였는가?
- 평가회를 통하여 실습활동에 대한 피드백과 향후 비전에 대한 지도가 이루어졌는가?
- 평가회를 통해 제시된 실습생의 의견을 향후 반영할 준비가 되어 있는가?
- 실습평가 관련서류(실습생 평가서, 평생교육 현장실습평가서, 최종평가보고서)가 준비되어 있는가?
- 양성기관 발송용 실습평가서가 준비되어 있는가?
- 평생교육 현장실습평가서는 실습지도서와 마찬가지로 실습기간이 길어졌다고 해도 4주(1주 40시간 기준)로 작성한다.

제3절 평생교육사 양성기관의 평가

1. 양성기관의 평생교육실습평가에 대한 기준

양성기관의 평생교육실습평가는 평생교육 현장실습평가서, 실습일지, 실습평가회 및 향후 비전설정 등에 대한 총체적인 평가를 통해 학점인정을 하는 절차이다. 여기서는 평생교육 현장실습평가서, 실습평가회, 세미나 등이 이루어지며 외부적인 평가체계인 평생교육실습평가 기준은 실무역량, 공적 책임이행, 평생교육적 가치실행 세 가지로 제시되고 있다.

표 8-16 평생교육실습평가기준

평가기준	내용
실무역량	- 정해진 기간 내에 과제수행 여부 - 주어진 수행 과제를 목적과 내용에 적합하게 수행했는가 여부 - 문제의식과 문제인식 문제에 대한 접근이 합치되는가 여부 - 문제해결 협력방식과 필요자원 동원력, 자원배분 관계의 조정 능력기준 - 조사/분석 등 주요 핵심 방법론 적용과 결과를 도출할 수 있는 지의 여부 - 관련자료 해석과 대안을 제시할 수 있는 비판적 사고력과 대안제시를 활용할 수 있는지 여부
공적 책임이행	- 법적/제도적/정책적 기준을 적용할 수 있는 능력 여부 - 첨예의 갈등상황에서 이해관계자를 어떻게 참여시켰는가 여부 - 공동체적 가치를 위해 어떤 역할자로서 기능했는가 여부
평생교육적 가치실행	- 문제해결 대응과정에서 갈등과 이해관계자를 어떻게 적절하게 조정했는가 여부 - 사회문제를 어떤 교육적 문제의식과 관점으로 프로그램을 개발하고 가치를 부여했는지 여부 - 교육 분야의 접근에 대한 평생교육 관리, 실행자로서의 정체성 형성의 정도 판단 - 해당 평생교육기관의 사회적 책임에 대한 공적책임을 분석하고 실행하는 정도 - 의무교육과 다른 평생교육의 제 역할과 혁신방안을 분석하여 새로운 대안 제시여부 - 교육개혁가로서의 마음가짐과 사회적 실천가로서의 문제에 대응하는 문제 대처 능력

출처: 오명숙(2019) 재구성.

2. 실습평가회

실습지도교수는 현장실습이 종결된 후, 실습과목 이수자들 간의 실습내용 공유 및 자체평가를 위한 실습평가회를 실시해야 한다. 실습평가회는 별도로 실습 최종세미나를 통해 실습생들이 경험한 실습기관 유형별 특성 및 실습내용을 공유하여, 간접적으로나마 평생교육 현장의 다양성과 역동성을 느낄 수 있는 자리를 마련한다.

실습평가회는 총 6시간에 한하여 연속진행이 가능(수업 2주차 인정)하며, 출석수업이 필수이다. 실습평가회 출석은 실습 전 오리엔테이션, 중간보고 등을 포함하여 성적산출 비율(100%) 중 출석 및 수업참여도(30% 이상)에 해당한다.

표 8-17 실습평가 발표자료(사례)

<table>
<tr><th colspan="2">항목</th><th>내용</th></tr>
<tr><td rowspan="4">실습이 나에게 준 의미</td><td>실습 시 어려웠던 점</td><td>코로나19로 인해 기존의 프로그램이 취소되는 경우가 많아 실습하고자 했던 내용 중에 타 기관방문 등을 하지 못했던 점과 학생들과의 직접대면이 많이 통제 되어서 어려웠다.</td></tr>
<tr><td>실습을 통해 배운 점</td><td>온라인(비대면)으로 대체되면서 다양한 온라인수업방식을 배우게 되었고, 이러닝 프로그램을 기획하고 평가하는 과정 등을 배우게 되었다. 이러닝 프로그램의 제작방식을 직접 경험하게 되었다.</td></tr>
<tr><td>평생교육사의 역할, 진로 결정 여부</td><td>평생교육사의 역할은 다양한 분야에서 학습자가 필요한 것들을 배우고 사회의 변화에 발맞추어 빠른 기획력과 그에 따른 프로그램 개발 능력을 키워나가는 것이라고 생각한다. 전 국민을 대상으로 하는 이러닝 평생교육기관에 취업을 생각중이다.</td></tr>
<tr><td>기타</td><td>평생교육사의 역할이 다양하고 많아(업무과다 등)평생교육기관에서 평생교육사로서 일하는 것이 쉽지 않다는 것을 알았지만 보람있는 일이 될 것이라는 생각이 든다.</td></tr>
<tr><td rowspan="3">실습기관으로서 적합여부를 파악하기 위한 솔직한 의견</td><td>실습기관으로서의 적합성에 대한 의견</td><td>변화하는 사회에 대응하는 다양한 프로그램을 제작 운영하고 공모사업을 하고 있는 곳으로 평생교육을 직접현장에서 실천하는 기관으로서 적합하다.</td></tr>
<tr><td>실습기관이 보강해야 할 점</td><td>강사의 역량강화, 강의실 환경개선, 급변하는 시대에 맞는 많은 프로그램 개발·운영이 필요하고 코로나 사태 같은 돌발 상황을 타개할 순발력을 갖추어야 하겠다.</td></tr>
<tr><td>실습의 주 내용 또는 수행한 업무</td><td>온라인 강의준비 및 청강, 워크숍 준비과정의 전반적인 업무, 교재편집, 전형준비 및 평가서작성, 프로그램 기획, 개발, 제안서 작성과 보고서 작성 등 행정업무 등</td></tr>
<tr><td colspan="2" rowspan="2">학과에 대한 건의사항</td><td>매번 실습 안내에 대한 문자를 보내 참고가 되지만, 실습과목뿐만 아니라 다른 과목도 문자가 와서 실습과목 관련 문자를 놓치는 경우가 있다. 문자발송, 다른 방법이 없을까요?</td></tr>
<tr><td>서울G대학교 평생교육실습보고서 중</td></tr>
</table>

실습평가회는 실습 최종세미나를 개최하여 실습생, 실습운영자(실습지도교수, 행정관리자, 학과 전임교수 등)들이 모두 참석한 가운데 진행된다. 실습생들은 실습 종료 후 양성기관에서 미리 제공한 실습평가 발표자료를 작성하여 제출하고 발표 및 토론을 통해 내용을 공유한다. 그리고 질의응답 과정을 거쳐 실습지도교수의 피드백을 받는다.

3. 향후 비전설정 지도

실습지도교수는 실습생이 실습을 통해 배운 것들과 향후 비전 설정을 위한 워크시트에서 실습생이 실습과정을 통해 느낀 점, 향후 평생교육사로서 실습생 자신의 자질과 비전 그리고 그 비전을 실현하기 위한 준비는 무엇인지 또 어떤 노력들이 요구되는지를 정리해 보는 기회를 제공해야 한다.

실습생은 현장실습에 대한 스스로의 반성과 성찰을 통해 평생교육사로서의 자신의 역량 및 자질과 더불어 비전에 대한 시각이 형성된다.

표 8-18 실습을 통해 배운 것

대학 내에서 평생교육과 관련된 몇몇 과목을 수강하고, 신문기사, 대통령 정책 등을 통해 평생교육사에 대한 관심이 생겼다. 그러나 막연하게 국가평생교육진흥원 취업만을 목표로 두고, 정작 평생교육사에 대한 실무를 전혀 알지 못했으나 이번 실습과정을 통해 평생교육사에 대한 전망과 실무, 평생교육사로서 필요한 전문지식 지식을 알게 되었다.

특히 기관 내에서 진행되는 '5분 스피치'는 나에게 큰 도움이 되었다. 남들 앞에서 말하는 것을 싫어하고 되도록 회피하는 유형인데, 실습기간 동안 매일 진행되는 자율주제 5분 스피치를 통해 발표나 말하기에 대한 두려움이 사라졌다. 또한 현재 진행되는 평생교육의 형태에 대해 알게 되었다.

평생학습은 지역사회기관, 문화센터 등 다양한 곳에서 그리고 대상은 어린아이부터 노인까지 모든 계층에서 이루어지고 있음을 알았다.

현실적으로 대한민국 정책상 아직은 평생교육사로서의 직업적 안정성이 떨어진다고 생각한다. 부족한 전문성, 직업적 안정성 등 많은 부분에서의 보완을 필요로 한다.

이러한 현재의 평생교육사가 직업적, 사회적으로 개선이 된다면 미래시대를 이끌 선두주자가 될 수 있다는 확신이 있다. 4차 산업기술 등의 발달로 인간의 여가시간은 무조건 확장될 것이라 본다. 미래시대의 변화에 맞추어 무궁무진하게 발전할 가능성이 높은 직업이 평생교육사라 생각된다.

S대학교 평생교육실습보고서 중

표 8-19 향후 비전 설정을 위한 워크시트

항목	주요 내용
실습을 통해 느낀 점	• 무엇이든지 처음 시작하는 것은 누구나 낯설고 어려운 시작을 하는 것으로 많은 걱정과 고민이 따르는 것 같다. • 처음으로 하는 실습, 긴장감을 가지고 시작했는데 시간이 가면서 실습기관에도 익숙해지고 실습생들과도 여러 과정을 함께 수행하면서 친숙해져 편안한 마음으로 끝까지 마칠 수 있었다. • 실습기관의 역할이 단지 지식이나 기술을 배우고 자격증을 따기 위한 배우는 목적의 기관이 아니라 편안하고 정감 있는 장소도 될 수 있다는 새로운 시각을 가지는 계기가 되었다. • 산모·신생아 건강관리사 및 산모마사지 교육과정 참여로 프로그램이 어떻게 진행되는지 배우게 되었고, 실습기관의 SWOT 분석을 통해서 이론으로 배웠던 내용을 실무에 적용할 수 있는 기법도 배우게 되었다. • 네이버 카페를 통해서 어떻게 실습기관을 홍보하고 관리하는지도 알게 되었다.
평생교육사로서 나의 소질과 비전	• 평생교육사로서 긍정적인 마인드와 책임감, 성실성, 대인관계에서도 적극적으로 활동해야 할 필요성을 알게 되었으며, 많은 부분에서 내 자신의 성격과 적합하다고 생각한다. • 평생교육을 기획, 진행, 운영하는 데 있어서 문서작성을 능숙하게 해야 한다는 것을 알게 되었고, 공문서 및 서류를 작성하는 문서작성을 잘하는 것 같다. • 좋은 프로그램 개발은 숙련된 경험이 요구되어 다른 교육원의 좋은 프로그램을 벤치마킹을 통해서 분석이 필요하다는 것을 알았다. 앞으로 전문성을 갖춘 프로그램개발자가 되도록 한다.
비전을 실현하기 위하여 앞으로 내가 준비해야 할 일	• 은퇴하는 사람들이 많아지면서 교육에 대한 욕구가 증가되고 있어서 평생교육사의 역할도 증가되고 있다. 평생교육사로서 운영 또는 교육원에서 그 역할을 해 보고 싶다. • 평생교육사로서 노인지도를 잘하기 위해서는 노인지도에 필요한 다양한 교육을 받고 관련 자격증을 취득하도록 하겠다. • 실습을 통해 평생교육사의 역할 중 교수자 역할과 학습상담가로서 역할이 부족함을 알게 되었고 앞으로 관련 부분에 대한 지식과 기술 등을 배우도록 하겠다.
	K사이버대학교 평생교육실습보고서 중

4. 성적산출 및 학점인정

실습지도교수는 실습생이 현장실습 전 오리엔테이션에 임했던 자세 및 실습기관에서 작성한 현장실습평가서, 실습일지, 실습세미나, 실습평가회 및 비전설정 등의 활동을 통해 학생별 실습과목 성적을 산출한다.

학점은행제 학사관리지침(원격기반 교육훈련기관)에 따르면, 성적은 총 100점 만점, 3학점으로 실습과목 수업참여도와 4주(20일, 160시간) 이상의 평생교육 현장실습 실시 내용 등의 사항을 고려하여 각 양성기관의 운영규정에 따라 산출하여 부여한다(평생교육 현장실습평가서 점수를 최소 50% 이상 반영해야 함). 평생교육사 자격증을 취득하기 위해서는 실습점수는 80점 이상이 되어야 한다.

※ 양성기관의 평생교육실습과목 성적반영 비율은 일반적으로 평생교육 현장실습평가서(50% 이상), 실습일지(20% 이상), 출석 및 수업참여도(30% 이상)를 반영하여 성적을 산출하고 학점(3학점)을 부여한다.

연구문제

1. 프로그램 평가 영역에서 커크패트릭(Kirkpatrick)의 4단계 평가 모형과 필립스(Phillips)의 5단계 평가 모형을 설명해 봅시다.

2. 프로그램 평가기준 여섯 가지를 설명하고 각각의 예시적 준거를 예를 들어 봅시다.

3. 실습생의 자기평가에서 평가해야 할 내용은 어떤 것이 있는지 설명해 봅시다.

4. 현장실습 종결 및 평가단계에서 실습기관이 확인해야 할 사항은 무엇인지 설명해 봅시다.

5. 현장실습 종결 후 양성기관의 실습평가회를 설명해 봅시다.

CHAPTER 09

양성기관의 평생교육 현장실습 최종세미나

제1절 양성기관의 실습세미나 지침

제2절 실습평가 발표자료 내용 및 분석

제1절 양성기관의 실습세미나 지침

1. 실습세미나 순서

양성기관의 현장실습 최종세미나는 경험한 현장실습에 대해 전체적으로 조망하고 최종 정리하는 공동학습의 장으로 실습생, 실습지도교수 등 실습운영자 간 최종평가의 자리이다. 세미나는 실습생이 객관적인 거리를 두고 현장실습에 관해 공동의 목표를 달성했는가를 확인하는 시간으로, 또 평생교육사로서의 자질과 능력을 향상시키는 것으로 평생교육 현장실습과목의 중요한 일부분을 차지한다.

강흥구(2011)의 연구에서 실습세미나는 실습 선행과정 요인과 실습목표 달성도 간의 관계에서 실습 선행과정 요인을 매개하는 것으로 볼 때 실습세미나 운영은 중요하다는 것을 알 수 있다.

현장실습 세미나 일정표는 대개 실습경과보고 → 지도교수(대표)인사 → 세미나 지침 발표 → 개인별 실습생 발표(실습평가자료) → 질의응답 → 총평(피드백) → 실습세미나 운영평가로 구성된다.

표 9-1 실습세미나 일정표

시간	주제	발표자
9:00~9:30	출석체크	
9:30~9:40	실습경과보고	실습지도교수 혹은 행정관리자
9:40~9:50	세미나 개회 및 인사말	실습지도교수 혹은 학과장
9:50~10:10	세미나 지침 발표	실습지도교수
10:10~10:20	휴식	
10:20~13:00	실습평가자료 발표	실습생
13:00~13:30	중식	
13:30~14:30	질의응답	실습생과 실습운영자
14:30~15:00	총평(피드백)	실습운영자(실습지도교수)
15:00~15:30	실습세미나 운영평가	실습생
※ 실습생 참여 수에 따라 주제 발표 시간은 조절될 수 있으며, 중식과 휴식 시간도 조절될 수 있다(중식 없이 휴식만 취하고 진행할 수 있음).		

2. 실습세미나 지침

실습세미나의 성격은 일종의 보고와 발표로 실습생이 경험한 현장실습에 대해 전체적으로 조망하고 최종 정리하는 공동학습의 장이다. 과제수행보고, 실습평가자료 발표방법, 실습평가자료 작성, 총평에 대한 지침은 다음과 같다.

1) 과제수행보고

현장실습에 대한 최종세미나는 과제수행보고의 성격을 갖는다. 세미나의 목적은 성과에 대한 평가 등 일련의 실습경험에 대해 토론하고 실습교육에 관한 목표를 점검하는 과정이다. 이 과정은 반성적 사고의 과정이면서 성찰의 시간이 되어야 한다. 이를 위한 다섯 가지 요소는 목적성, 적합성, 중립성, 명료성, 관계성으로 구성된다(오명숙, 2019).

첫째, 목적성은 평생교육의 현장전문성향상 등 현장실습에 대한 목적 및 목표만이 아니라 우리 사회에 어떤 책임의식, 자신의 삶의 방향과 목적, 가치관을 결합하여 주체적으로 어떻게 접근했는지를 설명하는 것이 필요하다.

둘째, 적합성은 현장실습이 평생교육의 핵심직무를 익히는 데 도움이 되었는지를 살피는 것이다. 적합성의 기준은 전문성과 공익성, 책임성을 포함해야 하며, 평생교육 역량을 획득했는지를 보고자 함이다.

셋째, 중립성의 원칙은 이해관계자(실습기관 관련자, 양성기관 관련자, 동료실습생 등)와 소통할 때 필요하고, 발표에서 중립성의 원칙은 객관적인 시야의 확보와 교육적 가치와 공공성의 책임 아래 이행되어야 한다.

넷째, 명료성은 의사결정을 하고 판단하는 데 도움이 되도록 이해하기 쉽고 명료한 기준과 분류체계 사용을 보여 줄 필요가 있다.

다섯째, 교육은 여러 관계(성) 속에서 전개됨으로 전체 체계 내에서 어떻게 각각이 기여하고 어떤 가치를 생산해 내고 있는지를 설명할 수 있어야 한다.

결론적으로 잘 된 보고서는 예리하게 문제의 핵심을 정확히 진단, 분석하고 합리적인 대안을 제시한다. 전체적으로 체계적이고 깔끔하며 논리적 일관성이 있어야 한다. 사실관계가 명확하고 내용 전반이 객관적이고 중립적이어야 한다. 처음부터 끝까지 자신감과 가치관, 정책방향이 살아있어야 한다. 사례, 통계, 비유 등을 통해 글이 쉽고 막힘이 없이 편안해야 한다.

2) 실습평가자료 작성

실습생들은 현장실습을 통해 글쓰기의 중요성을 깨달은 것이 실습에서 배운 귀한 경험 중 하나라고 말한다. 실습일지, 보고서, 프로그램 개발과정에서의 조사·분석, 실습평가자료 작성 등 현장실습의 전 과정은 모두 글쓰기로 기록된다. 이런 일련의 과정을 기록하면서 자신의 생각과 의견을 표현하고 넓히는 방법, 다른 사람의 입장을 배려하는 대인관계 규칙을 자연스럽게 배우게 된다.

첫째, 실습평가자료 작성 시 원칙은 사실대로 작성한다.

자료는 구체적·객관적·논리적·긍정적으로 작성해야 하며 정확한 용어와 문어체 사용, 맞춤법 등에 유의하여 작성한다. 하지만 보다 중요한 것은 위와 같은 원칙보다는 무엇을 어떤 방식으로 기록할 것인가이다. 예를 들어, 실습평가자료 작성은 실습업무 중 사회적 의미와 가치, 새로운 인식과 변화에 대한 대처 등의 논제를 다루는 내용을 쓰면서 자신을 평가하고 성찰한다.

> 평소에 어학원, 단과학원 자격 기술학원 정도만 알고 있었는데, 사회적 요구에 따라 훨씬 더 다양하고 세부적인 교육 프로그램이 존재하고 있어서 그동안 알지 못했던 교육 프로그램을 하나씩 살펴보는 것만으로도 흥미로웠다.
>
> 사회가 빠르게 변하고 그에 따라 무수히 많은 직업적 요구사항이 변경됨에 따라 변화속도에 뒤쳐지지 않도록 평생교육의 차원에서 무수히 많은 교육 프로그램이 개설되고 운영되고 있다는 것을 알게 되었다.

둘째, 실습평가자료는 문제중심 글쓰기로 작성한다.

이 방법은 문제를 다루기 위하여 실습생이 문제와 전문적 개입에 초점을 두는 간결한 기록형식으로 실습생이 실습과정에 특정한 문제에 대해 접근해 온 방식을 살펴볼 수 있다.

또 실습생이 경험한 문제의 복합성과 상호관련성을 보여주고 특정한 문제에 초점화된 관심을 갖도록 하며, 문제해결의 진전에 대한 점검과 사후 추적조사를 위한 기제를 제공하는 장점이 있다.

> 애로사항은 코로나로 인해 기존 프로그램들이 취소되는 경우가 많아 실습하고자 했던 내용 중에 하지 못한 점이 많았어요. 더욱이 온라인으로 대체되면서 다양한 온라인수업방식에 적응하는 데 어려움 또한 있었어요. 실시간

동영상 수업, 줌 방식 이런 것을 따로 공부했어요. 실습수업 겸 또 나중에 아이들을 가르치는 데 적용을 해야 되어서.

개인적으로 애로사항은 모의 평생교육 프로그램 계획 작성에서 학습 커리큘럼을 작성하였는데 교수설계를 직접 해 본 적이 없어서 24회 차시의 커리큘럼을 작성할 수 없었다. 하여 유사한 교육 프로그램의 커리큘럼을 참조했다. 학습커리큘럼 작성 시 인과관계를 갖고 이전의 학습내용이 자연스레 이어지도록 구성하는 교수설계 과정이 굉장히 섬세한 작업이라는 느낌을 받았다.

3) 실습평가자료 발표방법

발표는 실습과정에서 어떤 목표와 어떤 학습을 하게 되었는지 경험을 나누는 장이다. 실습생의 실습평가자료 표 9-3의 일곱 가지 항목은 여러 실습생들이 정해진 시간 내에 발표하기 때문에 기본적으로 육하원칙에 의해 너무 길지 않게 명확히 어떻게 실습을 잘 마쳤는지, 어떤 노력을 하였는지 보여주는 것이 중요하다. 이때 중요한 지침(오명숙, 2019)을 실제 사례를 들어 정리하면 다음과 같다.

첫째, 실습 전의 실습목표와 실습과정에서의 의사결정 기준이 반영된 발표를 하는 것이 중요하다. 실습 전의 자기진단과 실습목표를 세웠으나 실제 현장에서는 다를 수 있다. 실습 시 애로사항이 무엇인지 구체적으로 말하고 어떻게 해결했는지 발표한다.

개인적으로 애로사항은 모의 평생교육 프로그램 계획 작성에서 학습커리큘럼을 작성하였는데 교수설계를 직접 해 본 적이 없어서 24회 차시의 커리큘럼을 작성할 수 없었던 점이다.

따라서 유사한 교육 프로그램의 커리큘럼을 참조했다. 학습커리큘럼 작성 시 인과관계를 갖고 이전의 학습 내용이 자연스레 이어지도록 구성하는 교수설계 과정이 굉장히 섬세한 작업이라는 것을 알았다.

둘째, 객관적 사실, 논리적 구성, 핵심요약, 타당성과 합법성이 요구된다. 일정한 소주제로 구성하고 핵심을 요약하고 그 타당성을 통해 설득하는 것이 좋다.

실습기관이 보강해야 할 점으로 "코로나 예방 등으로 온라인교육에 대비하여 관련 시스템이 필요함"이라는 소주제를 다룰 수 있다. 실습기관(실습 전 학교도 포함)이 별도로 비대면교육 웨비나를 실시하여 기관 관련자 및 학생들 모두가 참석할 수 있도록 한다.

또한 영세한 기관은 정부기관에서 온라인시스템을 마련할 수 있는 지원이 필요하다.

셋째, 사고와 인식은 실습 단계별로 경험한 것이 다를 수 있기에 그 변화가 어떻게 일어났고 그로 인해 실습현장을 어떻게 파악하게 되었는지를 드러내는 사례를 수집하여 비교·발표하는 것이 좋다.

타전공 학생으로 평생교육과 관련된 몇몇 과목 수강과 신문기사 및 대통령 정책 등을 통해 평생교육사에 대한 관심이 생겨 평생교육사 자격증에 도전하였다.

처음에는 정작 평생교육사에 대한 실무를 전혀 알지 못한 채 막연하게 국가평생교육진흥원 취업만을 목표로 두었다.

하지만 현장실습에서 평생교육 관련 법규 및 정책, 다양한 평생교육기관 분석, 프로그램 개발을 통해 평생교육사에 대한 전망과 실무, 평생교육사로서의 자질을 기르고, 전문적 역량을 키울 수 있었다.

넷째, 대상에 대한 고려로 실습생들은 실습을 경험한 집단이기 때문에 다른 사람과 차별화된 발표가 되어야 한다.

<표 9-3>은 3개 대학의 실습생들이 전공도 다르고 약 25여 개의 다양한 실습기관(1유형~9유형)에서 서로 다른 대상들(어린이, 청소년, 성인, 노인)을 상대로 실습을 하였다. 따라서 실습생들의 발표를 통해 실습과정의 다양한 경험을 공유할 수 있다.

마지막으로 현장실습의 목표를 상기시켜 명확한 결론 설명이 필요하다. 현장에서 어떤 문제를 해결했고 그 과정을 통해 무엇을 얻게 되었는지 반성적 사고를 보여주는 것이 중요하다.

> 현업으로 원격교육시설에서 재직한 경험이 있는데, 실습기관에 개설된 훈련과정과 원격교육 프로그램과는 다르게 오프라인에서 진행되는 훈련과정의 특징에 대하여 많이 배울 수 있었다.
>
> 또한 실무적으로 국비지원 과정을 통해 교육을 받는 훈련생들과 접하며 국가에서 운영하는 평생교육 제도와 행정지원시스템에 대하여 많은 것을 배우고 경험해 볼 수 있었다.

4) 총평

실습지도교수는 총평에서는 실습생의 발표내용에 대해 피드백으로 긍정적인 환류를 할 수 있도록 한다. 또한 실습생의 건의사항에 대한 양성기관의 입장을 구체적으로 설명할 수 있어야 한다. 따라서 실습지도교수는

첫째, 평생교육사로서의 가치의 내면화가 이루어져야 하며, 지식체계에 관련한 다양한 분야에 대한 지식을 소유해야 한다.

둘째, 현장의 최근 이슈 및 정책동향 등에 관여하고 그에 대한 학자적이고 실천가적인 시각의 균형을 이루며 학생들에게 전달해야 한다.

셋째, 세미나를 통해 실습생들의 비판적 성찰에 의한 개선 요구를 수용하고 이를 해결하기 위한 방안을 강구함과 동시에 자격증 취득 후 실제로 평생교육 현장에서 평생교육사로서의 꿈을 이룰 수 있는 기회의 장이 될 수 있는 대안을 마련할 수 있어야 한다.

3. 실습세미나 운영평가

총평이 끝나면 실습세미나 운영평가를 통해 향후 실습세미나 운영을 개선한다.

표 9-2 실습세미나 운영평가

문항	평가				
이번 실습세미나 운영에 대한 만족도 평가	전혀 그렇지 않다	그렇지 않다	보통이다	그렇다	매우 그렇다
1. 세미나의 전체적인 운영시간은 적당한가?	①	②	③	④	⑤
2. 세미나에서 개별 발표시간은 적당한가?	①	②	③	④	⑤
3. 세미나에 대해 얼마나 만족하는가?	①	②	③	④	⑤
4. 세미나에 대해 전반적으로 만족한가?	①	②	③	④	⑤
5. 세미나 내용에 대해 얼마나 만족하는가?	①	②	③	④	⑤
6. 세미나 진행자의 진행 방식은 만족한가?	①	②	③	④	⑤
7. 세미나 운영을 위한 시설 및 환경(기자재, 수용 공간 등)이 마련되어 있는가?	①	②	③	④	⑤
8. 세미나의 내용은 주제와 적합하게 진행되고, 유익한가?	①	②	③	④	⑤
9. 실습생은 실습평가 발표자료를 참여자가 이해할 수 있게 발표하고, 실습 관련 지도자의 피드백이 있는가?	①	②	③	④	⑤
10. 이번 세미나에 대한 소감과 바라는 점을 서술해 주세요.					

4. 실습생의 주요 Q & A

질문1

평생교육사 자격증은 언제 신청하고 취득하나요?

① 자격증 발급 신청안내

- 신청대상: 대학 및 학점은행 교육기관(평생교육사 자격증 발급 신청서류를 접수받은 양성기관. 기관단위로 신청 가능하며, 개별신청은 불가함)
- 신청기관 접수 순위: 평생교육 관련 과목을 이수한 기관(대학 또는 학점은행제 교육훈련기관). 여러 기관에서 이수한 경우는 다음과 같은 우선순위에 따라 자격증 발급 신청. ① 이수한 과목이 가장 많은 기관 ② 이수한 과목 수가 동수일 경우 우선순위, 즉 실습과목을 이수한 기관, 필수과목을 가장 많이 이수한 기관, 필수과목명 순에서 앞선 과목을 이수한 기관 순으로 함

  ※필수과목명 순(평생교육론, 평생교육방법론, 평생교육경영론, 평생교육 프로그램 개발론)

② 자격증 발급 신청접수 일정

구분	접수기간(2020년) 신청자 ⇒ 양성기관	양성기관 ⇒ NILE	자격증 교부
1차	1.20(월) ~ 1.31(금)	2.3(월) ~ 2.14(금)	3.13(금)
2차	4.20(월) ~ 5.4(월)	5.6(수) ~ 5.15(금)	6.5(금)
3차	7.20(월) ~ 7.31(금)	8.3(월) ~ 8.14(금)	9.11(금)
4차	10.19(월) ~ 10.30(금)	11.2(월) ~ 11.6(금)	11.30(월)

- 개인 신청자는 신청접수기간은 위 기간을 준수하도록 권장
- 대학(원)졸업예정자는 1차, 3차 신청기간에 신청가능: 학위취득일이 교부일 이전인 경우에 한함

③ 자격증 발급 신청서류

신청자는 공통서류와 해당자별 구비서류를 제출한다.

- **신청자**(신청서류 제출) → **양성기관**(신청서류 검토 … 신청자격확인 … 자격증 발급신청) → **NILE**(자격검정 및 교부)
- 공통서류: 평생교육사 자격증 발급신청서, 최종학력증명서, 성적증명서, 기본증명서(특정), 평생교육 현장실습평가서(양성기관보관서류)
- 해당자별 구비서류: 유사과목 확인서 및 강의 계획서, 경력증명서, 외국학위/외국국적 관련 서류

④ 자격증 발급 신청

양성기관은 신청자가 제출한 서류 검토와 자격확인을 거쳐 자격증 발급을 신청한다. 신청방법은 온라인 신청과 공문 및 우편 발송이다.

- 온라인 신청: 평생교육사 자격관리 홈페이지(https://lledu.nile.or.kr)온라인 신청, 신청 인원이 다수인 기관은 엑셀 업로드 기능 활용 권장
- 공문 및 우편 발송: 신청공문에 최종 확정된 신청자 명단을 첨부하여 발송, 평생교육사 자격증 발급 신청서류를 우편(등기)으로 발송

[04520] 서울특별시 중구 청계천로 14 국가평생교육진흥원 9층
평생교육사 자격제도 담당자 Tel: 1577-3867

- 자격발급 신청 이후 접수내역 확인: 「평생교육사 자격관리 홈페이지」 나의 자격증 신청 현황에서 조회, 온라인 신청 및 우편접수가 완료된 경우 [서류검정중]으로 확인
- 자격발급 신청 이후 '대학(원)졸업예정자'가 졸업을 유예한 경우: 해당 대상자 명단을 '국가평생교육진흥원'으로 공문 발송, 제출기한은 자격교부일 3일 이전까지
  ※ 대학(원)졸업예정자는 제1차, 제3차 접수기간에 한하여 신청가능

⑤ **자격검정 및 교부**
NILE은 자격검정 및 교부를 한다.
- NILE 자격증 교부: 「평생교육사 자격관리 홈페이지」 평생교육사 신청결과 안내, 평생교육사 양성기관별 자격증 우편(등기)발송
- **NILE**(자격증 제작·발송) → **양성기관**(자격증 확인 및 개별 발송) → **신청자**(자격증 수령)

질문2

평생교육실습 과목 운영과 관련하여 현장실습평가서 원본을 학생들에게 보관하도록 하고 있습니다. 자격증 신청은 타 기관에서 하는데도 원본을 양성기관에서 보관해야 하나요?

평생교육실습 과목운영지침에 따라 원칙적으로 과목을 운영한 양성기관에서 원본을 보관해주어야 한다. 지침에 따라 평생교육 현장실습평가서 및 평생교육 현장실습 확인서 원본은 학생이 평생교육사 자격증 발급신청 이전까지 원본을 보관한다.

질문3

대학(원) 및 학점은행기관에서 이수한 학습자가 2개 이상의 기관에서 평생교육사 자격증을 신청하고자 합니다. 다수의 기관에서 신청이 가능한가요?

여러 양성기관에서 과목을 이수한 경우에도 자격증 신청은 1개의 기관에서만 가능하다. 타 기관에서 동시에 신청을 진행할 경우, 온라인 신청 시 접수진행 중인 신청자로 팝업이 뜨며 접수신청이 불가하다.

질문4

평생교육사 양성과정을 더 이상 운영하지 않을 경우, 최대 몇 년까지 자격증 신청업무를 해야 하나요?

양성기관 계정 및 자격증 신청에 대한 별도의 기한은 없다. 다만, 담당자의 업무부담이 우려되므로 일정 유예기간을 두고 그 기간 안에 학생들이 자격증 신청을 완료할 수 있도록 공지해주시는 것을 권장한다.

질문5

평생교육기관에서 현장경력이 있는 경우 평생교육실습을 면제받을 수 있나요?

> [구법] 적용자의 경우에는 평생교육시설 또는 단체에서 3개월 이상 종사한 경력이 있는 자에 대하여 현장실습을 면제한다. 이때 경력자란 정규직·비정규직(인턴사원 포함) 무관하되, 해당 기관의 평생교육 분야에서 평생교육 업무를 직접 담당하고 있는 대상자를 의미하고, 경력자는 평생교육 업무를 직접 담당자임을 확인할 수 있는 기관장의 확인서(전담경력확인서)를 제출해야 한다. ※ 자격증 취득과정 중 의무적으로 이수하도록 되어 있는 현장실습에 참가 중인 자는 직장체험 프로그램에 제외대상이므로, 직장체험의 경험으로는 실습면제가 불가함. 또한 실습면제 대상자는 반드시 소속기관과 계약이 채결되어 급여가 지급되는 채용 형태가 되어야 하므로, 자원봉사 경력은 실습면제를 위한 경력으로 인정이 불가함
>
> [개정법] 적용자는 평생교육시설 또는 단체에서 종사한 경력이 있는 자의 경우에도 평생교육실습과목이 필수과목으로 변경된 바 해당 과목을 반드시 이수해야 한다.

질문6

평생교육기관 종사자가 근무지(재직기관)에서 실습하는 경우, 현장실습 인정범위와 주의사항은 무엇인가요?

> 현장실습의 목적에 맞는 내용의 실습을 해야 하며, 다음에 해당하는 경우는 현장실습으로 인정하지 않는다. 직장(현장)체험/사회봉사 등 단기체험활동 또는 인턴(단기근로자 형태)을 수행하는 경우, 외국소재 기관에서 현장실습을 실시하는 경우, 평생교육사 자격증 외의 다른 자격취득을 위한 현장실습과 중복하는 경우 2개 이상의 기관에서 현장실습을 실시하는 경우

질문7

평생교육실습 과목을 이수하지 못하고 졸업을 했는데 졸업 후에도 평생교육실습이 가능한가요?

> 졸업 후 해당 학교에서 실습신청 시간제 등록으로 할 수 있으며, 또한 타 대학교(사이버대학, 학점은행제 등)에서 실습신청 시간제 등록으로 할 수 있다.

질문8

실습기관을 변경할 수 있나요?

불가능하다. 단 부득이한 경우(실습기관 폐관, 실습지도자 퇴사 등)지도교수에게 알린 후 학과로부터 변경이 가능하다는 확인을 받은 후 관련 서류를 재제출해야 한다.

질문9

평생교육사 관련 교과목 전체 평균이 80점 미만인 경우 수강할 수 있는 방법은 무엇인가요?

재학생은 졸업 전 해당과목을 재이수하면 된다(졸업유예 1년 가능). 졸업생의 경우 해당 학교 시간제등록에서 추가로 재이수할 수 있다.

질문10

대학원에서 필수과목을 일부만 이수하고 졸업한 경우, 학점은행기관에서 추가로 이수하여 취득 가능한가요?

나머지 과목 이수를 통해 2급3호(10과목, 30학점) 또는 3급2호(7과목, 21학점)로 취득 가능하다.

질문11

대학원 입학 전에 학부/학점은행기관에서 필수과목을 일부 이수하고 대학원에 입학할 경우 과목을 어떻게 이수하면 되나요?

2급1호의 적용을 받기 위해서는 대학원에서 개설된 필수 5과목을 이수해야 한다. 필수과목 중복이수를 원하지 않을 경우, 학부에서 이수한 과목에 한하여 선택과목으로 대체하여 이수 가능하다.

	[평생교육법시행령 제15조 및 제16조제2항 관련]
평생교육사 2급	1. 「고등교육법」 제29조 및 제30조에 따른 대학원에서 교육부령으로 정하는 평생교육과 관련된 과목(이하 "관련과목"이라 한다) 중 필수과목을 15학점 이상 이수하고 석사 또는 박사학위를 취득한 자. 다만, 「고등교육법」 제2조에 따른 학교(이하 "대학"이라 한다)에서 필수과목을 이수한 경우에는 선택과목으로 필수과목 학점을 대체할 수 있다.

제2절 실습평가 발표자료 내용 및 분석

1. 실습평가 발표자료 내용 및 분석

실습지도교수는 현장실습 최종세미나 진행 전에 실습생들에게 미리 실습평가 발표자료 양식을 제공하고 작성하게 한다. 세미나에서 실습생들은 실습평가 자료를 발표하고 내용을 공유한다. 실습평가 발표자료 내용은 생생한 현장경험을 통한 그들의 솔직한 요구와 기대가 무엇인지 알 수 있다. 실습평가 발표자료 및 분석은 실습과정의 문제들을 해결하고 평생교육 현장실습을 체계적이고 효율적으로 운영함으로써 평생교육사의 전문역량을 제고할 수 있다. 실습평가 발표자료 분석은 향후 실습운영 시 개선방안을 도출할 수 있다.

실습평가 발표자료 분석은 2019년~2021년 3개 대학교 42명의 자료를 이용하였다. 각 대학교 실습생들의 실습시간은 G대학교부설 평생교육원은 학기 중 주간, K사이버대학교의 경우 학기 중 주간, 야간, 주말 그리고 S일반대학교(부전공)는 학기 중 야간에 진행되었다. 실습평가 발표자료 내용은 실습 시 애로사항, 실습을 통해 배운 점, 평생교육사의 역할과 진로, 실습기관의 적합성, 실습기관이 보강해야 할 점, 실습의 주요 내용 및 수행업무, 대학(학과)에 건의사항들로 구성되었다.

표 9-3 K사이버대학, S대학, G대학 실습생의 실습평가 발표자료 (2019~2021년)

항목	내용
실습 시 애로사항	- 코로나19 예방으로 실습기관의 관계자들 접촉 및 현장 프로그램 운영 취소 등으로 실습에 한계가 있었음 - 코로나19로 인해 학생들과 대면실습의 한계로 실제 완성한 프로그램 운영에 참여하지 못함 - 코로나19 예방을 위해 양성기관의 일부 비대면 강의(서류준비·진행상황 등)로 이해하기 어려웠음 - 실습은 3~5명이 함께하면 좋겠다(실습생 1명인 경우) - 코로나와 정보 부족으로 실습기관 선정이 어려웠음 - 컴퓨터활용 능력과 온라인교육 시스템(줌강의, 구글동영상 등)접근이 어려웠음

항목	내용
실습을 통해 배운 점	- 코로나19 예방수칙에 의해서 온라인으로 수업을 대체하면서 온라인 수업방식을 새롭게 배움 - 실제적인 교육운영 전반의 프로세스를 들여다보고, 오프라인 교육과 온라인 교육운영의 차이점을 배움 - 행정실무를 익힐 수 있고, 평생교육사의 자질과 역할을 배움 - 홈페이지 브랜딩 전략과 수강생의 요구사항 분석 및 LMS 실습을 진행을 통해 온라인 교육은 특히 웹마케팅이 중요함을 앎. - 교육수료보고와 개선활동의 일환인 만족도조사, 미수료자의 사후관리 및 운영보고서 작성, LMS 시스템을 통해 관리되는 일련의 환류체계를 이해하고, 추후 평생교육시설을 운영할 경우 전반적인 운영의 청사진을 그릴 수 있었음 - HRD행정 프로그램, NCS교육 프로그램 매뉴얼, 기관 행정업무 과정 습득
평생교육사의 역할, 진로	- 지역의 평생학습협의체와 밀접한 관계를 맺고, 일원이 되어 주민과 호흡할 수 있는 여건 마련 - 시대 흐름에 맞는 프로그램 개발과 실습을 통해 습득한 지식으로 향후 평생교육원을 설립 - 평생교육사로서 평생교육센터 운영 - 평생교육사로서 이러닝에 교육을 할 수 있는 명강사 - 노인복지, 상담 분야의 평생교육사 - 노인관련 봉사활동 기여 - 다문화가정 프로그램 개발 교육(대상 : 내국인 포함)
실습기관의 적합성	- 포스트코로나 언택트시대에 맞는 온라인 홈페이지에서의 모의 운영(모의 프로그램 개발 등)이 만족스러움 - 지역 전체의 평생학습을 아우르는 기관으로 평생교육사의 전문지식이 높고 무엇보다 주민의 욕구를 반영하여 프로그램 운영함 - 현재 트렌드를 반영한 도·소매 온라인 창업교육과 유튜브, SNS 등을 통해 온라인 마켓에 플러스요소가 될 수 있는 마케팅교육을 진행함으로써 실습기관으로서 매우 적합(G대, 영등포평생교육원 예) - 업무를 체계적으로 배울 수 있음 - 코로나 대비 영상 미디어 스튜디오실을 설치하여 활용하고 있음 - 다양한 전공의 실습생들이 실습하고, 타기관과 MOU 체결, 법인시설로 체계적 행정과 이용자 중심으로 기관 - 지역주민들이 편리하게 이용할 수 있도록 다양한 평생교육프로그램과 도서관을 운영(노원평생학습관 예) - 지역주민의 교육복지 향상을 위해 노력(고성교육도서관 예)

항목	내용
실습기관이 보강해야 할 점	- 코로나 예방 등으로 온라인교육에 대비하여 관련 시스템이 필요함 - 실습생 전담 지도자가 있어야 함(실습지도자의 업무량이 많아 실습 지도 질이 떨어짐) - 비대면 실습 시 강사위주 수업보다는 실습생의 조별 학습 운영 - 비대면 교육 운영을 위한 장비보강 및 교육생의 학습 의욕 고취를 위한 시스템 구축 - 대면 실습 시 사회적 거리 유지로 강의실 등 넓은 실습공간 확보 - 비대면 화상수업을 진행할 수 있는 프로그램 확대와 다양한 프로그램 운영을 위한 전문 인력 충원 - 평생교육 현장방문 기회 확대와 비대면 실습 시, 강사와 실습생의 원활한 쌍방향 소통을 지원할 수 있는 온라인 툴 마련 - 실습지도자는 실습생에게 실습지도교수의 현장방문 날짜를 미리 공유하여 준비하도록 함
실습의 주 내용 및 수행 업무	- 코로나 예방활동 - 코로나로 인해 비대면교육과 관련된 교육준비와 관련한 업무 - 온라인 홈페이지에 모의운영, 민간자격증 조사 후 모의로 만들어 보기 - 실습기관 SWOT 분석 - 수업 진행을 위한 줌 설치와 수업 진행에 대한 사진 촬영 및 시설에 대한 마무리 정리 등 - 교육관 관리(개방, 소등, 방역용품 배치 등), 출석부, 일일건강체크표 배치, 에버러닝 프로그램 사용(접수, 결제 시스템 등) - 프로그램 기획 및 개발, 신문기사 자료 업로드, 학습자 만족도 조사 코딩, 공문서 작성법, 타 평생교육기관의 프로그램 분석, 학습동아리 길잡이책자 제작, 평생교육법(정책조사, 자원조사, 역할과 자세 조사) - 행정업무 파악, 프로그램 모의작성 -홈페이지 제작과정 이해 - NCS 이해 및 HRD행정시스템, 기관 행정업무 - 요양보호사 및 상담심리, 베이비시터 등의 참관수업 - 마을공동체 신규사업 토론에 참여해 구체적인 사업계획서 작성 협조 - 중장년층 취업 아카데미 교육(주택·빌딩 관리자 양성과정) - 보조교사, 강의실 및 사무실 등 정리, 교육생들 출석관리, 물품 및 비품 보충, 컴퓨터 상태파악, 모의 프로그램 개발, 교육생 전화 응대 등

항목	내용
대학(학과)에 건의 사항	- 행정직원의 친절한 응대 - 지역제한 없이 실습할 수 있도록 확대 - 현장실습 사전 오리엔테이션 시간 확대 - 실습기관 多 확보와 실습생들에게 실습기관의 DB 공유로 실습기관 선정에 도움 - 공지사항 전달 시 문자 및 카톡(긴급사항), 밴드, 홈페이지 병행 오프라인교육 기회 확대 - 코로나로 인한 실습시간 단축(실습기관 선정과 대면수업의 한계) - 평생교육사의 진로상담 및 지속적인 취업 연계 시스템 구축

2. 향후 평생교육 현장실습운영 개선방안

1) 포스트코로나 언택트시대

포스트 코로나 언택트시대의 교육 흐름에 따라 실습과목 운영이 평생교육 양성기관 및 실습기관에서 부분적으로 비대면교육으로 진행되는 경우가 있다. 익숙하지 않은 비대면 강의(ZOOM 등)는 실습생들뿐만 아니라 양성기관, 실습기관 모두에게 강의 참여방법, 수업 운영방법 등을 익히는 데 어려움이 따른다.

비대면 강의는 실습 관련 서류준비 및 진행상황 등을 이해하는 데 어려움이 있고 실습기관의 관계자들 접촉 및 현장 프로그램 운영이 축소·취소된다. 또한 실습생들이 실제로 완성한 프로그램을 실행·운영할 기회도 한계가 있다. 하지만 동시에 온라인수업으로 대체하면서 온라인수업방식을 배울 기회가 되었다.

따라서 해당기관에서는 온라인교육에 대비하여 관련 시스템을 준비하고, 웨비나(Web + Seminar = Webinar)를 개최하여 비대면 수업을 위한 수업 운영방법 및 효과적인 교수학습 전략 등을 진행하도록 한다.

관련자들(실습지도교수, 실습지도자, 실습생 등)은 모두 웨비나에 참여하여 정보를 공유하고 효과적인 실습이 운영될 수 있도록 한다.

또한 코로나 상황에 따라 오프라인과 온라인(ZOOM, Whale, Webex 등) 수업을 적절히 병행하여 실습을 운영할 필요가 있다.

2) 실습기관의 개선방안

실습평가 발표자료 분석을 통해 현장실습기관의 운영에 있어서 코로나19에 대한 실습대처, 실습유형, 실습시기, 실습내용(프로그램), 타 실습기관과 차별화, 양성기관과의 상호협력 등이 중요하다는 것을 알 수 있다. 이와 관련한 실습기관의 구체적인 개선방안은 다음과 같다.

첫째, 코로나 상황에 따라 대면/비대면 실습을 적절히 병행할 필요가 있다. 예를 들어, 실습생이 20명이라면 대면(10명)과 비대면(10명)을 정해 돌아가면서 대면 실습을 하고, 비대면 실습생들에게는 대면 실습생의 실습장면을 영상으로 녹화하여 제공하는 방식을 이용할 수 있다(* 특히 대면 실습 시 실습업무가 주로 코로나 방역활동으로 제한되지 않도록 한다).

둘째, 비대면 온라인교육 시스템(ZOOM 강의, 실시간 화상 강의 등) 마련과 교육실시, 사회적 거리 두기와 책상의 칸막이 설치 등으로 실습공간 확대가 필요하다.

셋째, 실습은 코로나 상황에 따라 대면/비대면 수업을 병행한다(비대면 온라인수업 50%이내). 또한 실습시간은 일반적으로 160시간(4주, 20일)인데 코로나로 인한 돌발 상황을 대비하여 1주일 정도 여유시간을 확보한다.

넷째, 야간실습일 경우 실습생들이 해당 실습기관에서 진행되는 주간 프로그램과 학습자들을 접촉할 기회가 없기 때문에 실습기간 중 2~3회 정도 주간실습기회를 제공하여 실습기관의 전체적인 파악을 할 수 있도록 한다.

다섯째, 실습기관에서 실습의 주 내용 및 수행업무가 단순 업무, 코로나 방역업무, 복사, 강의실·행정실·화장실 청소 및 데스크 정리 등의 허드렛일이 되지 않도록 한다.

여섯째, 대면 실습 시 평생교육 현장을 방문할 수 있는 기회 확대와 비대면 실습 시 강사와 실습생의 보다 원활한 쌍방향 소통을 지원할 수 있는 온라인 툴 적용이 필요하다.

일곱째, 해당 실습기관은 실습기관의 정비와 타 기관과의 차별화로 평생교육에 대한 전반적인 교육과 실습 그리고 실습 종료 후 평생교육사의 위상 확립을 위한 미래 일자리를 확보할 수 있도록 한다.

여덟째, 실습기관의 사회적 책임 이행을 위한 기준과 원칙을 수립하고 실천하며, 양성기관과 상호협력하에 평생교육사 실습의 질을 높이며, 교육혁신을 위한 평생교육정책을 강구하고 비판적 이해를 견지한다.

3) 양성기관의 개선방안

양성기관의 평생교육실습과목 운영에서 주요 개선방안은 코로나에 대한 수업 대처, 오리엔테이션 시간 확대, 다수의 실습기관확보, 실습평가 및 사후관리, 평생교육사 자격증 취득 후 취업연계, 실습 관련 평가대상에 대한 표준화된 설문지 개발과 평가결과 반영, 양성기관의 사회적 책임기준과 원칙수립 및 실천 등으로 요약할 수 있다. 양성기관의 구체적인 개선방안은 다음과 같다.

첫째, 코로나 상황에 따라 대면/비대면 수업을 적절히 병행할 필요가 있다. 예를 들어, 대면수업이 불가능한 경우, 실습지도교수의 실습기관 방문지도 점검은 온라인 비대면으로 실시하도록 한다.

둘째, 양성기관에서는 실습생들에게 사전에 국가평생교육진흥원의 코로나 관련 평생교육 실습과목 운영 안내 및 공지(비대면 실습 50% 이내 범위에서 가능 등)를 하여 코로나 상황에서 실습기관 선정 및 실습에 어려움이 없도록 한다.

셋째, 실습기관 다수확보와 실습시간 단축 및 실습방법을 개선한다. 실습기관 다수확보와 정보제공은 실습기관의 접근성을 높이고, 지역 제한과 무관하게 실습기관을 유연성 있게 선정할 수 있다. 실습시간 단축의 이유는 코로나 시대에 실습기관 선정의 어려움과 실습생들이 주로 성인학습자(직장인, 가정주부 등)로 평일 야간 혹은 주말에 실습이 진행되거나, 원거리 실습일 경우 160시간은 힘들고 질이 떨어질 수 있기 때문이다.

넷째, 최근에는 장애인의 평생학습권 강화와 장애인 평생교육시설에 평생교육사를 의무 배치하고 있다. 따라서 양성기관에서 장애인평생교육시설의 평생교육사에 필요한 과목을 개설하여 운영한다. 또한 특히 시각장애인이 쉽게 접근할 수 있는 홈페이지와 모바일을 마련할 필요가 있다.

다섯째, 실습평가는 실습지도교수 뿐만 아니라 학과 전임교수와 관련자 모두 참석하여 진행하며, 사후관리는 평생교육실습 후 느낀 종합적 소견을 문서로 제출, 학과 SNS(단체카톡방 등)를 활용하여 기관정보공유, 소견서 및 SNS 탑재 내용을 토대로 실습기관을 관리한다.

여섯째, 학과차원을 넘어 학교차원에서 평생교육사의 진로상담 및 지속적인 취업 연계시스템을 구축하고, 실습생들의 '평생교육사의 역할, 진로'를 파악함으로써 향후 실습 프로그램 구성과 평생교육사의 배치에 대해 예측하고 준비할 수 있도록 한다.

일곱째, 양성기관의 사회적 책임 이행을 위한 기준과 원칙을 수립하고 실천하며, 실습기관의 상호협력 하에 평생교육사 실습의 질을 높이고, 교육혁신을 위한 평생교육정책을 강구하고 비판적 이해를 견지한다(오혁진 외, 2019).

연구문제

1. 최종 실습세미나에서 다루어야 할 주제들과 그 내용에 대해 설명해 봅시다.

2. 실습평가 발표자료 내용 및 분석에서 실습생의 개선방안은 무엇인지 설명해 봅시다.

3. 국가평생교육진흥원의 평생교육사 자격제도 운영에 대해 살펴보고 평생교육 전문가로서 평생교육사를 양성하기 위한 구체적인 방법들을 논의해 봅시다.

4. 포스트코로나 언택트시대에 현장실습을 비대면으로 진행시 평생교육사 양성기관과 실습기관의 실습운영방법에 대해 토론해 봅시다.

5. 실습평가자료 작성 원칙을 설명해 봅시다.

CHAPTER 10

뉴노멀시대의 평생교육의 전망 및 대응

제1절 뉴노멀시대의 평생교육의 전망 및 정책방향

제2절 뉴노멀시대의 평생교육사 양성전략

제3절 뉴노멀시대의 평생교육실습 목표 및 접근방법

제1절 뉴노멀시대의 평생교육의 전망 및 정책방향

1. 뉴노멀시대의 평생교육의 전망

코로나 팬데믹이 새로운 표준을 만들면서 우리 사회경제의 일상화를 변화시키고 있다. 코로나 팬데믹 이전의 상황으로 회귀는 불가능할 것이라는 인식이 지배적이다. 코로나 팬데믹으로 비대면이 사회문화의 일상생활이 되면서 원격근무, 원격교육, 원격진료 등 다양한 분야에서 디지털 전환은 비약적으로 발전할 것이다. 새로운 표준을 받아들이는 사회경제 전반의 인식 대전환이 무엇보다 중요하다.

코로나 팬데믹 현상이 개방경제와 자유무역 중심의 세계경제를 붕괴시키고 있으며, 비대면문화의 가속화로 교육계 역시 큰 충격에 빠진 상황이다. 미국 대학의 경우 재학생들의 자퇴에 따른 재정문제로 상당수의 대학이 폐교했으며, 앞으로도 많은 대학이 정원을 채우지 못할 것으로 예상된다(양영유, 2020). 결국 코로나 팬데믹 현상으로 경제의 탈세계화(deglobalization)와 학교교육의 탈학교화(deschooling)가 본격화될 것으로 전망된다.

코로나 팬데믹으로 교육환경이 온라인과 비대면으로 변화되었지만 이것은 일시적인 현상이 아니고 미래 새로운 교육의 표준이 될 전망이다. 일회성의 온라인교육을 넘어 미래교육의 뉴노멀에 대한 대비가 중요하다. 코로나 팬데믹으로 인한 교육의 변화는 기업교육에까지 영향을 미쳤다. 서울대학교 이찬 교수가 최근 국내외 기업 123개사를 대상으로 조사한 결과에 따르면 기업교육의 대부분을 차지하고 있는 집합교육 비중이 66.6%에서 64.2%로 약간 줄어들었으나, 온라인교육 비중은 3.3%에서 74.8%로 급증한 것으로 나타났다. 온라인교육이 비약적으로 증가한 것은 교육 자체가 취소 또는 축소되었기 때문인 것으로 보인다. 교육이 이루어진 장소도 온라인교육 활성화로 회사 내 본인자리가 37.4%로 가장 높게 나타났다(공태윤, 2020). 코로나 팬데믹으로 인한 온라인교육 활성화는 가상현실(Virtual Reality), 증강현실(Augmented Reality), 혼합현실(Mixed Reality) 등을 활용한 몰입형 교육방식으로서 보편화될 전망이다. 이는 전통적인 교육방식에서 탈피하여 흥미를 유발하고 조직에 대한 로열티를 향상시킬 수 있는 방법이며, 적시학습에 최적화된 학습방법이다. 또한 미래교육 환경은 코로나 팬데믹으로 인한 새로운 표준의 확산과 디지털의 가속화로 다양한 기술을 활용한 자기주도 학습 중심의 상시 평생교육체계로 변화해 나갈 것이다. 코로나 팬데믹 이후 교육은 학습의 시작과 끝이 비대면의 수업 속에서 진행될 것이며, 학습자중심의 교육 프로그램이 설계되고, 경계선상의 계층교육을 넘어서 평생학습시대를 더욱 촉발시킬 것이다. 이를 위해서는 코로나 팬데믹으로 인한 교육 생태계의 변화에 대비하는 것이 중요하다. 특히 코로나 팬데믹을 계기로 새로운 교육표준에 적용할 수 있는 다양한 교육방법과 혁신적인 교육 프로그램 개발이 매우 중요한 과제이다.

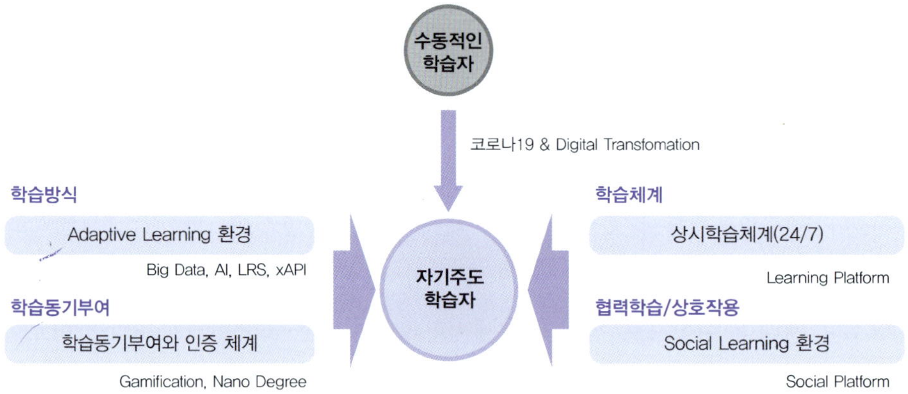

그림 10-1 미래 학습 환경의 구축

출처: 홍경민(2021) 재구성.

2. 뉴노멀시대의 평생교육정책방향

평생교육은 우리사회의 집단지성을 형성하는 유일한 길이 될 것이며, 코로나 팬데믹을 극복하는 과정은 평생교육정책이 어떻게 나아갈지에 대해 고민하는 새로운 계기가 될 것으로 보인다. 유네스코 21세기 세계교육위원회는 21세기는 일을 위한 학습, 일을 하기 위한 학습, 존재를 위한 학습, 함께 살아가기 위한 학습 등 4가지 학습속성이 총체적으로 작동하는 학습사회가 될 것이라고 전망했다. 유발 하라리가 예측한 학습사회는 코로나로 인해 온라인을 중심으로 한 비형식교육 및 무형식학습의 학습사회를 더욱 가속화시킬 것이다. 이제 코로나 팬데믹 이후 달라진 비대면 학습 환경에 대응할 수 있는 새로운 미래지향적 평생교육의 방향이 제시되어야 한다. 디지털 정보를 활용한 다양한 학습정보를 온라인 공간을 통해 통합하여 운영하고, 포스트 코로나시대에 적합한 학습 트렌드를 반영하여 모든 이용자에게 실질적인 도움이 되는 평생교육시스템을 개발하여 운영하는 정책적 방향이 필요하다.

2007년 이후 우리나라 성인의 평생학습 참여율은 높아졌지만 참여의 질이 높아지지 않은 현상을 개선하기 위해서는 국민들이 평생교육 참여를 통해 자신이 성장하고 있다는 것을 좀 더 분명하게 체감할 수 있도록 국가차원에서의 과감한 재정투자의 확대가 필요하다. 2020년 10월 5일 교육부는 코로나 이후를 대비한 10대 미래교육 전환 교육정책과제를 선정하고 정책과제별 주요 과제를 발표하였다.

표 10-1 코로나 이후, 미래교육 전환을 위한 10대 교육정책과제

과제 1. 미래형 교육과정 마련	
교원·학생 중심 제도 개선	• (2022 개정 교육과정) 분권, 자율, 다양성, 공공성 강화 • (고교학점제) 학사제도 개선, 공간조성 등 준비철저 • (중등 직업교육) 실습환경 개선, 사회진출 기회확대 등 • (교과서) 온라인 교과서 등 '만들어 가는 교과서' 체제
과제 2. 새로운 교원제도 논의 추진	
교원제도 혁신	• 새로운 교원 양성체제 개편 논의 추진 • 미래 수요에 대응한 적정규모 교원수급 추진 • 학교 변화를 교원이 주도할 수 있도록 교원정책 혁신
과제 3. 학생이 주인이 되는 미래형 학교 조성	
미래형 학교 구현	• 민주적 학교모델 구현 • 미래형 혁신학교, 그린 스마트 미래학교 • 안전하고 건강한 교육환경 조성
과제 4. 학생 성장을 지원하는 교육안전망 구축	
교육안전망 강화	• 교육적 배려, 필요학생 지원(교육복지) • 국·공립 유치원 확대 및 서비스 질 개선
과제 5. 협업 공유를 통한 대학·지역의 성장 지원	
대학과 지역의 공유 성장 촉진	• 규제혁신 및 대학운영 자율성 확대 • 공유·성장형 지역고등교육 생태계 조성 • 국립대학을 지역발전 거점으로 육성

과제 6. 미래사회 핵심 인재 양성 지원	
디지털시대 인재 양성	• 산업수요를 반영한 실무인재 양성 • 학문발전을 견인하는 석·박사급 고급인재 양성 • 디지털 가상캠퍼스를 통한 신기술 혁신인재 양성
과제 7. 고등 직업교육의 내실화	
미래 역량을 기르는 고등 직업교육	• 대학생 진로 및 취업 지원확대 • 재직자의 후학습 지원강화 • 대학의 산업맞춤형 인력양성 내실화
과제 8. 전 국민의 전 생애 학습권 보장	
보편적 평생교육	• 대학의 평생교육 기능강화 • 평생학습 – 직업훈련, 일 – 학습 – 삶의 연계강화
과제 9. 디지털 전환에 대응한 교육 기반 마련	
디지털 환경 조성	• (유·초·중등) K-에듀 통합 플랫폼 구축 • (고등·평생) K-MOOC 고도화, (가칭)평생배움터 • (콘텐츠) 개방형 유통 → 안전한 활용 → 질 관리 강화
교육 목적의 효과적 활용	• (학습지원) 디지털 역량 + 학교의 디지털 변신 → 빅데이터 기반 개별 맞춤형 학습지원 • (행정 과학화) 빅데이터 및 지능형 통계기반 교육행정
과제 10. 미래형 교육 협력 거버넌스 개편	
국가교육위원회 협력 + 교육자치 내실화	• (국가교육위원회) 사회적 합의기반 중장기 정책수립 • (교육자치) 법령 정비를 통한 교육자치 착근 • (교육부) 유연하고 효율적인 미래형 조직전환
학교·지원청·지자체 간 협력강화	• (단기) 교육자치협력지구 등 협업강화 • (장기) 교육지원청 현장성 및 독립성 강화
법무처 협업	• 사회부총리 총괄조정 기능강화

출처: 교육부(2020).

포스트 코로나시대의 평생교육의 정책방향을 다음과 같이 제언하고자 한다. 첫째, 코로나 팬데믹 현상으로 인한 탈세계화와 탈학교화의 변화에 대비할 수 있는 유연한 교육정책의 변화가 필요하다. 이를 위해서는 디지털문화의 가속화를 평생교육활동과 연계하는 것이 중요하다. 둘째, 과거의 표준이 아닌 새로운 표준에 적응할 수 있는 새로운 교육가치를 재설정하여 이를 평생교육에 반영하는 새로운 패러다임으로의 전환이 필요하다. 셋째, 비대면의 온라인학습과 오프라인학습을 병행하는 학습방식을 도입하여 학교와 가정의 역할을 명확히 정립하고, 학습자중심의 교육체계를 구축해야 한다. 넷째, 대도시 지역에 집중화되어 있는 평생교육을 좀 더 소외된 지역까지 확대될 수 있는 방안도 마련되어야 한다. 2019년 과학기술정보통신부 조사결과에 의하면 우리나라 사회 취약계층의 디지털 정보화 수준은 19.9%로 일반국민의 100%와는 많은 차이를 보여주고 있다. 디지털 기반으로 온라인학습을 통해 대도시에 집중화되어 있는 유익한 평생교육 프로그램을 소외된 지역과 공유함으로써 지역사회 내 평생교육이 활성화되는 계기를 만들어야 할 것이다.

3. 우리나라 평생교육의 개선과제

1) 평생교육 지원 확대 필요

국가는 전 국민들의 평생학습을 통해 지속적인 역량을 개발하고, 더불어 사는 사회를 통해 소통하고 발전시켜야 나가야 하는 소명을 가지고 있다. 국가는 국민 한 사람이 전 생애에 걸쳐 스스로 평생교육을 실현해 나갈 수 있도록 교양이나 취미수준의 교육에서부터 전문적인 직업교육, 학력인정 프로그램 등 다양한 평생교육이 가능한 사회를 만들어 가야 한다. 평생교육의 참여확대를 위해서는 과감히 국가 평생교육 예산을 확대해야 한다. 우리나라 평생교육 참여율은 점차 증가 추세에 있지만 2019년 평생교육 예산은 전체 교육예산의 1.0% 수준에 불과하다. 이와 같은 규모의 평생교육 예산으로는 중장기 평생교육 수립이나 평생교육 혁신과제에 대한 추진은 현실적으로 기대하기 어렵다. 의술의 발달로 인간의 수명이 길어지고 있는 현실에서 노후생활의 중요성은 우리 사회의 매우 중요한 관심 영역이다. 국가는 공교육 중심의 형식적 교육을 넘어 어느 지역이든 어떠한 목적이든 전 국민의 평생교육을 가속화시킬 수 있는 평생교육을 확대시킬 필요가 있다.

특히, 교육복지 차원에서 우리 사회의 취약계층을 위한 평생교육의 확충을 새로운 평생교육의 목표지표로 관리해야 한다. 이를 위해서는 평생교육의 혜택이 미치지 못하는 지역이 없도록 빈틈없는 평생교육 참여를 지원해야 한다. 필요한 경우 집합교육 형태 뿐 아니라 이동식 도서관 같이 소외지역을 직접 찾아나서는 적극적인 현장 평생교육을 운영하여 교육기회 혜택에 대한 사각지대가 발생하지 않도록 취약계층을 관리하는 것이 중요하다. 누구든지 평생교육에 대한 다양한 정보를 신속하게 이용할 수 있어야 하고, 이를 활용할 수 있는 통합적인 평생교육 정보체계가 구축되어야 한다. 각 지역 단위의 평생교육기관들이 국가 단위의 평생교육 네트워크에 쉽게 접속하여 활용할 수 있도록 지원해야 한다. 또한 본인이 필요로 하는 교육내용을 언제든지 쉽게 이용할 수 있도록 평생교육 상담센터를 상시 운영함으로써 성인교육에 대한 동기를 유발시켜 국민들의 평생학습참여율을 높일 수 있는 전략이 필요하다. 이러한 역할을 수행하기 위해서는 평생교육비 예산을 전체 교육예산의 5% 수준 이상으로 확대해야 한다. 이와 같은 평생교육 예산의 안정적 확보를 통해 체계적인 평생교육정책을 펼쳐나갈 수 있을 것이다. 특히 온라인 콘텐츠의 지속적인 개발 및 다양한 학습자 맞춤형 평생교육 프로그램을 제공하기 위한 예산을 별도로 확보하는 등 코로나 상황에 적극적으로 대처하는 노력이 요구된다.

2) 평생교육기관의 역할 재정립

지금 우리가 살고 있는 사회는 지식기반을 토대로 다양한 사회적 욕구, 경쟁력 있는 차별성을 요구한다. 특히 지식기반사회는 글로벌화와 정보화를 가속시킴으로써 다양한 네트워크를 중심으로 움직인다. 평생교육 활성화를 위해서는 다양한 교육과정과 프로그램을 개발하고 운영할 필요가 있다. 미래학자들은 지식기반사회는 뉴노멀시대로 기존의 직업이 사라지고 새로운 직업이 생겨날 가능성이 있다고 예측한다. 이러한 뉴노멀이 새로운 사회질서의 표준이 되면서 성인들은 평생교육기관을 찾아 스스로 새로운 지식과 기술을 습득하기 위한 평생교육에 참여하게 될 것이다. 최근 코로나 영향으로 실직자의 수가 급증하고 있는 현실을 고려하여 각 지역별로 실직자 재취업 고용촉진 교육훈련센터 등을 통해 취업과 재고용에 도움이 되는 현실감 있는 교육훈련 프로그램을 활성화시키는 것이 시급하다. 또한 지역 평생학습의 활성화를 위해서는 이용범위가 제한된 평생교육기관들의 교육인프라를 최대한 교류하고 활용하는 교육적 네트워크를 구축하는 일이 절대적으로 필요하다. 교육적 네트워크를 구축함으로써 평생교육기관 관련 종사자들의 전문성과 교육정보 활용을 통해 지역주민을 대상으로 하는 다양하고 내실 있는 평생교육 운영을 활성화할 수 있을 것이다. 이를 위해 평생교육진흥원은 국가 평생교육의 중앙추진체제로서 광역 단위 시

· 도 평생교육진흥원과 연계하여 행정단위별 지역 평생교육을 촉진할 수 있는 분명한 평생교육의 목표와 전략을 수립하고, 다양화된 사회적 욕구에 부합하는 평생교육 프로그램을 개발해야 한다. 또한 공공기관과 민간기관의 공존을 위해 평생교육진흥원은 표준화된 평생학습 플랫폼을 제공하는 등 중간지원 역할을 잘 수행할 수 있어야 한다. 코로나 상황에서 평생교육기관들 간 평생교육 프로그램을 비대면 온라인학습방식으로 공유할 수 있는 원격교육형태의 평생교육 프로그램도 적극 개발할 필요가 있다.

3) 새로운 평생교육과정 개발 및 운영

「평생교육법」에 따르면 대학에서 운영하고 있는 평생교육은 일반 대학과정과 동등한 학위를 인정하고 있다. 일반 대학과정과 동등한 학위로 인정받는다는 의미는 평생학습계좌제, 학점은행제도를 통한 평생교육 결과를 국가가 공인된 학력으로 인정했다는 의의가 있으나, 대부분 사회적 인정수준의 학위 취득에 치우쳐 있어 정규 대학을 졸업한 사람에 비해 취업이나 승진, 지역사회 활동 등에 제약이 따르는 것이 현실이다. 이러한 문제점을 개선하기 위해서는 내실 있는 평생교육과정을 체계적으로 수립하고 운영함으로써 평생교육에 대한 실질적인 사회적 인정을 강화시킬 수 있는 평생교육 제도를 확립해야 한다.

또한 교육 프로그램의 다양화 못지않게 경쟁력 있고 차별성 있는 특성화된 평생교육을 위해 평생교육기관들은 최대한 평생교육 인프라를 공유해야 한다(홍숙희, 2010). 또한 각 대학이 보유하고 있는 실용적이고 전문성을 갖춘 교수인력을 평생교육 프로그램에 적극적으로 활용함으로써 평생교육 프로그램을 차별화하고 특성화시킬 필요가 있다. 특히 지식기반사회에서 새로운 직업 분야가 될 수 있는 분야를 선점하여 과감히 투자함으로써 평생교육의 경쟁력을 확보하는 방안을 미리 준비할 필요가 있다. 특히 정보통신기술의 발달을 토대로 한 학습자중심의 교육환경을 제공하고, 정보통신기술을 활용함으로써 평생학습 정보에 대한 개방성과 접근성을 가능하게 함으로써 학습자 스스로가 평생교육과정을 설계하고, 참여할 수 있는 동기부여를 제공한 것이 매우 중요하다고 할 것이다.

제2절 뉴노멀시대의 평생교육사 양성전략

1. 뉴노멀시대 평생교육사의 정책방향

우리나라 평생교육학습자는 이미 1천 6백만 명을 넘어섰다. 평생교육은 급성장하는 추세이다. 교육부·한국인력개발원 2019년 평생교육통계자료집에 따르면 평생교육학습자는 16,348,842명, 평생교육기관은 비형식 평생교육기관과 준형식 평생교육기관을 포함하여 5,341개, 평생교육 프로그램은 184,214개이다. 시도진흥원은 평생교육사 1급 이상 1명을 포함 5명, 장애인 평생교육시설은 평생교육사 1명, 시군구 평생학습관은 정규직원 20명당 1급 또는 2급 평생교육사 1~2명 이상을 근무하도록 규정하고 있으며, 기타 법률에 따른 기관들은 평생교육사 1명 이상을 고용하는 것을 의무화하고 있다.

2019년 기준 평생교육사는 137,067명(1급 856명, 2급 128,644명, 3급 7,567명)이 배출되었고, 5,419명이 평생교육 관련기관에서 근무하고 있는 것으로 파악되고 있다. 평생교육사 양성 인력에 비해 일자리는 턱없이 부족한 것이 현실이다. 평생교육사의 근무지는 공공부문 외에 학교부설, 학교형태, 원격대학형태, 사내대학형태, 사업장 부설, 시민사회단체 부설, 지식인력개발 관련, 언론기관 부설, 학점은행제기관 등 민간부문이라고 규정하고 있어 민간부문의 근무지에서 평생교육사를 적극 채용해야 한다. 그러나 평생교육사의 일자리가 부족한 이유는 평생교육시설 규정에 따라 전문성을 갖춘 평생교육사를 고용하지 않고 비전문적인 인력을 통해 평생교육업무를 수행하고 있기 때문이다. 이러한 평생교육업무를 비전문인력에게 맡겨 운영하는 것은 결국 평생교육의 질을 떨어뜨릴 수밖에 없다. 국가가 인정한 평생교육사 자격을 취득한 평생교육사를 활용하지 못하는 것은 국가적 손실이 아닐 수 없다.

그리고 평생교육사는 국가가 인정해 주는 평생교육의 전문가로서 평생교육 프로그램 설계, 평생교육 개발과 운영, 교육과정의 평가, 교육 컨설팅 등의 업무를 수행할 수 있어야 한다. 평생교육사는 학습내용을 전달하는 교수자, 학습 프로그램 개발 기획가, 평생교육기관을 관리하는 조직자, 평생교육을 열어가는 개척자 등의 업무를 담당하는 역할이 수반된다. 또한 평생교육사는 4차 산업혁명을 이끈 정보통신기술을 활용하여 평생학습시대를 새롭게 선도해 나가야 한다. 평생교육은 정규과정을 제외한 전 생애에 걸쳐 사회 전반에서 다뤄지는 모든 교육을 의미하는 바, 사회 속에서 개인의 발전을 위해 다양한 학습기회를 제공할 수 있어야 한다. 특히 코로나 팬데믹시대의 평생교육 전문가로서 지역사회의 평생교육을 활성화시킬 수 있는 소통자, 촉진자 등의 적극적인 역할을 수행할 수 있어야 한다.

2. 뉴노멀시대의 평생교육사 양성전략

지식기반사회에서 평생교육의 일상화를 위해서는 학습동기를 유발시킬 수 있는 평생교육사의 차별화된 전문성이 요구된다. 현재 진행되고 있는 평생교육 현장실습은 단순한 사무 보조업무로 마치는 사례가 많아 실습교육과정이 체계적으로 진행되고 있지 못한 것이 현실이다. 평생교육진흥원 등 평생교육기관에서는 현장실습에 대한 메뉴얼을 체계적으로 제작하여 전문성을 갖춘 평생교육사가 현장실습을 지도받을 수 있도록 표준화할 필요가 있다. 또한 지자체 등 다양한 평생교육기관들 간 업무내용과 정보를 공유하는 네트워크 구축 역량이 필요하다.

평생교육의 참여율은 2007년 29.8%에서 2019년 43.2%로 약 46% 이상 상승하였다(교육부·한국교육개발원, 2019). 평생교육의 참여율을 확대시키기 위해서는 평생교육 종사자들의 역할이 매우 중요해지고 있어 앞으로 전문성을 갖춘 평생교육사의 양성수요는 계속적으로 증가할 것이다. 전문성을 갖춘 평생교육사를 체계적으로 양성하기 위해서는 평생교육사 양성제도의 개선이 뒷받침되어야 한다. 평생교육실습 현장에 전문성을 갖춘 평생교육사가 필요하다는 인식이 있음에도 불구하고 여전히 비전문적인 인력들이 평생교육사 업무를 대신하여 수행하는 경우가 빈번하다.

평생교육시대를 펼쳐가기 위해서는 먼저 국가가 평생학습사 제도에 대한 명확한 비전과 전략을 수립하고, 시도단위의 평생교육진흥원은 지역사회의 평생교육을 확산시킬 수 있는 평생교육사 양성 프로그램을 개발하고, 이를 토대로 교육기회 제공 등의 다양한 지원을 해야 한다. 평생교육사 역시 개인의 전문성을 개발하기 위해서는 스스로 환경 분석, 직무분석, 평생학습프로그램을 개발할 수 있는 역량을 스스로 만들어야 하고, 지자체 평생교육기관을 활용하여 업무 영역을 확대할 수 있어야 한다.

3. 포스트 코로나시대 교육의 미래방향

코로나 팬데믹은 일선 교육현장에 혁신적인 변화를 요구하고 있으며, 미래교육이 나아가야 할 과제해결을 요구하고 있다. 우리 사회는 아직도 입시위주의 교육을 탈피하지 못해 학력중심의 사회가 교육을 지배하고 있다. 4차 산업혁명 시대를 맞아 창의적 인재를 양성하는 것이 시급한 과제임에도 불구하고, 대학 진학중심의 입시 교육체계가 여전히 교육의 중심이 되고 있다. 입시 위주의 교육체계로는 글로벌 시대의 경쟁력 있는 창의적 인재를 양성할 수 없다. 미국의 대표적인 대학교육의 혁신사례로서 소개되는 미네르바 스쿨(Minerva School)은 일반 대학과는 달리 캠퍼스와 강의도 없고, 정해진 시간에 온라인을 통해 접속하여 실시간 주제 토론을 통해 인문, 예술, 경영, 자연과학, 컴퓨터 과학, 사회과학 등의 분야를 운영한다. 설립 후 첫해 신입생은 29명 정도 수준에 그쳤으나, 매년 150명 이상의 신입생이 입학하고 있다. 미네르바 스쿨은 개인 수준별 맞춤학습, 능동적인 학습, 체계적인 피드백을 주요 특징으로 한다. 특히 교수는 조력자(facilitator)의 역할을 통해 학습자의 학습을 돕는 역할을 수행한다(송현, 2019).

코로나 팬데믹시대에서는 지금까지의 교육의 관행으로는 코로나 환경에 적응할 수 없는 바, 새로운 교육표준이 필요하다는 인식의 전환과 이를 뒷받침할 수 있는 교육시스템 전반에 대한 혁신이 필요하다. 이를 위해서는 단순한 온라인교육방식에서 벗어나 다양한 학생들의 학습요구를 충족시켜줄 수 있는 4차 산업혁명의 정보통신기술을 활용한 혁신적인 교육방식을 도입하고, 교사 중심에서 학습자중심의 자기주도 학습방식으로 전환해야 한다.

앞으로 교육은 온라인 수업이 확대되면서 교사의 역할 변화가 불가피하다. 지식의 전달자에서 지식을 공유하는 역할이 중요해짐에 따라 코치로서의 역할이 강조될 전망이다. 이에 반해 학생은 학습의 능동적 주체로서 인공지능, 머신러닝 등의 4차 산업혁명 미래 교육기술을 활용함으로써 개인 학습수준에 적합한 맞춤형 학습형태를 가능하게 할 것이다. 이러한 교육의 변화는 새로운 것이라기보다는 그동안 비정상적으로 진행되던 교육이 정상화되어 가는 과정으로 이해해야 한다.

1차 산업혁명 이후 근대 공교육은 산업현장에서 필요한 인력을 배출하기 위한 전략을 구사해 왔다. 특히 3차 산업혁명 이후 학교는 기업이 원하는 인재상에 부합하는 교육과정을 학교교육과정에 적용함으로써 성적이 우수한 학생들에게 좋은 직장에 취업 할 수 있는 기회를 제공하고자 노력해 왔다.

미국 교육심리학자 블룸(Benjamin S. Bloom)은 완전학습(mastery learning) 이론을 주장하였다. 블룸이 주장하는 완전학습이란 수업의 질 개선을 통해 학습시간을 줄인 만큼 학생들에게 충분한 학습시간을 보장함으로써 개인 학습역량에 따라 학습속도를 조절한다는 이론이다. 이 이론에 따르면 정형화된 교육체계는 코로나 팬데믹에는 한계적 제한이 있기 때문에, 학생 중심의 교육환경을 조성하는 것에 초점을 두고 다음과 같은 과감한 교육혁신을 도모해야 한다는 것이다(오재호, 2020).

첫째, 4차 산업혁명의 정보통신을 기반으로 하는 획기적인 온라인교육방식에 현실감 있는 오프라인교육을 융합하는 교육 프로그램을 도입해야 한다. 학교의 온라인교육이 이미 보편화되어 있음에도 불구하고 현재의 온라인교육은 오프라인교육을 대체하는 수단으로 수업일수를 채우는 임시 교육수단에 지나지 않고 있으며, 바람직한 교육의 방향도 아니다. 미래의 교육은 교수중심이 아닌 학습자가 중심이 되는 자기주도학습, 교수자와 학습자 간 및 학습자 간 상호작용하는 학습형태, 대면과 비대면의 학습이 융합된 혼합형의 학습형태로 발전하게 될 것이다.

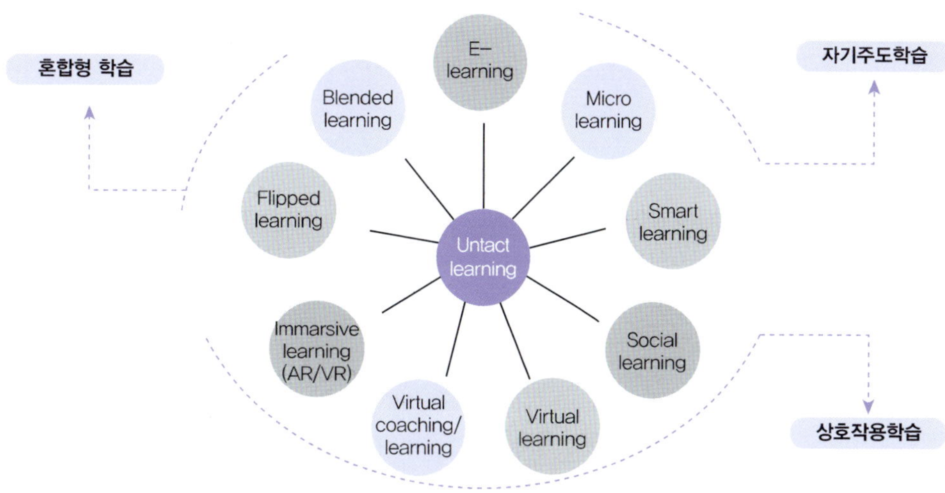

그림 10-2 다양한 온라인학습방식

출처: 홍경민(2021) 재구성.

이를 위해서는 현행 교육체계를 언택트 형식으로 업그레이드하고, 가상현실(VR, virtual reality), 증강현실(AR, augmented reality), 혼합현실(MR, mixed reality) 등의 정보통신기술을 온라인교육에 접목함으로써 현실감 있는 학습인프라를 구축해야 한다.

표 10-2 온라인 활용 정보통신기술 주요 개념

온라인교육 활용 정보통신기술	주요 개념
가상현실 (Virtual Reality)	현실과 유사한 가상 환경이나 상황을 만들어냄으로써 실제처럼 시청각, 촉각 등으로 감지할 수 있게 하는 기술
증강현실 (Augmented Reality)	현실에 가상의 영상이나 유의미한 정보를 합성하여 사용자의 경험이 증강되도록 하는 기술
혼합현실 (Mixed Reality)	현실 환경에 가상정보를 제공하거나, 가상환경에 현실정보를 제공함으로써 현실세계와 가상세계를 상호작용하게 하는 기술

또한 온라인 공개강좌인 무크(MOOC, massive online open courses), 거꾸로 학습(flipped learning)의 플립 러닝(Flipped Learning), 개인화에 초점을 둔 어댑티브 러닝(AL, adaptive learning) 등과 같은 혼합된 학습방식을 운영함으로써 학습효율성과 학습 성과를 극대화시킬 수 있는 양방향의 교수방식을 적극 활성화시켜야 한다.

표 10-3 온라인 및 오프라인 혼합교육방식

온라인교육방법	주요 개념
무크 (Massive online open courses)	웹 서비스를 기반으로 상호 참여하는 거대 규모의 교육을 의미하는 것으로 온라인 공개수업이다. 온라인 공개수업은 기존의 강의식 온라인 강좌와는 달리 인터넷 토론 게시판을 중심으로 교수와 학생 간 커뮤니티 형태로 수업을 진행함으로써 활발한 토론수업을 가능하게 한다.
블랜디드 러닝 (Blended Learning)	블랜디드 러닝은 학습효과를 극대화시키기 위해 오프라인교육과 온라인교육을 혼용하는 학습방식이다. 블랜디드 러닝은 강의, 사례연구, 토론, 멘토링을 통해 학습내용을 온라인과 오프라인을 접목함으로써 학습효과를 향상시킨다.

온라인교육방법	주요 개념
플립 러닝 (Flipped Learning)	기존의 방식을 거꾸로 뒤집어서 가정에서 먼저 온라인으로 강의를 듣고, 학교에서는 교사와 학습자 간 토론이나 퀴즈 활동 등을 통해서 학습과제를 해결하는 과정이다. 플립 러닝은 현재의 교실수업을 획기적으로 바꾸자는 교육철학을 토대로 전형적인 교사의 일방적 지식전달이 아닌 학습자 간 학습한 내용을 상호작용하면서 학습효과를 심화시키는 학습방식이다.
어댑티브 러닝 (Adaptive Learning)	어댑티브 러닝은 개별화 서비스를 가능하게 한 4차 산업혁명 기술을 활용함으로써 학습자 개인의 특성 및 이해도 등을 파악하여 맞춤형 교육을 제공하는 학습방식이다. 어댑티브 러닝을 통해 학습자가 온라인교육시의 반응데이터를 종합 분석하여 학습자의 이해도를 파악함으로써 개인 맞춤형의 학습컨텐츠를 제공할 수 있다.

둘째, 뉴노멀시대에 맞는 학습자중심의 교육평가시스템을 도입해야 한다. 우리나라가 아직도 암기위주의 주입식교육에 치중되어 있다면 미국은 공립학교를 중심으로 인공지능을 활용한 온라인학습평가시스템을 도입하고 있다. 코로나 팬데믹 이후의 미래교육은 교사가 주도하는 학교식 수업의 학습형태에서 교사와 학습자가 학습공동체 내에서 상호작용하는 쌍방향의 수업방식으로 전환할 수밖에 없다. 앞으로 교사는 온라인강의와 교실수업을 차별적으로 구성하는 학습의 종합 설계자로서의 역할을 수행할 수 있어야 하며, 학습자중심의 수업이 가능할 수 있도록 지원하는 협력자의 역할을 수행할 수 있어야 한다. 또한 지금까지는 대개 일정기간 수업시간을 채우면 학점을 인정받는 시간 중심의 평가체계를 사용해 왔으나 뉴노멀시대는 학습자 스스로가 교육내용을 제대로 습득하였는지를 확인하는 학습 성취도 중심으로 전환되어야 한다. 특히 미래교육은 대면교육과 비대면교육이 혼합된 형태로 확대되는 추세이므로 온라인교육과 오프라인교육이 혼합된 교육방식에 대한 평가시스템을 개발해야 한다.

셋째, 코로나 팬데믹 이후 교육의 경쟁력 확보를 위해서는 다양한 분야에서의 교육 간 융합이 활발하게 이루어져야 한다. 지금까지의 교육은 전공과목 위주의 이론과 실무를 연계하여 전문인력을 양성하는 것이 교육의 핵심목표였으나, 코로나 팬데믹 이후는 과거의 표준이 아닌 새로운 표준이 변화를 주도하는 만큼 다양한 산업 분야에서의 융합이 활발하게 전개되어야 한다. 이제는 한 분야에서 한정된 교육내용으로는 글로벌 경쟁력을 갖춘 창의적 인재를 양성할 수 없다. 코로나 팬데믹 이후는 새로운 표준이 사회경제의 모든 생태계에 영향을 미칠 수 있다는 점에서 시공간을 초월하는 네트워크화를 구축하고, 다양한 산업분야 간 교육 내용을 교류하는 융합 노력이 필요하다.

결론적으로 종합할 때, 코로나 팬데믹으로 인한 비대면의 활성화로 기존의 비즈니스는 붕괴되고, 새로운 형태의 다양한 비즈니스가 창출하게 될 것이다. 이와 함께 비대면 인프라 구축을 위한 정보통신기술을 통해 기존의 경제 플랫폼도 변화하게 될 것이다. 이러한 점에서 다양한 산업분야에서의 교육내용을 공유되는 융합 노력은 코로나 팬데믹 이후 미래사회를 이끌어 나갈 창의적인 인재를 양성할 수 있을 것이다.

제3절 뉴노멀시대의 평생교육실습 목표 및 접근방법

1. 뉴노멀시대 평생교육실습의 목표

평생교육실습은 평생교육사로의 실무와 역량을 개발하는 교육과정으로 현장 실습에 대한 실무지식 습득을 목적으로 교육내용, 실습생으로서의 자세와 태도 등을 숙지하고, 평생실습기관에 대한 전반적인 업무 이해, 실습기관의 운영 프로그램 분석, 모의교육 프로그램의 설계 등을 학습하는 과정이다. 평생교육실습과정은 교과이론에서 학습한 평생교육 지식·기술·태도를 실천적 경험을 통해 평생교육의 현장전문성을 높이는 과정이다. 교육부는 평생교육실습 과목 운영지침에서 평생교육실습의 목표를 하기와 같이 제시하고 있다(교육부, 2015).

- 양성기관에서 배운 평생교육 관련 이론을 실습현장에 적용 및 실천
- 평생교육사에게 요구되는 전문적인 지식, 기술 및 올바른 태도와 자질향상
- 실습현장의 조직 내 인간관계가 갖는 역동성 이해
- 다양한 이해관계자의 요구를 이해할 수 있는 능력향상
- 평생교육 현장에 따른 구체적인 직무이해 및 수행방법 습득
- 평생교육사로서의 삶의 준비, 소질과 적성이 갖춰졌는지 실습생 스스로 평가검증

- 실습생 자신의 직업적 적성확인 및 구체적인 경력개발 계획수립의 기회 제공

그러나 코로나 팬데믹으로 인해 지금과 같은 참여형 현장실습은 제한될 수밖에 없는 것이 현실이므로 이에 맞는 새로운 표준이 필요한 상황이다. 코로나 이전과 같이 충분한 현장실습이 진행될 수 없는 현실을 고려하여 비대면의 온라인 현장실습 프로그램을 개발함으로써 코로나 팬데믹시대에 대처할 수 있는 평생교육 현장실습 전문가를 육성하는 것을 뉴노멀시대의 평생교육실습의 기본 목표로 접근해야 할 것이다.

2. 뉴노멀시대 평생교육실습의 접근방법

포스트 코로나시대는 비대면 온라인교육이 활성화되는 것처럼 평생교육기관들은 안전한 교육환경을 토대로 다양한 평생학습프로그램을 운영할 수 있어야 한다. 코로나가 다양한 분야에서 새로운 표준을 만들어 내고 있는 상황에서 평생교육실습도 예외가 아니다. 평생교육사가 되기 위해서는 평생교육기관에서의 대면실습은 필수적 과정이다. 이러한 관점에서 코로나 팬데믹시대의 평생교육실습의 접근방법을 몇 가지 제시하고자 한다.

첫째, 코로나 확산방지를 위해서는 무엇보다 안전예방활동이 중요하므로 평생교육기관의 실습기간의 조정이 필요한 경우 현장실습 단축 등을 실시할 수 있어야 하고, 실습기관 및 실습생의 감염병 확진, 격리 등으로 현장실습이 불가한 경우 평생교육기관장의 재량으로 대체 프로그램을 탄력적으로 운영할 수 있어야 한다. 또한 코로나 확산 위기대응시의 적용 가능한 이수기준을 변경할 수 있는 유연한 현장실습기준을 마련해야 한다.

둘째, 평생교육실습 이론과 평생교육기관의 현장학습을 연계하여 운영될 수 있는 온라인 평생교육실습 프로그램이 제공될 수 있어야 한다. 블랜디드러닝, 플립러닝 등의 방식을 적극 활용하는 것이 이에 해당된다고 할 것이다.

셋째, 포스트 코로나에는 사업체의 붕괴나 대량실업으로 코로나 팬데믹 이전보다 고용에 대한 이슈가 대두될 수밖에 없다는 점에서 고용과 연계한 평생교육 프로그램을 현장실습교육에 반영하는 것이 시급하다. 현재도 청년실업이 사회적 문제가 되고 있다는 점을 반영하여 포스트 코로나시대에 대비하는 고용촉

진 능력개발 등의 평생교육 학습프로그램 확충이 무엇보다 필요하다. 이를 위해서는 단순한 교양수준의 프로그램을 벗어나 고용촉진 프로그램을 온라인학습과 오프라인학습방식으로 블랜디드하는 평생교육 현장실습 프로그램을 시급히 개발해야 한다.

넷째, 평생교육기관 간 네트워크를 구축함으로써 지역 평생학습의 활성화를 도모해야 한다. 국내에는 많은 평생교육 관련기관들이 있으나, 대부분 교류는 이루어지지 않고 있다. 고용의 문제를 평생교육실습범위로 확대하는 경우 평생교육기관 간의 상호작용을 위한 네트워크 구축은 매우 중요한 과제라고 할 것이다.

연구문제

1. 뉴노멀시대 평생교육 전망을 논의해 봅시다.

2. 코로나 이후, 교육부가 발표한 미래교육 10대 교육정책 과제를 논의해 봅시다.

3. 뉴노멀시대의 평생교육실습의 목표와 접근방법을 논의해 봅시다.

4. 뉴노멀시대의 평생교육사의 양성전략을 논의해 봅시다.

5. 포스트 코로나시대의 교육의 미래 방향을 논의해 봅시다.

참고문헌

강대중 외(2017). 평생교육사 자격제도 발전방안 연구. 서울: 국가평생교육진흥원.

강흥구(2011). 실습선행과정요인이 실습목표달성도에 미치는 영향: 실습수퍼비전과 실습세미나의 매개효과를 중심으로. 한국사회복지교육, 1(15).

국가평생교육진흥원(2009). 평생교육 현장실습운영매뉴얼.

국가평생교육진흥원(2010). 평생교육사 양성기관운영 길라잡이.

국가평생교육진흥원(2012). 평생교육사 현장실습과정 운영 사례.

국가평생교육진흥원(2013). 평생교육사자격제도정비를 위한 비전과 과제.

국가평생교육진흥원(2013). 2013년 평생교육PE센터성과보고.

국가평생교육진흥원(2013). 2013년 평생교육연수사업결과보고서.

국가평생교육진흥원(2013). 평생교육사자격제도 정비를 위한 비전과 과제.

국가평생교육진흥원(2015). 평생교육사자격제도 발전방안세미나.

국가평생교육진흥원(2017). 평생교육사연수교육과정매뉴얼.

국가평생교육진흥원(2019). 평생교육사 양성기관 담당자 연수: 2019 평생교육사 자격제도 관계자 직무연수. 20-27.

국가평생교육진흥원(2019). 평생교육사 양성체제 개편 연구.

국가평생교육진흥원(2019). www.nile.or.kr.

국가평생교육진흥원(2020). 2019 평생교육백서.

국가평생교육진흥원(2020). 2020년 지역 평생교육활성화 지원사업 및 평생학습 도시재지정평가 설명회 자료집.

국가법령정보센터. http://www.law.go.kr.

국회입법예고(2020). [2103688] 지방자치법 일부개정법률안 (강득구의원 등 10인). http://pal.assembly.go.kr/main/mainView.do (2020.09.27. 검색)

건양사이버대학교(2017). 평생교육실습보고서.

구경희(2018). 이해당사자 기반 평생교육실습 프로그램 평가척도 개발. 동의대학교 대학원 박사학위논문.

공태윤(2020.11.3). 코로나시대 '기업교육'의 방향은? 한국경제신문. https://blog.naver.com/trues7/222133542051(2021.04.08. 검색).

권두승(1992). 한국사회교육의 변천에 관한 사회학적 분석. 고려대학교 대학원 박사학위논문.

권두승(2008). 평생교육법개정해설자료 교육과학기술부. 평생교육진흥원.

권인탁(2014). 평생교육경영론. 서울: 학지사.

권인탁 외(2017). 평생교육경영론. 서울: 학지사.

고영상(2020). 미래환경변화와 교육혁신 포럼. 한국교육개발원.

공태윤(2020.11.2). 코로나시대 '기업교육'의 방향은? 한국경제신문. https://blog.naver.com/trues7/222133542051(2021.04.08. 검색).

교육부(2014). 2014학년도 사내대학평생교육시설안가승인 보도자료.

교육부(2015). 「평생교육실습」 과목운영지침.

교육부(2018). 제4차 평생교육진흥기본계획(2018~2022).

교육부(2020). 코로나19에 대처하는 학교교육, 해외에서는?. 행복한 교육. https://happyedu.moe.go.kr/happy/bbs/selectHappyArticle.do?bbsId=BBSMSTR_000000005152&nttId=9957(2021.05.05. 검색).

교육부·국가평생교육원(2020). 2020 한국 성인의 평생학습실태.

교육부·한국국가개발연구원(2019). 2019 한국 성인의 평생학습실태.

교육부·한국국가개발연구원(2015~2019). 평생교육통계 자료집.

교육부(2015). 평생교육실습과목 운영지침.

교육과학기술부(2008). 평생교육법시행령해설자료.

기영화(2008). 평생교육 프로그램개발. 서울: 학지사.

김남선(2009). 평생교육론. 서울: 형설출판사.

김동일(2020). 평생교육실습 이론과 실제. 경기: 정민사.

김미향(2014). 한국사회교육자전문성에 관한 제도적 규정의 변천 과정연구. 동의대학교 대학원 박사학위논문.

김문관(2020). 미래 학자에게 듣는 포스트 코로나: 토마스 프레이. 조선비즈, https://biz.chosun/site/data/html_dir/2020/05/11/2020051103284.html.

김민성(2020.09.13). [리뷰] 교실이 없는 시대가 온다. 디지털 시대, 어떻게 가르치고 배워야 하는가? 미래한국. https://www.futurekorea.co.kr/news/articleView.html?idxno=139762(2021.04.08. 검색).

김서중(2020.09.02). 헌법 31조 시대 열어 한국형 기본소득 대안 온국민평생장학금 제기. http://www.gukjenews.com/news/articleView.html?idxno=2066051(2020.09.27. 검색).

김성길(2004). UNESCO와 OECD의 평생교육전략 비교를 통한 평생교육여가교육의 가능성. 연세대학교교육연구소, 17(1), 55-71.

김수정(2016). 사회복지현장실습대학생의 권리에 대한 탐색적 연구.

김신일(2020). 학습사회. 서울: 학이시습.

김영희 외(2008). 보육실습의 이해와 실제. 경기: 교문사.

김유미(2020). '2020 전국평생학습도시 관계자 언택트미팅'화상회의 추진. 평생학습타임즈. http://lltimes.kr/?p=56338(2020.10.09. 검색).

김용현(2011). 평생교육론. 경기: 양서원.

김준억(2020). '총균쇠' 저자 "코로나, 인류 3대 문제의 세계적 협력 계기" 연합뉴스. (2020.10.22. 검색).

김종표 외(2013). 평생교육 프로그램개발론. 경기: 양서원.

김종표 외(2015). 평생교육론. 경기: 양서원.

김종표 외(2016). 한권의 책으로 본 평생교육 현장실습. 경기: 양서원.

김정현(2010). 평생교육 개념정의에 관한 연구. 중앙대학교 대학원 석사학위 논문.

김종갑 외(2020). 우리는 가장 빠르고 확실하게 죽어가고 있다. 인류세의 해법을 모색하는 재난시대의 인문학. 경기: 들녘.

김지일, 이지혜(2012). 대학에서의 성인학습 지원. 경기: 한국학술정보(주).

김진욱 역(2014). 제3의 물결, Toffler, A. *The third wave.* 원저 1980 출판, 경기: 범우사.

김진화(2011). 평생교육 프로그램개발론. 서울: 교육과학사.

김진화(2007). 평생교육사의 직무분석과 대학평생교육사양성과정의 효율화 방안연구. 서울: 한국교육개발원.

김진화 외(2008). 평생교육사 직무모델개발 및 타당화 연구, 평생교육학연구, 14(1), 1-31.

김진화 외(2009). 평생교육 프로그램분류체계연구. 국가평생교육진흥원.

김진화(2013). 평생교육사양성체제의 현황과 발전방안. 평생교육사 일석삼조 세미나.

김한별(2017). 평생교육론. 서울: 학지사.

남희은 외(2018). 한국의 미래 사회변화에 대응하는 사회복지교육에 대한 전문가 인식. 한국사회복지교육, 43(9).

노경란(2011). 평생교육사의 전문성제고를 위한 직무와 역량개발에 대한 토론제1차 평생교육정책포럼자료집 pp.27-32. 국가평생교육진흥원.

단국대학교(2014). 평생교육 현장실습 평가서.

동미정 외(2009). 평생교육사 경험에 기반한 실천적 역량 연구, 교육문화연구, 15(2).

로저 맥나미, 데이비드 다이아몬드(2005). New normal: 부와 비즈니스가 움직이는 새로운 기준. 서울: 한인.

류태호(2020). 코로나19 팬데믹 이후 교육의 '뉴노멀'은?. 프레시안. https://www.pressian.com/pages/articles/2020052509170549331 (2021.05.01. 검색).

모하마드. 엘. 에리언(2009). 새로운 부의 탄생. 서울: 한국경제신문사.

박명신(2020). 평생교육실습내용의 상대적 중요도 분석. 평생교육·HRD연구, 16(1).

박영규(2020). 실리콘밸리로 간 노자: 글로벌 기업들은 왜 도덕경에서 혁신을 배우는가?. 서울: THE NAN(더난콘텐츠그룹)

박현숙, 이현수(2009). 교육실습의 탐구. 경기: 양서원.

변종임, 홍기형, 이화경(2001). 학습사회 구현을 위한 평생교육의 이해. 서울: 교육과학사.

변종임 외(2006). 각국의 평생교육정책. 서울: 교육과학사.

변종임 외(2014). 100세 시대 평생교육체제구축을 위한 평생교육법 정비방안 연구.

변종임 외(2015). 평생교육사자격제도 개선방안 연구. 국가평생교육진흥원.

배석영 외(2013). 평생교육론. 경기: 양서원.

백영균 외(2015). 스마트 시대의 교육방법 및 교육공학, 서울: 학지사.

서보준 외(2018). 평생교육경영론. 경기: 공동체.

서울기독교대학교 평생교육원(2020). 평생교육실습보고서.

성낙돈 외(2009). 평생교육학개론. 경기: 청목출판사.

송현(2019.05.11.). 미네르바스쿨 "올해 첫 졸업생 진로, 아이비리그보다 성과". 조선비즈, https://blog.naver.com/dsmin791/221949339816(2021.04.08. 검색).

안홍선, 권혁훈(2011). 평생교육사 실습 : 이론과 실천. 경기: 양서원.

안희경(2020.06.25.). 7인의 석학에게 묻다. 유발 하라리 "코로나 이후…과거 이루지 못한 개혁을 감행할 시간", 경향신문(2021.04.08. 검색).

양병찬(2018). 평생교육사 현장실습의 이해와 지도 평생교육현장 수퍼바이저의 역할 2018년.

양병찬(2018). 평생교육사 현장실습의 이해와 지도. 국가평생교육진흥원.

양영유(2020). 정글 속 상아탑. 중앙 SUNDAY(2020.5.16. 검색).

연합뉴스(2020). "코로나가 앞당긴 교육방식 변화…교육시대서 학습시대로 전환". 매일경제. https://www.mk.co.kr/news/society/view/2020/06/581562 (2021.05.01. 검색).

연합뉴스(2020.5.5). "포스트코로나 중국시장 핵심은 'H.O.M.E'…헬스케어·홈코노미" (2021.6.2 검색)

오명숙(2019). 평생교육 현장실습. 서울: 학지사.

오승근(2004). 평생교육 윤리 강령 제정을 위한 예비적 고찰, 평생교육학연구, 10(1).

오재호(2020). 코로나가 앞당긴 미래, 교육하는 시대에서 학습하는 시대로. 경기연구원.

오창순 외(2014). 콕콕짚어주는 사회복지현장실습지침서. 서울: 학지사.

오혁진 외(2019). 평생교육사 양성체제 개편 연구. 국가평생교육진흥원.

오혜경, 하지영(2008). 사회복지현장실습매뉴얼경기. 경기: 양서원.

옥장흠(2020). 코로나19시대, 평생교육의 과제. 평생학습타임즈.(2020.10. 09. 검색).

윤여각(2018). 2017 평생교육백서 제17호, 국가평생교육진흥원.

윤옥한(2014). 평생교육 프로그램 개발론. 경기: 양서원.

이가연(2020). 학교도, 평생교육도 외면, '장애인평생교육법' 제정해야. 비마이너(2020.09.27. 검색).

이미나, 노경주, 이해주(2005). 사회교육방법론. 서울: 방송통신대출판부.

이상오(2020). 교육학 개론. 경기: 형설출판사.

이용성(2020.09.4). 코로나19가 불러온 '뉴노멀시대의 5대 트렌드'. 조선비즈(2020.04.08. 검색).

이정연, 박미희, 소미영, 안수현(2020). 코로나19와 교육: 학교 구성원의 생활과 인식을 중심으로. 경기도교육연구원.

이해주 외(2010). 평생교육실습 한국방송통신대학교출판부.

이해주, 윤여각, 이규선(2017). 평생교육실습. 서울: 한국방송통신대학교 출판문화원.

이화정 외(2002). 평생교육 프로그램개발이론과 실제. 서울: 학지사.

이희수 외(2007). 「Learning to be」와 「Recurrent Education」에 대한 비교, 평생교육학연구, 13(4).

정경란 역저(2020). New Normal 부와 비즈니스가 움직이는 새로운 기준. Roger McNamee, David Diamond(2005). 서울: 한인.

장덕호 외(2015). 교육복지론. 서울 : 박영story.

전도근(2006). 평생교육사 양성교육의 효과. 경기: 한국학술정보(주).

전주성, 임경미, 김미자(2016). 교육복지 프로그램개발의 이론과 실제. 경기: 공동체.

정득진(2021). 전문직으로서의 평생교육실습. 서울: 동문사.

조미경(2012). 유네스코의 비판적 성인문해교육 변천과정 및 동향분석: 세계성인교육회의(CONFINTEA)를 중심으로. 아주대학교 대학원 박사학위 논문.

존 카우치, 제이슨타운(2020). 교실이 없는 시대가 온다: 디지털 시대, 어떻게 가르치고 배워야 하는가?. 서울: 어크로스출판그룹.

정득진 외(2021). 평생교육실습. 서울: 동문사.

정민승(2011). 평생교육사의 영역별 다양화전략. 제11차 평생교육정책포럼 자료집.

진명석(2017). 평생교육사자격제도의 이해. 2017년 제1차 평생교육사양성기관담당자직무연수. 국가평생교육진흥원.

차갑부(2004). 평생교육의 이해. 서울: 학지사.

차갑부(2015). 평생학습자본의 인문학적 통찰-기초자본을 넘어 촉진자본으로. 서울: 교육과학사.

차갑부(2020). 학습력사회의 평생교육. -평생교육법령의 분석과 쟁점. 서울: 교육과학사.

청소년활동정보서비스(2021), 문화예술활동. e-청소년(youth.go.kr).

최돈민(2010). 한국평생교육정책의 동향과 과제. 평생학습의 동향과 발전방향. 제1회, 한일.

최승혜(2020). 최재붕 교수 "언택트시대 성공비결? BTS처럼 공감 얻어야. (다큐플렉스) 뉴스엔(2020.09.19. 검색).

최은수(2019). 주요 외국의 평생교육정책. 서울: 학지사.

최재붕(2020). CHANGE 9. 서울: 쌤앤파커스.

최종진, 신근영, 박균달(2018). 평생교육의 역사적 고찰을 통한 문제점과 활성화방안. 한국행정사학회, 통권 제44호, 125-152.

평생교육사 자격관리 홈페이지(lledu.nile.or.kr). 실습생모집 HOME>실습기관정보.

평생교육사자격관리 홈페이지(2020). https://lledu.nile.or.kr/(2020.09.27. 검색).

평생교육진흥원(2009). 평생교육 현장실습 매뉴얼.

피터 드러커(2006). 피터 드러커, 경영 바이블: 지식사회의 위대한 경영원칙. 경기: 청림출판.

한국민족문화대백과사전(1996). 평생교육법.

한국교육학술정보원(2020). 학술정보글로벌 동향. 고등학술연구 에디션, 16(139).

한국지역사회교육협의회 홈페이지 http://kace.or.kr/ (2020.8.5. 검색).

한덕현(2020). 불안한 것이 당연합니다. 서울: 한빛비즈.

한숭희(2004). 평생교육론. 서울: 학지사.

한승희(2009). 평생교육개론 서울: 교육과학사.

한준상(2003). 모든 이를 위한 안드라고지. 서울: 학지사.

현영섭(2011). 평생교육사의 전문성 제고를 위한 직무와 역량개발. 제11차 평생교육정책포럼자료집, 서울 국가평생교육진흥원.

홍경민(2021). 2021 hunet HRD Leaders Forum Dive to Digital Learning. 휴넷.

홍성열(2010). 사회과학도를 위한 연구방법론. 서울: 시그마프레스.

국가법령정보센터. http ://www.law.go.kr

국가평생교육진흥원. http://www.nile.or.kr

평생교육사자격관리. https://lledu.nile.or.kr

국립중앙도서관. http://www.nl.go.kr

국립중앙박물관. http://www.museum.go.kr

여성가족부. http://wv.rw.mogef.go.kr

Andrés Oppenheimer(2020). Sálvese quien pueda!: El futuro del trabajo en la era de la automatización. 2030 미래 일자리 보고서: 로봇이 인간 대신 일하는 미래 무슨 일을 하며 살 것인가?. 경기: 가나문화콘텐츠.

Boone, E. J., Safrit, R. D., & Jones, J.(2002). *Developing programs in adult education: A conceptual programming model*(2nd ed.). Long Grove, IL: Waveland Press, Inc.

CIDRAP(2020, April 30.). COVID-19: *the CIDRAP view point.* 1-8. https://www.cidrap.umn.edu/sites/default/public/downroads/cidrap-covid 19-viewpoint-part1_0.pdg에서 인출.

Dave, R. H.(ed)(1976). *Foundation of Lifelong Education.* Oxford: UNESCO institute for Education and Pergamon Press.

Florida, R.(2002). *The rise of the creative class*. New York: Basic Books.

Florida, R.(2005a). *Cities and the creative class*. New York: Routledge.

Florida, R.(2005b). *The flight of the creative class*. New York: Harper Business.

Jazmyn T. Moore et al.(2020). *Disparities in incidence of COVID-19 among underrepresented racial/ethnic groups in counties identified as hotspots during June 5-18, 2020-22 States, February-June 2020.* Morbidity and mortality weekly report : MMWR. Vol.69 / No.33 (August 21, 2020).

Kirkpatrick, D. L.(1959). Techniques for evaluating training programs. *Journal of American Society of Training Development, 13*(3), 21- 26.

Kirkpatrick, D. L., & Kirkpatrick, J. D.(2006). *Evaluating training programs : The four levels*(3rd ed.). San Francisco : BK.

Mischke, J.(2020). Coronavirus: WHO declares global emergency. *Politico*.

Mauro Guillen(2020). *The Future of Everything*(2030 축의 전환). 우진하 옮김. 경기: 리더스북.

Patel, A. & Jernigan, D.(2020). *Initial public health response and interim clinical guidance for the 2019 novel coronavirus outbreak- United States, Dec. 31, 2019-Feb. 4, 2020.* Morbidity and Mortality Weekly Report, 69, 5, 140-146.

Peter Ferdinand Drucker(2006). 피터 드러커 경영 바이블. 경기: 청림출판.

UNESCO(2014b). 2014-2021 Medium-term strategy. Paris: UNESCO.

저자소개

강마리아

숭실대학교 교육학박사(평생교육전공)
현) 한국평생교육박사연구회 학술이사
서정대학교 교수
전) 숭실대학교 초빙교수
한국지식경제진흥원 교수

강진희

숭실대학교 교육학박사(평생교육전공)
현) 한국평생교육박사연구회 수석연구원
경기과학기술대학교 시간강사
숭실대학교 사회과학대학 시간강사
서울기독대학교 평생교육원 시간강사

김선자

숭실대학교 교육학박사(평생교육전공)
현) 한국평생교육박사연구회 수석연구원
서울특별시동부교육지원청 학교통합지원센터장
전) 천일초등학교 교장
고려대학교, 서울교육대학교, 숭실대학교 외래교수

백주현

숭실대학교 교육학박사(평생교육전공)
서울대학교 경영학석사
현) 한국평생교육박사연구회 부회장
평생교육 HRD연구소 연구교수
성인교육학회 연구원

임경미

숭실대학교 평생교육학박사
현) 한국평생교육박사연구회 수석연구원
K-study 원격평생교육원 외래교수
전) 숭실대학교 겸임교수
경희대학교 외래교수

이 책의 저자 순서는 공저자들의 협의 하에 가나다순으로 기재합니다.

뉴노멀, 초연결, 플랫폼시대의

평생교육실습

초판 1쇄 발행 / 2021년 7월 5일
초판 2쇄 발행 / 2023년 3월 2일

•

공저자 / 강마리아 · 강진희 · 김선자 · 백주현 · 임경미
발행인 / 이 중 수
발행처 / **동 문 사**

•

서울특별시 서대문구 홍제원 1길 12
(홍제동 137-8)
Tel : 02)736-3718(대), 736-3710, 3720
Fax : 02)736-3719
등록번호 : 1974.04.27. 제9-17호
가격 : 21,000원

•

ISBN : 979-11-6328-299-0 (93330)
E-mail : dong736@naver.com
www.dongmunsa.com